高职高专教育"十二五"规划建设教材

电子商务基础

（管理类、经济类专业用）

相成久　主编

中国农业大学出版社
·北京·

内 容 简 介

本教材是为了配合高职院校课程改革的需要，内容是基于电子商务岗位工作任务需要设计的，适合教师采用项目化教学、任务驱动教学或“理实一体化”教学。本教材共分为电子商务初识与体验、上网行为分析与电子商务盈利模式、电子金融与电子支付、网上交易处理、电子商务物流配送、电子商务交易安全保障、网络营销运作 7 个单元，每个单元设有 2～4 个学习任务，总计 19 个学习任务，学习任务中设有理论学习、实践演练和行动指南针 3 个模块，同时，为了拓展学生的知识面，模块里设有“小提示”、“小资料”、“知识链接”辅助内容。

图书在版编目(CIP)数据

电子商务基础/相成久主编. —北京：中国农业大学出版社，2011.8(2018.1 重印)
ISBN 978-7-5655-0380-1

Ⅰ.①电… Ⅱ.①相… Ⅲ.①电子商务-高等职业教育-教材
Ⅳ.①F713.36

中国版本图书馆 CIP 数据核字(2011)第 158427 号

书　　名　电子商务基础
作　　者　相成久　主编

策划编辑　康昊婷　伍　斌　　**责任编辑**　韩元凤
封面设计　郑　川　　**责任校对**　王晓凤　陈　莹
出版发行　中国农业大学出版社
社　　址　北京市海淀区圆明园西路 2 号　　**邮政编码**　100193
电　　话　发行部 010-62818525，8625　　读者服务部 010-62732336
编辑部 010-62732617，2618　　出　版　部 010-62733440
网　　址　http://www.cau.edu.cn/caup　　**e-mail** cbsszs @ cau.edu.cn
经　　销　新华书店
印　　刷　北京时代华都印刷有限公司
版　　次　2011 年 9 月第 1 版　　2018 年 1 月第 2 次印刷
规　　格　787×980　16 开本　18.5 印张　339 千字
定　　价　36.00 元

图书如有质量问题本社发行部负责调换

编写人员

主　编　相成久（辽宁农业职业技术学院）

副主编　苏　莉（营口市农业工程学校）

　　　　惠献波（河南农业职业学院）

参　编　刘　齐（辽宁农业职业技术学院）

　　　　田英伟（黑龙江农业工程职业学院）

前言

随着互联网时代的到来，互联网已成为人们从事商业贸易、生产经营、事务处理等工作的重要工具和媒介，作为一个新型的商业模式，正逐渐地改变国民经济的方方面面。在经济全球化、信息社会化、产业知识化的 21 世纪，我们每一个人都将离不开电子商务。为此我们每个人都应该了解电子商务，学会电子商务。

近年来不少学校开设了电子商务专业，还有许多学校的经济类、管理类、信息类及计算机类专业开设了电子商务基础课程。但从实际教学效果来看并不理想，笔者认为，好的教学效果离不开好的教材和好的教学方式。

为了能开发一本适合高职教育需要的特色教材，本书编者在前期做了大量的市场调研与企业调研，本着以职业能力培养为重点，与行业企业合作进行“基于工作过程”的系统化的课程开发与设计的思路，课程内容设计充分体现职业性、实践性和开放性的要求。课程实施以典型工作任务为载体的“理实一体化”的项目教学模式，教、学、做相结合，充分体现“做中学，学中做”的学习思路。针对这一教学模式与思路，在课程教材开发上，我们对教材的内容和体例大胆创新。教材内容充分体现特定的工作过程知识；依据电子商务各岗位技能和素质要求，以真实的工作任务及工作过程为依据整合、拓展、序化教材内容，遵循简单到复杂、循序渐进的思路完成教材整体内容设计。

确定教材的整体内容以后，为了便于学生理解和掌握，我们有效地将电子商务业务化繁为简，由难变易，依据企业岗位对学生的理论与技能需求，结合学生的认知规律对课程进行重构。

本教材的指导思想是既适合教师教、又方便学生自学。电子商务特点之一就是 24 小时、365 天跨越时空性，所以学生什么时候都可以接触它，基于此，本书一些编写内容以学生课上学习内容和业余自学与操作内容相结合。本教材既适合于电子商务专业的学生用又适合于其他专业选修课用。对于电子商务专业的学生来说，这本教材将为他们学习电子商务专业课程打下扎实的基础和掌握必要的操作技能；对于非电子商务专业的学生来说，这本教材将帮助他们全面掌握有关电子商务领域各个方面的应用和具体操作方法与技术。

综上所述，本教材具有以下五个特色：

第一个特色是教学内容大量更新，保持教材的先进性。对于近两年在电子商务方面的新知识、新技术、新应用进行更新。

第二个特色是知识点全面够用，适用面广。本教材将全面系统地介绍电子商务领域各个方面的知识，适用于电子商务专业课和其他专业选修课教学需要。

第三个特色是课程内容完全基于“工作过程”而设计，在技能操作上严格按照现实中企业在电子商务应用中的解决方案、工作流程、操作技巧而设计。

第四个特色是引入企业行家里手参与到各个教学项目的编写与指导。

第五个特色是强调电子商务思维观念和技能培训，即通过本教材学习，使学生充分认识到各行各业运用电子商务的发展前景，为将来从业打下电子商务基础，同时更加注重技能演练与培训，采取课堂实训课与业余课业相结合的方式拓展学生电子商务技能。

本教材提供教学所需教学资源包；教师实践教学需安装教学环境，本教学资源包提供所有实践教学环境，点击安装就可自动配置教学环境，请本教材征订使用者向出版社索取（电话：010-62732783）。

本书在编写过程中引用了很多专家学者的观点和资料，在此表示感谢，由于教材编写和出版时间较短，如有差错和疏漏恳请批评指正。

编　者

2011 年 5 月

目　录

第一单元　电子商务初识与体验

单元介绍

21世纪是一个以数字化、网络化为特征，以网络通信为核心的信息时代。随着互联网的迅猛发展，电子商务日益蓬勃起来。电子商务一词也成为近年来最热门的话题，已经深入到人们的生产和生活中，推动着经济全球化、贸易自由化和信息现代化的发展步伐。电子商务正以强劲之势改变着企业的经营方式、个人的消费方式以及政府的工作方式，进而影响到整个社会经济的发展。

本单元主要有电子商务初识和电子商务体验2个学习任务，学生通过理论学习和实践验证，借助互联网资源和教学资源包提供的资料展开学习，同学间讨论交流学习，使学生对电子商务产生兴趣，进而对电子商务重新认识。

引导案例

女大学生开网店成300万富姐你相信吗？

网络真是个神奇的地方，可以了解各种你所需要的信息，可以与认识不认识的人交流，可以找到各种符合你需要的游戏，也可以开个小店赚钱。网店开得好能赚钱不假，但一年时间赚300万却非常少见，而且是在校大学生。最近，地处临安的浙江林学院传出一个创业神话：大四女生小宋，从大三开始边读书边开网店，用了一年时间从300元赚到300万元。对于这一创业神话，你相信吗？杭州《都市快报》用了整整3个版面报道此件事情，而杭州几乎所有的媒体都报道了她。

小宋，2005年考入浙江林学院家具设计专业。大三那年，她开始迷上服装设计，经常画些上衣、裙子的设计图，抽空还跑到学校附近的裁缝店学做衣服，一次校内交易让她萌生开网店的想法。2008年4月29日，小宋的网上店铺开张，卖的第一批货品就是按自己的设计风格做的6件女装。2008年5月底，小宋赚了1万元，她的店铺升到一钻级别。2008年暑假，小宋把"总部"搬到了老家海盐，租了200米^{2}左右的厂房作为打版基地，又在附近找了一家服装加工厂代加工她自己设计出来的衣服。

2008年10月，小宋的网店升到了皇冠级别。她的团队也在不断扩大。目前共有50多人：2个助理、十几个客服、15个打版工、4个包装工，还聘请了专职设计师、模特、摄影师、司机等。

2009年2月底,小宋除了固定资产投入、日常成本支出外,卡上有了300万元现金。现在,她的店每天交易量有400件左右,日利润1万~2万元。淘宝网公关部总监说:“按数据算,这家网店一年赚300万是可能的,在淘宝上一切皆有可能。”做完3个版面的采访调查,《都市快报》记者对这位凭着自己的聪慧和勤奋,赢得滚滚财运的大四女生深感羡慕和敬佩——这是一个我们这个时代的财富故事,也是我们身边的财富神话,尽管让人不可思议,但看来,它是真的。

(摘自互联网)

思考:

1. 网上开店与传统店铺一样吗?为什么她能赚到钱?

2. 网上开店就是电子商务吗?你如何理解电子商务?

学习任务1-1　电子商务初识

情景导入:由于对电脑和网络的热爱,小米报考了电子商务专业,可是她并不知道什么是电子商务,只是听人说电子商务是个热门专业,可以在网上赚到钱,她也听说很多人网上淘金赚到了钱,小米也想网上淘金,设想将来毕业了搞电子商务做个“白领”,或者开个个人网店创业,可是做这些需要哪些知识和技能,电子商务到底能干什么呢,它有哪些形式呢,小米都很模糊,同学们,你能告诉小米吗?

理论学习

一、电子商务的定义

到目前为止,还没有一个较为全面、具有权威的、能够为大多数人接受的电子商务的定义。各种国际化组织、IT公司等都根据自己所处的地位和对电子商务的参与程度,给出了许多表述不同的定义。

1. 国际组织对电子商务的定义

(1)世界电子商务会议关于电子商务的概念。1997年11月6~7日,国际商会在法国巴黎举行了世界电子商务会议,从商业角度给出了电子商务的概念:电子商务是指对整个贸易活动实现电子化;从涵盖范围方面可以定义为:交易各方以电子交易方式而不是通过当面交换或直接面谈方式进行的任何形式的商业交易;从技术方面可以定义为:电子商务是一种多技术的集合体,包括交换数据(如电子数据交换、电子邮件)、获得数据(共享数据库、电子公告牌)以及自动捕获数据(条形码)等。

(2)联合国国际贸易法律委员会(UNCITRAL)关于电子商务的定义。作为国际贸易法律方面的一个权威国际组织,联合国国际贸易法律委员会(UNCITRAL)成立于1966年,它是联合国的一个附属机构。它认为,电子商务是采用电子数据交换(EDI)和其他通信方式增进国际贸易的职能的,其显著特点是它包括了可编程序电文,通过计算机程序制作是此种电文与传统书面文件之间的根本差别。

(3)联合国经济合作和发展组织(OECD)关于电子商务的定义。成立于1961年的联合国经济合作和发展组织(OECD)是西方主要资本主义国家协调经济和社会政策的国际组织,主要研究分析和预测世界经济的发展走向,协调成员国关系,促进成员国在经济方面的合作。它认为,电子商务是发生在开放网络上的包含企业之间(Business to Business)、企业和消费者之间(Business to Consumer)的商业交易。

2. 世界著名IT公司关于电子商务的定义

(1)IBM公司。电子商务(E-Business)概念包括三个部分:内联网(Intranet)、外联网(Extranet)和电子商务(E-Commerce),它所强调的是在网络计算环境下的商业化应用,不仅仅是硬件和软件的结合,也不仅仅是我们通常意义上的强调交易的狭义的电子商务(E-Commerce),而是把买方、卖方、厂商及其合作伙伴在因特网(Internet)、内联网(Intranet)和外联网(Extranet)结合起来的应用。它同时强调这三部分是有层次的。只有先建立良好的Intranet,建立好比较完善的标准和各种信息基础设施,才能顺利扩展到Extranet,最后扩展到E-Commerce。

(2)美国惠普公司(HP)。HP提出电子商务(EC)、电子业务(EB)、电子消费(EC)和电子化世界的概念。它对电子商务(E-Commerce)的定义是:通过电子化手段来完成商业贸易活动的一种方式,电子商务使我们能够以电子交易为手段完成物品和服务等的交换,是商家和客户之间的联系纽带。它包括两种基本形式:商家之间的电子商务及商界与最终消费者之间的电子商务。对电子业务(E-Business)的定义:一种新型的业务开展手段,通过基于Internet的信息结构,使得公司、供应商、合作伙伴和客户之间,利用电子业务共享信息,E-Business不仅能够有效地增强现有业务进程的实施,而且能够对市场等动态因素做出快速响应并及时调整当前业务进程。更重要的是,E-Business本身也为企业创造出了更多、更新的业务动作模式。对电子消费(E-Consumer)的定义:人们使用信息技术进行娱乐、学习、工作、购物等一系列活动,使家庭的娱乐方式越来越多的从传统电视向Internet转变。

(3)Intel公司。Intel认为,电子商务=电子化市场+电子化交易+电子化服务。电子商务是基于网络连接的不同电子计算机间建立的商业运作体系,是利用Internet/Intranet网络来使商务运作电子化。电子贸易是电子商务的一部分,是企业与企业之间,或企业与消费者之间,使用互联网所进行的商业交易(如广告宣传、产品介绍、商品订阅、付款、售后服务等)。

3. 我国学者对电子商务的定义

以上这些定义和说法都是有其道理的。然而,或许对于绝大多数人来讲,并不一定需要一个十分准确的定义来统一思想。只需大体知道电子商务就是利用互联网来进行的商务活动就已经足够了。现实也许就是如此,在高速发展的信息化领域中,谁能保证电子商务这个概念会固定在某些内涵和外延圈定的意义中而不再改变?但为了更加全面概括电子商务,我国学者从广义和狭义两个方面来定义电子商务。

(1)广义的电子商务。广义的电子商务一般用EB(Electric Business)表示,是指各行业、各部门(包括政府机构和企业、事业单位)、各种业务的电子化、网络化。在这个定义下,电子商务又可以称为电子业务,泛指现代的一种经营手段和经营理念,它包括电子政务、电子军务、电子教务、电子商务、电子医务、电子公务、电子事务、电子家务等。

小提示 目前,许多学校的网络教学模式、远程教学模式都属于广义的电子商务。

(2)狭义的电子商务。狭义的电子商务一般用EC(Electric Commerce)表示,是指人们利用电子化手段进行以商品交换为中心的各种商务活动。如企业与企业、企业与消费者利用计算机网络进行的以商品交换为中心的各种商务活动,也可以称为电子交易,它包括网络营销、网络广告、网上洽谈、电子购物、电子支付、电子结算等不同层次、不同程度的电子商务活动。

本书研究介绍的电子商务范畴是指狭义的电子商务。

小提示 **E-Commerce和E-Business区分**

很多人在谈及电子商务的时候习惯用E-Business这个词,还有很多人对E-Commerce和E-Business这两个词在使用时是不加以区分的。其实,这两个名词有着不同的内涵和应用:

E-Commerce是通过Internet进行的各种商务活动,包括网上的展示、洽谈、营销、支付等,最终实现产品或服务的所有权和使用权的转移,即E-Commerce强调的是交易的各方,利用网络在市场中进行产品和服务交换的商务行为。

E-Business指的是企业利用现代化信息技术开展的一切商务活动,它既包括网上交易,还涵盖企业内部及企业之间的协作与协调,以及企业在使用计算机及网络方面的各种其他用途。

(3)对电子商务概念的理解。电子商务包含两个方面:一是商务活动,二是电子化手段。它们之间的关系是:商务是核心,电子是手段和工具。这里的商务包括企业通过内联网的方式处理与交换商贸信息,企业与企业之间通过外联网或专用网方式进行的业务协作和商务活动,企业与消费者之间通过互联网进行的商务活动,消费者与消费者之间通过互联网进行的商务活动,以及政府管理部门与企业之间通过互联网或专用网方式进行的管理以及商务活动。这里的电子化手段包括自动捕获数据、电子数据交换、电子邮件、电子资金转账、网络通信和无线移动技术等各种电子通信技术手段。

小资料　商业是指以货币为媒介进行交换从而实现商品流通的经济活动。商业有广义与狭义之分。广义的商业是指所有以营利为目的的事业;而狭义的商业是指专门从事商品交换活动的营利性事业。电子商务只是商业中的一种模式。

(4)电子商务的概念模型。电子商务的概念模型是对现实世界中电子商务活动的一般抽象描述,它由电子商务实体、电子市场、交易事务和信息流、商流、资金流、物流等基本要素组成,如图 1-1 所示。

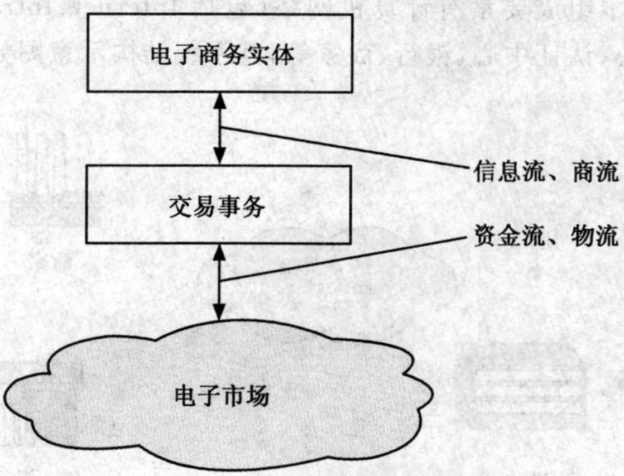

图 1-1　电子商务的概念模型

在电子商务概念模型中,电子商务实体是指能够从事电子商务的客观对象,如企业、银行、商店、认证中心、政府机构和个人等;电子市场是指电子商务实体从事商品和服务交换的场所,它由各种各样的商务活动参与者利用各种接入设备(计算机、个人数字助理等)和网络连成一个统一的整体;交易事务是指电子商务实体之间所从事的具体的商务活动的内容,如询价、报价、转账支付、广告宣传、商品运输等。

电子商务中的任何一笔交易都包含四种基本的“流”,即信息流、商流、资金流、物流。

信息流是服务于商流和物流所进行的信息活动的总称,既包括商品信息的提供、促销行销、技术支持、售后服务等内容，也包括诸如询价单、报价单、付款通知单、转账通知单等商业贸易单证，还包括交易双方的支付能力、支付信誉等。

商流是指商品在购、销之间进行交易和商品所有权转移的运动过程。具体指商品交易的一系列活动，包括交易前的商品宣传，用户选择及双方的谈判磋商，交易中的规则确认（合同）及订货、发货过程，交易后的服务行为等，往往涉及商检、税务、海关、运输等各行业。

资金流主要是指资金的转移过程，包括付款、转账、兑换等过程。它始于消费者，终于商家账户，中间可能经过银行等金融部门。

在电子商务环境下，以上三种流的处理都可以通过计算机和网络通信设备来实现。而物流作为电子商务四种流中最为特殊的一种，它是指物质实体（商品和服务）的流动。

二、电子商务的基本组成

电子商务的基本组成要素有计算机网络（包括 Internet、Intranet、Extranet）、用户、物流配送中心、认证中心、银行、商家等，其系统结构示意图如图 1-2 所示。

图 1-2 电子商务的基本组成示意图

（1）计算机网络。计算机网络包括 Internet、Intranet 和 Extranet。

Intranet 企业内部网是企业内部商务活动的网络平台，是一个组织内部通过使用 Internet 技术实现通信和信息访问的方式。

Extranet 企业外部网是一个用 www 构筑的商务系统，是企业与企业、企业与个人进行商务活动的纽带。

Internet 国际互联网是全球网络的集合，是众多网络的网络，它是电子商务的基础，也是商务、业务信息传送的载体。

小资料 **Internet、Intranet、Extranet之间的区别和联系**

● 在操作权限上互联网提供的服务基本上对用户没有全线控制或很少控制，而内联网提供的控制是很严的。

● 在内容上互联网提供信息的页面以静态为主，而内联网提供的信息内容大部分与数据库有关，即内联网提供的信息内容是动态的，随着底层数据库的变化而变化。

● 在服务对象方面互联网服务的对象是全世界用户，而内联网服务的对象是企业员工。

● 在联结方式上互联网强调各个组织网站之间的联结，无交易的企业、消费者都是它的业务范围；外联网强调各个企业间的联结，业务范围包括交易伙伴、合作对象、相关公司、销售商店以及主要客户；内联网强调企业内部各部门的联结，业务范围仅限于企业内。

(2)用户。电子商务用户可分为个人用户和企业用户。

个人用户通过使用浏览器、电视机顶盒、个人数字助理、可视电话等接入Internet，获取信息、购买商品和服务，借助中介网络平台发布产品信息并销售产品，利用即时沟通工具进行聊天交友、网游和娱乐等。

企业用户通过建立企业内联网、外部网和企业管理信息系统(MIS)，对人、财、物、供、销、存进行科学管理。企业利用Internet网页站点发布产品信息、接受订单、同时建立电子商场，在网上进行销售等商务活动。还借助电子报关、电子报税、电子支付系统与海关、税务局、银行进行有关商务和业务处理。

(3)认证中心(CA)。电子商务是依靠网络进行的一种非面对面的商务活动，参与商务活动的各方出于交易安全的考虑希望能够确认对方的身份，身份识别是网上交易安全的首要问题，认证中心的产生正是迎合了这样一种需要。

认证中心是电子商务交易安全的保障部门，是法律承认的权威机构，负责发放和管理电子证书，以便使网上交易的各方能够相互确认身份。电子证书是一个包含证书持有人个人信息、公开密钥、证书序号、有效期、电子签名等内容的数字文件。

(4)物流配送中心。物流配送中心接受商家的送货需求，组织运送无法从网上直接得到的商品，并在运输过程中跟踪商品流向，保证将商品按时送到消费者手中。例如，EMS快递、邮政的包裹业务等。

(5)网上银行。网上银行为用户提供24小时实时支付服务，并与信用卡公司合作，发放电子钱包，提供网上支付手段，为电子商务的交易中的用户和商家服务，完成网上支付。例如，为阿里巴巴、淘宝网以及其他网站提供支付服务的支付宝、拍拍网的财付通、易趣的安付通、贝宝等。

三、电子商务的特点与作用

1. 电子商务的特点

电子商务是在传统商务的基础上发展起来的，由于有了信息技术的支撑，电子商务活动的方式呈现出一些新的特点。

(1)交易电子化。通过互联网络进行的商务活动,交易双方从搜集信息、贸易洽谈、签订合同、货款支付到电子报关,无需当面接触,均可以通过网络运用电子化手段进行。

(2)贸易全球化。互联网打破了时空界限,把全球市场连接成为了一个整体。在网上任何一个企业都可以面向全世界销售自己的产品,可以在全世界寻找合作伙伴,同时也要面对来自世界各地的竞争对手。

(3)运作高效化。由于实现了电子数据交换的标准化,使商业报文能在瞬间完成传递与计算机自动处理,电子商务克服了传统贸易方式费用高、易出错、处理速度慢等缺点,极大地缩短了交易时间,提高了商务活动的运作效率。互联网沟通了供求信息,企业可以对市场需求做出快速反应,提高产品设计和开发的速度,做到即时生产。

(4)交易透明化。互联网上的交易是透明的,通过互联网,买方可以对众多的企业产品进行比较,这使得买方的购买行为更加理性,对产品选择余地也更大。建立在传统市场分隔基础上,依靠信息不对称制订的价格策略将会失去作用。通畅、快捷的信息传输可以保证各种信息之间互相核对,防止伪造单据和贸易欺骗行为。网络招标体现了“公开、公平、竞争、效益”的原则,电子招标系统可以避免招投标过程中的暗箱操作现象,使不正当交易、贿赂投标等腐败现象得以制止。实行电子报关与银行的联网有助于杜绝进出口贸易的假出口、偷漏税和骗退税等行为。

(5)操作方便化。互联网几乎遍及全球的各个角落,用户通过网络可以方便地与贸易伙伴传递商业信息和文件。在电子商务环境中人们不再受时间和地点的限制,客户能以非常简便的方式完成过去手续繁杂的商务活动。如可以随时上网查询信息、通过网络银行全天候划拨资金、足不出户订购商品、跨越国界进行贸易洽谈。

(6)部门协作化。电子商务要求企业内部各部门、生产商、批发商、零售商、银行、配送中心、通信部门、技术服务等多个部门的通力协作。电子商务是协作经济,网络技术的发展,使得企业间的合作完全可以如同企业内部各部门间的合作一样紧密,企业无需追求“大而全”,而应追求“精而强”。企业应该集中于自己的核心业务,把自己不具备竞争优势的业务外包出去,通过协作来提高竞争力。

(7)服务个性化。到了电子商务阶段,企业可以进行市场细分,针对特定的市场生产不同的产品,为消费者提供个性化服务。这种个性化主要体现在三个方面:个性化的信息、个性化的产品、个性化的服务。个性化的信息主要指企业可以根据客户的需求与爱好有针对性地提供商品信息,也指消费者可以根据自己的需要有目的地检索信息；个性化的产品主要指的是企业可以根据消费者的个性化需求来订制产品；个性化的服务则包括服务订制与企业提供的针对性服务信息。这种情况的出现一方面是因为消费者已经产生了个性化的需求，另一方面是因为通过互联网企业可以系统地收集客户的个性化需求信息，并能通过智能系统自动处理这些信息。

2. 电子商务的作用

电子商务之所以逐步受到企业界的青睐，主要是因为它具有以下一系列显著的作用：

(1)树立企业形象。在互联网上建立网站，可以在网络虚拟空间确立公司的企业形象，可以在网站上向世界各地的潜在客户宣传自己的产品与服务。网站是公司的形象，是企业的一项无形资产。随着网络的普及与发展，企业在互联网上拥有自己的网站并开展电子商务将是必然趋势，网上形象的树立将成为企业宣传产品和服务的关键。世界上的任何一家知名企业都有自己的网站，它们的宣传资料上毫无例外地会附上公司的网址供客户随时查看。一个企业没有网站，就说明它的管理水平和通信手段还不上档次。

(2)改变企业竞争方式。在网络经济时代，竞争方式正在发生重大变化，企业拥有的大型商场、仓库及众多员工不再成为竞争的优势。现在的竞争是高科技的竞争，是速度、质量、成本、效率和服务等综合实力的竞争，电子商务为广大中小企业在高科技的竞争中取胜提供了一个新的机遇，它会改变财富分配的新格局。

(3)提高企业的运营效率，缩短生产周期。企业可以运用企业资源计划、供应链管理、管理信息系统、客户关系管理系统来协调相关部门的步骤，来提高企业的运营效率。企业可以通过网上的情报信息搜集对市场变化做出快速反应；使用电子通信手段与客户联系从而缩短了签约时间；通过增值网共享产品规格和图纸，提高了产品设计和开发的速度；根据客户订单进行即时生产、即时销售，缩短了生产周期；采用高效快捷的配送中心提供送货服务提高了配送效率。

(4)提供个性化服务。个性化消费将逐步成为消费的主流，消费者希望以个人心理愿望为基础，购买个性化的产品及服务，甚至要求企业提供个性化的订制服务。在电子商务中企业可以通过客户关系管理系统对客户的要求作出有效的管理，进而进行市场细分并提供个性化服务。

(5)提供更有效的售后服务。企业可以利用互联网提供售后服务，在网站上进行产品功能介绍、技术支持、常见问题解答等信息，软件生产企业还可以进行在线软件升级。对于从事电子商务的企业来说，售后服务不再是额外的负担，而是企业通过客户关系管理来维持老客户，提高市场占有率的一种有效手段。

(6)降低成本。从事电子商务的企业在初期物质、资金及人员投入上都明显低于传统企业，通过企业的内部信息化管理在经营活动的各个环节如采购、库存、生产、配送等都可以节约成本，从而提高了企业的竞争力。

四、电子商务的发展历史

早在1839年，当电报刚出现的时候，人们就开始运用电子手段进行商务活动，当买卖双方在贸易过程中的意见交换、贸易文件等开始以莫尔斯码形式在电线中传输的时候，就有了电子商务的萌芽。随着电话、传真、电视等电子工具的诞生，商务活动中可应用的电子工具进一步扩充。

由电报、电话、传真和电视带来的商业交易在过去的几十年间日益受到重视，由于它们各有其优缺点，所以人们互为补充地使用电报、电话、传真、电视于商务活动之中。今天，这些传统的电子工具仍然在商务活动中发挥着重要作用。

然而，真正意义的电子商务却是在与计算机技术、网络通信技术的互动发展过程中产生和不断完善的。随着信用卡(Credit Card)、自动柜员机(ATM)、零售业销售终端(POS)和联机电子资金转账技术的产生和发展，以及相应的网络通信技术和安全技术的发展，导致今天网上持卡购物、网上拍卖等现代电子商务模式的产生。

电子商务的发展到目前为止，大致经历了三个阶段，即20世纪70～90年代基于EDI的电子商务；20世纪90年代以后基于因特网的电子商务；21世纪初基于普及计算的电子商务。

1. 基于EDI的电子商务

电子数据交换EDI(Electronic Data Interchange)是信息技术向商业贸易领域渗透的产物。20世纪60年代，随着国际贸易额的不断上升，出现了各种贸易单证、文件数量激增的现象。此时，人们主要利用电报来发送商务文件，十分不便。到了70年代，传真机的出现代替了电报，显得更加的快捷和方便。但是，传真的信息只能进行纸面打印，不能直接进入到企业的管理信息系统中。因此，人们开始使用EDI技术作为企业间电子商务的数据通信。EDI一经出现便显示出了强大的生命力，迅速的在世界各主要发达国家应用开来。EDI是企业对企业电子商务活动的重要手段，即使是在Internet风靡世界的今天，在国际贸易中交易双方的商业文书仍然多采用EDI技术，这更让企业感觉到安全和放心。

EDI是将企业的商务文件按一个公认的标准从一台计算机传输到另一台计算机上去的电子传输方法。由于EDI大大减少了纸张票据，因此，人们也形象地称之为“无纸贸易”或“无纸交易”。

2. 基于 Internet 的电子商务

由于使用 VAN 的费用很高，仅大型企业才会使用，因此限制了基于 EDI 的电子商务应用范围的扩大。20 世纪 90 年代中期后，国际互联网(Internet)迅速走向普及化，逐步地从大学、科研机构走向企业和百姓家庭，其功能也已从信息共享演变为一种大众化的信息传播工具。正是由于商业和公众的加入，才使互联网有了今天的成就和辉煌。

基于 Internet 的电子商务才是真正完整意义上的电子商务，这是因为 Internet 有着比 EDI 电子商务更多的优势，这些优势主要体现在以下方面：

(1)成本更低廉。由于互联网是国际的开放性网络，使用费用很便宜，一般来说，其费用不到 VAN 的 1/4，这一优势使得许多企业尤其是中小企业对其非常感兴趣。

(2)覆盖面更广。互联网几乎遍及全球的各个角落，用户通过普通电话线就可以方便地与贸易伙伴传递商业信息和文件。

(3)功能更全面。互联网可以全面支持不同类型的用户实现不同层次的商务目标，如发布电子商情、在线洽谈、建立虚拟商场或网上银行等。

(4)使用更灵活。基于互联网的电子商务可以不受特殊数据交换协议的限制，任何商业文件或单证可以直接通过填写与现行的纸面单证格式一致的屏幕单证来完成，不需要再进行翻译，任何人都能看懂或直接使用。

知识链接　1993—1997 年，政府开展“三金工程”，为电子商务的发展打下了基础。金桥工程：经济信息通信网工程；金关工程：海关联网工程；金卡工程：电子货币工程。

3. 基于普及计算的电子商务

21 世纪初移动通信技术的迅猛发展和普及，通过手机、PDA(个人数字助理)、上网本等移动通信设备与因特网有机结合进行电子商务活动成为可能，设备计算和延伸的互联网被称为普及计算。支撑普及计算应用的基础设施也正在逐渐进入我们生活的每一个角落，移动通信技术和其他技术的完美组合创造了移动电子商务，但真正推动市场发展的却是服务。移动电子商务能提供这样的服务：PIM(个人信息管理)、银行业务、交易、购物、基于位置的服务(Location Based Service)、娱乐等。当然，与基于有线 Internet 的传统电子商务一样，移动电子商务也并不是所有业务流程都能实现的。

移动设备提供了一种简单的、易于操作的界面，使用户能轻松进入全球数字化经济。通过移动电子商务，用户可随时随地获取所需的服务、应用、信息和娱乐。

他们可以在自己方便的时候，使用智能电话或PDA（个人数字助理）、笔记本电脑等通信终端查找、选择及购买商品和服务。采购可以即时完成，商业决策也可即时实施。服务付费可通过多种方式进行，可直接转入银行、用户电话账单或者实时在专用预付账户上借记以满足不同需求。通过个人移动设备来进行可靠的电子交易的能力被视为移动因特网业务的最重要的方面。

移动电子商务因其快捷方便、无所不在的特点，已经成为电子商务发展的新方向。美国旧金山负责跟踪移动通信产业发展状况的特利菲亚公司的总裁约翰·狄菲尔说：移动商务市场从长远看具有超越传统电子商务规模的潜力。无线电子商务超过传统有线因特网电子商务的能力，是因为移动电子商务具有一些无可匹敌的优势。美国冠群电脑公司移动电子商务产品管理总监谢涛玲认为：只有移动电子商务能在任何地方、任何时间真正解决做生意的问题。

人们不久就会看到移动电子商务意想不到的发展，这主要受三个产业部门：金融部门、旅游和零售业的推动，这些都是对时间和地点敏感的产业，移动商务的魅力也正体现在此处。

实践演练

学习任务1-1 实践任务书

任务目标	通过互联网和教学资源包提供的资料学生自学和讨论，进一步理解电子商务，了解电子商务行业现状和人才需求。
环境需求	1. 互联网接入； 2. 计算机（每人1台）； 3. 百度搜索引擎使用说明书（教学包提供）； 4. 任务考核表（教学包下载，电子方式上传）。
任务描述	1. 利用搜索引擎（百度、谷歌等）搜索电子商务发展现状特别是近年的电子商务的交易额，将近年的交易额以数据形式填入表格，并用Excel作图分析。 2. 通过网络了解目前社会对电子商务人才的需求情况，从教学包下载《电子商务人才岗位需求调查统计表》，仔细阅读，觉得你适合做哪些岗位或者你将来想从事哪个岗位，确定你的学习的个人偏好并填入表格。
小调查	你在大学期间想开网店吗？你有QQ和邮箱吗？
任务拓展	根据你确定的学习偏好，到图书馆借阅相关书籍。你有QQ和邮箱吗？没有请利用业余时间申请。

学习任务 1-1 考核单

姓名：　　　　　　　　　　学号：

<table>
<tr><th>序号</th><th>任务</th><th>分值</th><th colspan="2">总结与归纳</th><th>成绩</th></tr>
<tr><td>1</td><td>电子商务发展现状描述</td><td>40 分</td><td colspan="2"></td><td></td></tr>
<tr><td>2</td><td>电子商务历年交易额及图表分析</td><td>50 分</td><td colspan="2"></td><td></td></tr>
<tr><td>3</td><td>你喜欢的岗位是什么？</td><td>10 分</td><td colspan="2"></td><td></td></tr>
<tr><td>4</td><td colspan="2">你在大学期间想开网店吗？</td><td>想</td><td>不想</td><td>看情况</td></tr>
<tr><td colspan="5">合计</td><td></td></tr>
</table>

注：请从资源包下载电子版填写并上传。

行动指南针

百度搜索

使用比较多的搜索引擎主要为百度(www. baidu. com)、谷歌(www. google. cn)、搜狗(http://www. sogou. com)、雅虎搜索(http://www. yahoo. cn)等，百度是目前国内使用最多的搜索引擎。

使用方法：

(1)在 IE 地址栏输入 www. baidu. com，打开百度首页。选择搜索内容类型，新闻、网页、贴吧、知道、MP3、视频、地图，默认是网页。在搜索地址栏输入想要搜索内容的关键词如“电子商务交易额”，如图 1-3 所示。

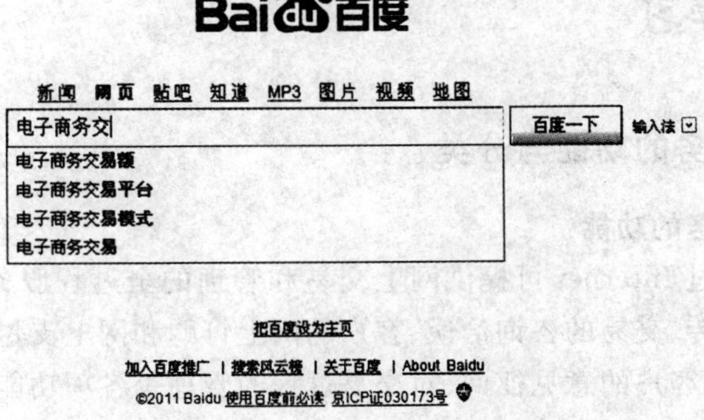

图 1-3　百度搜索

(2)点击百度一下，即可看到搜索结果，如图 1-4 所示，更多使用方法可参看资源包提供的百度搜索使用技巧。

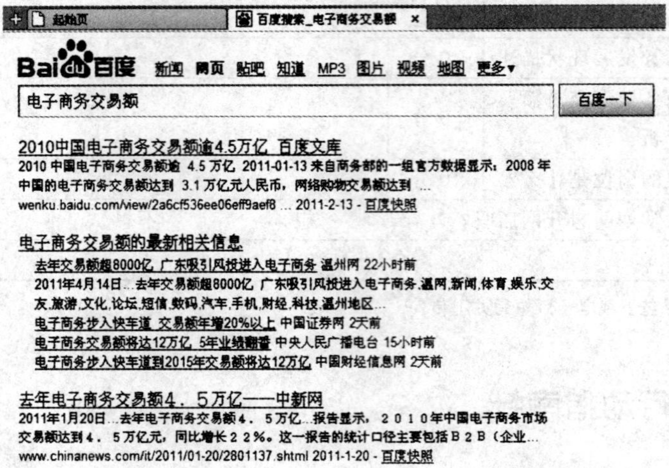

图 1-4 百度搜索结果

学习任务 1-2 电子商务体验

情景导入：通过上个任务的学习，小米明白了什么是电子商务，她非常感兴趣，可是到底电子商务能给我们带来哪些方便？现实中都哪些行为是电子商务呢？与传统商务有什么区别呢？小米很想亲自体验一下，以加深了解。

理论学习

一、电子商务的功能与分类

（一）电子商务的功能

电子商务通过 Internet 可提供网上交易和管理的全过程服务，它具有对企业和商品的广告宣传、交易的咨询洽谈、客户的网上订购和网上支付、电子账户、销售前后的服务传递、客户的意见征询、对交易过程的管理等各项功能。

(1)广告宣传。电子商务可凭借企业的 Web 服务器和客户的浏览，在 Internet 上发播各类商业信息。客户可借助网上的检索工具(Search)迅速地找到所需商品信息，而商家可利用网上主页(Home Page)和电子邮件 (E-mail)在全球范围内做广告宣传。与以往的各类广告相比，网上的广告成本最为低廉，而给顾客的信息量却最为丰富。

(2)咨询洽谈。电子商务可借助非实时的电子邮件(E-mail)，新闻组(News Group)和实时的讨论组 (Chat)来了解市场和商品信息、洽谈交易事务，如有进一步的需求，还可用网上的白板会议 (Whiteboard Conference) 来交流即时的图形信息。网上的咨询和洽谈能超越人们面对面洽谈的限制、提供多种方便的异地交谈形式。

(3)网上订购。电子商务可借助 Web 中的邮件交互传送实现网上的订购。网上的订购通常都是在产品介绍的页面上提供十分友好的订购提示信息和订购交互格式框。当客户填完订购单后，通常系统会回复确认信息单来保证订购信息的收悉。订购信息也可采用加密的方式使客户和商家的商业信息不会泄漏。

(4)网上支付。电子商务要成为一个完整的过程。网上支付是重要的环节。客户和商家之间可采用信用卡账号进行支付。在网上直接采用电子支付手段将可省略交易中很多人员的开销。网上支付将需要更为可靠的信息传输安全性控制以防止欺骗、窃听、冒用等非法行为。

(5)电子账户。网上的支付必须要有电子金融来支持，即银行或信用卡公司及保险公司等金融单位要为金融服务提供网上操作的服务。而电子账户管理是其基本的组成部分。

信用卡号或银行账号都是电子账户的一种标志。而其可信度需配以必要技术措施来保证。如数字证书、数字签名、加密等手段的应用提供了电子账户操作的安全性。

(6)物流服务。对于已付款的客户应将其订购的货物尽快地传递到他们的手中。而有些货物在本地，有些货物在异地，电子邮件将能在网络中进行物流的调配。而最适合在网上直接传递的货物是信息产品。如软件、电子读物、信息服务等。它能直接从电子仓库中将货物发到用户端。

(7)意见征询。电子商务能十分方便地采用网页上的“选择”、“填空”等格式文件来收集用户对销售服务的反馈意见。这样使企业的市场运营能形成一个封闭的回路。客户的反馈意见不仅能提高售后服务的水平，更使企业获得改进产品、发现市场的商业机会。

(8)交易管理。整个交易的管理将涉及人、财、物多个方面，企业和企业、企业和客户及企业内部等各方面的协调和管理。因此，交易管理是涉及商务活动全过程的管理。

电子商务的发展，将会提供一个良好的交易管理的网络环境及多种多样的应用服务系统。这样，能保障电子商务获得更广泛的应用。

(二)电子商务的分类

1. 按电子商务交易的对象分类

根据电子商务参与者性质的不同，可以分为企业(Business，B)、消费者(Consumer，C)、政府(Government，G)。由此形成了按交易对象分类的商业模式：企业对企业的电子商务模式(B2B)、企业对消费者的电子商务模式(B2C)、政府对企业的电子商务模式(G2B)及政府对消费者的电子商务模式(G2C)和消费者对消费者的电子商务模式(C2C)。

(1)B2B。即企业与企业(Business-Business)之间，通过互联网或专用网方式进行的电子商务活动。它包括企业与其供应商之间采购物品的协调，物料计划人员与仓储、运输公司间的业务协调，销售机构与其产品批发商、零售商之间的协调，为合作伙伴及大宗客户提供的服务等。

(2)B2C。即企业对消费者(Business-Consumer)的业务，又称直接市场销售，主要包括有形商品的电子订货和付款、无形商品和服务产品的销售。

小提示 目前全球 B2C 的交易额虽然不及 B2B，但从长远来看，B2C 电子交易将取得长足的进展，成为电子商务中最活跃的一部分。

(3)C2C。即消费者对消费者(Consumer-Consumer)的业务，主要指网上拍卖。C2C 模式的特点就是大众化，如何吸引更多的网民便是 C2C 网站的关键。

知识链接 易趣是中国最早做 C2C 的，曾做到了中国网络交易平台的第一把交椅。然而，2003 年，淘宝横空出世，采用了免费的政策，夺下了易趣第一把交椅的位置，成了中国 C2C 领域的老大，但这一老大，一直面对着来自各个方面的挑战，2006 年，腾讯推出拍拍，不动声色地超越易趣占据暂时第二的位置。如今，百度又要推出 C2C，淘宝要屏蔽百度蜘蛛，甚是热闹。谁能够抓住最基本的商业本质，创新的发展，特别是在“产品推广平台”这个 C2C 最重要的环节上下工夫，谁就可能成为三年后 C2C 领域赚钱的领头羊！

(4)G2B。即政府与企业之间(Government-Business)通过网络所进行的交易活动，活动覆盖企业与政府组织间的各项事务。GtoB 的特点是迅速和信息量大，由于活动在网上完成，使得企业可以随时随地了解政府的动向，还能减少中间环节的时间延误和费用，提高政府办公的公开性和透明度。

(5)G2C。即政府对公民(Government-Citizen)的电子商务活动，它也属于电子政务的一部分，其主要的运作方式为政府上网，通过在网络上建立一个虚拟政府，在互联网上实现政府的职能工作。

2. 按电子商务的产品性质分类

电子商务涉及的商品有两种：一种是有形商品，一种是无形商品。由此划分出两种商业模式：一种是间接电子商务，另一种是直接电子商务。

(1)间接电子商务。即有形商品的电子订货和付款。由于这类活动仍需要传统的邮政服务或商业送货服务系统加以配套，所以称之为间接电子商务。

这种经营模式的特点是：可以为顾客提供全天24小时的挑选和购买；可以用多媒体展示商品；可以使顾客访问全球的众多商店，从一国的商店迅速切换到另一国的商店。但同时，这种经营模式需要物流配送、支付环节、安全保障等支持，否则无法通畅地开展活动。这种经营模式的利润主要来自销售额。

(2)直接电子商务。即无形商品和服务商品的销售，如计算机软件、娱乐产品消费、订票、付款、信息服务等。供需双方可以在网上直接实现交易，故称为直接电子商务。

这种经营模式的特点是：可以即时在网上实现在线购买与支付。因为数字产品的运输比实体产品迅捷得多，它可以直接在网上以电子形式传送给顾客，而不再需要某种物质形式和特定的包装。它跨越时空的限制，突出体现了网上销售的优势，所以生命力很强。但另一方面也涉及安全问题。这种经营模式的利润主要来自销售额。

直接和间接电子商务均提供特有的机会，同一公司往往两者兼营。间接电子商务要依靠一些外部要素，如运输系统等。直接电子商务能使双方越过地理界线直接进行交易，充分挖掘全球市场的潜力。

3. 按开展电子商务的信息网络范围分类

按开展电子商务的信息网络范围可分为三类，即本地电子商务、远程国内电子商务和全球电子商务。

(1)本地电子商务。通常是指利用本城市内或本地区内的信息网络实现的电子商务活动，电子交易的地域范围较小。本地电子商务系统是开展远程国内电子商务和全球电子商务的基础系统。

(2)远程国内电子商务。是指在本国范围内进行的网上电子交易活动，其交易的地域范围较大，对软硬件和技术要求较高。要求在全国范围内实现商业电子化、自动化，实现金融电子化，交易各方具备一定的电子商务知识、经济能力和技术能力，并具有一定的管理水平和能力等。

(3)全球电子商务。是指在全世界范围内进行的电子交易活动，参加电子交易各方通过网络进行贸易。涉及有关交易各方的相关系统，如买方国家进出口公司系统、海关系统、银行金融系统、税务系统、运输系统、保险系统等。全球电子商务业务内容繁杂，数据来往频繁，要求电子商务系统严格、准确、安全、可靠，应制定出世界统一的电子商务标准和电子商务（贸易）协议，使全球电子商务得到顺利发展。

4. 按商业活动运作方式分类

按商业活动运作方式又可分成完全电子商务和不完全电子商务两类。

（1）完全电子商务。即可以完全通过电子商务方式实现和完成整个交易过程的交易。

（2）不完全电子商务。即指无法完全依靠电子商务方式实现和完成完整交易过程的交易，它需要依靠一些外部要素，如运输系统等来完成交易。

知识链接　移动电子商务

在谈及今后电子商务的发展时，3G 技术的应用和发展是不能不提及的。3G 是指第三代移动通信技术，是英文 3rd Generation 的缩写。它将无线通信与国际互联网等多媒体通信结合的新一代移动通信系统。能够处理图像、音乐、视频等多种形式，提供网页浏览、电话会议、电子商务信息服务。3G 技术将网络进行了最大限度的延伸，无论你身在何处，都随时可以通过网络来进行通信。

3G 时代的来临，移动电子商务将是 3G 重要的功能性业务。移动电子商务业务是指利用 TCP/IP 公众网络和技术，通过手机、PDA（个人数字助理）等移动通信设备进行的在线交易和商务作业活动，移动电子商务能提供以下服务：PIM（个人信息服务）、银行业务、交易、购物、基于位置的服务（Lo-cation based service）、娱乐等，其应用范围十分广泛。如移动电子商务中的手机钱包业务不仅可以拓宽电子货币的使用范围，而且使支付形式彻底摆脱空间上的一切束缚，不但广泛而便捷地应用在固定交易场所，而且可以实现移动过程中的支付功能，从而为消费者创造了更灵活、更亲切的消费环境，实现了钱包的电子化、移动化，极大地丰富和方便了用户支付手段。波士顿顾问公司的一项调查中显示，60％以上的早期移动用户及潜在用户希望移动终端能在三五年内成为广泛使用的支付工具。使移动用户可通过手机进行小额消费，如购买饮料、地铁票、车票、信息点播等，因为这类消费频率高，所以市场交易总额也不可小视。根据美国 Garter 公司对美国移动用户的统计，2005 年美国人均通过手机支付的交易货款达到了 300 美元。

移动电子商务因其快捷方便、无所不在的特点，已经成为电子商务发展的新方向。美国旧金山负责跟踪移动通信产业发展状况的特利菲亚公司的总裁约翰·狄菲尔说："移动商务市场从长远看具有超越传统电子商务规模的潜力。"无线电子商务超过传统有线因特网电子商务的能力，是因为移动电子商务具有一些无可匹敌的优势。美国冠群电脑公司移动电子商务产品管理总监谢涛玲认为："只有移动电子商务能在任何地方、任何时间，真正解决做生意的问题”。

市场研究报告显示，虽然3G技术还未在全球广泛应用，但是仅在目前，移动电子商务市场也将达到2亿美元，而通过移动电话进行的交易量每年将达到140亿美元，移动电子商务将对人们的消费购物行为产生根本性的变化。报告还指出，4年后，人们将通过移动电话从售货机上购物、订票和网上购物。各种新技术如高速宽带无线网络、移动上网协议WAP、SIM、双制式移动电话和各种界面友好的掌上设备将大大推动移动购物的发展。欧洲一家市场分析公司也认为，欧洲移动电子商务的营业额每年将成倍增长。移动电子商务对许多人来说，已经不是一种时髦，而是一种生活和职业需求。

二、电子商务与传统商务比较

1. 传统商务的局限性

商务活动是商品从生产领域向消费领域运动过程中经济活动的总和。商业企业在订货、销售和储存等经营活动中，与生产厂商和消费者发生的贸易、交易与服务行为以及其间的信息传递过程均属商务活动的范畴。

传统的商务活动往往采取面对面直接交易或纸面单证往来传递的方式来进行。在传统的商务运作活动中，无论是柜台售货、开架自选，还是召开订货会进行商贸谈判，或借助纸面单证往来传递的方式询价与报价等，都是以直接或间接的物理交换或物理接触来完成业务交易。人们在商场查看一件商品决定是否购买，试穿一件衣服，试坐一把按摩椅，付现金购买；按照样品订购货物，签订合同，按合同规定交货、付款结算；填写一张保险单，购买国库券等。无论是面对面直接交易，还是通过信函等书面方式交易，都是一种物理接触方式，这是传统商务的运作特点。

由于传统商务活动大部分依靠面对面及书面单证往来传递为主，使传统商务具有成本高、易出错、处理速度慢等缺点，极大地制约了商务活动的效率和规模。

2. 电子商务较传统商务的优势

电子商务极大提高了传统商务活动的效益和效率。Internet上的电子商务与传统商务体系相比有其自身的独特优势，这些优势包括：

(1)全新时空优势。传统的商务是以固定不变的销售地点(即商店)和固定不变的销售时间为特征的店铺式销售。Internet上的销售通过以信息库为特征的网上商店进行，所以它的销售空间随网络体系的延伸而延伸。没有任何地理障碍，它的零售时间是由消费者即网上用户自己决定。因此，Internet上的销售相对于传统销售模式具有全新的时空优势，这种优势可在更大程度上、更大范围上满足网上用户的消费需求，事实上，Internet 上的购物已没有了国界，也没有了昼夜之别。

(2)减轻物资的依赖，全方位展示产品及服务的优势。传统企业的经营活动必须有一定物资基础才可能开展业务活动，而通过 Internet 可以创办虚拟企业，如网上商店和网上银行开设和发展基本不需要很多的实物基础设施，同时企业还可以将节省费用转让给消费者，这正是著名的网上书店 Amazon 为什么能给消费者提供传统书店无法提供的优惠折扣原因所在。

同时，网络上的销售可以利用网上多媒体的性能，可以全方位展示产品及服务功能的内部结构，从而有助于消费者完全地认识了商品或服务后，再去购买它。传统的销售在店铺中虽然可以把真实的商品展示给顾客，但对一般顾客而言，对所购商品的认识往往是很浮浅的，也无法了解商品的内在质量，往往容易被商品的外观、包装等外在因素所困惑。从理论上说，消费者理性地购买，既是提高自己的消费效用，又是节约社会资源。

(3)减少库存，降低交易成本。企业为应付变化莫测的市场需求，不得不保持一定库存产品和原材料库存。产生库存的根本原因是信息不畅，以信息技术为基础的电子商务则可以改变企业决策中信息不确切和不及时问题。通过 Internet 可以将市场需求信息传递给企业决策生产，同时企业的需求信息可以马上传递给供应商适时补充供给，从而实现零库存管理。同时，通过网络营销活动企业可以提高营销效率和降低促销费用。据统计，在 Internet 上做广告可以提高销售数量 10 倍，而它的成本却是传统广告的 1/10；而且，电子商务可以降低采购成本，因为借助 Internet 企业可以在全球市场寻求最优惠价格的供应商，减少中间环节。有资料表明，使用 EDI 通常可以为企业节省 5%～10%的采购成本。

(4)密切用户关系，加深用户了解的优势。由于 Internet 的实时互动式沟通，以及没有任何外界因素干扰，使得产品或服务的消费者更易表达出自己对产品或服务的评价，这种评价一方面使网上的零售商们可以更深入了解用户的内在需求，另一方面零售商们的即时互动式沟通，促进了两者之间的密切关系。

(5)减少中间环节，降低交易费用的优势。电子商务重新定义了传统的流通模式，减少了中间环节，使得生产者和消费者的直接交易成为可能，从而在一定程度上改变了整个社会经济运行的方式。电子商务提供企业虚拟的全球性贸易环境，大大提高了商务活动的水平和服务质量。

新型的商务通信通道其优越性是显而易见的，其优点包括：①大大提高了通信速度，尤其是国际范围内的通信速度。②节省了潜在开支，如电子邮件节省了通信邮费，而电子数据交换则大大节省了管理和人员环节的开销。③增加了客户和供货方的联系。如电子商务系统网络站点使得客户和供货方均能了解对方的最新数据，而电子数据交换（EDI）则意味着企业间的合作得到了加强。④提高了服务质量，能以一种快捷方便的方式提供企业及其产品的信息及客户所需的服务。⑤提供了交互式的销售渠道。使商家能及时得到市场反馈，改进本身的工作。⑥提供全天候的服务，即每年 365 天，每天 24 小时服务。⑦最重要的一点是，电子商务增强了企业的竞争力。

正是由于电子商务具有以上这些优势，才使得它具有广泛的应用价值和蓬勃的发展前景。

实践演练

学习任务 1-2 实践任务书

任务目标	通过访问典型电子商务网站，进一步加深学生对电子商务的真实感受。
环境需求	1. 互联网接入； 2. 计算机（每人 1 台）； 3. 个人邮箱（没有需要申请）； 4. 任务考核表（教学包下载，电子方式上传）。
任务描述	1. 访问卓越亚马逊网站（www. amazon. cn）、梦芭莎（www. moonbasa. com）、凡客诚品（www. vancl. com）、京东商城（www. 360buy. com）等网站，观察网站的网页和栏目设置；选择一件你喜欢的商品，在该网站注册为会员，登录并体验网上购物流程（可以真实购买，也可试探性购买）；把产品和订单号填入考核表。 2. 访问阿里巴巴（http://www. 1688. com）、慧聪网（www. hc360. com）观察网站的网页和栏目设置。 3. 访问淘宝网（www. taobao. com）、易趣网（www. eachnet. com）、拍拍网（www. paipai. com）等网站，观察网站的网页和栏目设置，选择一类产品到各个网站搜索查看，选择一家信誉级别高的店铺，注册会员，下载安装在线交流软件阿里旺旺或 QQ 等与客服进行购物交流。有兴趣的可尝试真实购物。 4. 比较上述网站，它们有什么异同，把上述网站进行归类并填写考核表。
课堂讨论	你觉得上述你访问的网站哪个做得好？理由是什么？
小调查	你的 QQ 号：　　　　　　　　你的邮箱：
任务拓展	你想真正地从网上购买一件商品，你发现付款有多种方式，你将如何付款？请利用业余时间办一张银行卡待用。

学习任务 1-2 考核单

姓名：　　　　　　　　　　学号：

序号	任务	分值	总结与归纳	成绩
1	画出网上购物的一般流程图	30 分		
2	你选购的商品描述及订单号	30 分		
3	在淘宝、拍拍等网站搜索的店铺	20 分	名称/网址/级别	
4	网站归类	20 分		
合计				

注：请从资源包下载电子版填写并上传。

行动指南针

一、网上购物条件

网上购物一般来说首先要成为购物网站会员，而会员注册一般需要邮箱（邮箱目前有许多网站可以申请，www. 163. com、www. 126. com、www. sohu. com、www. sina. com. cn、www. gmail. com、www. hotmail. com、www. yeah. net、http://mail. tom. com、http://cn. mail. yahoo. com 等一般都是免费的）或手机号，注册为会员可以开始就注册，也可以在购物过程中注册；其次，网上购物需要货币结算，原始的汇款方式很不方便，所以一般需要有张银行卡，最好能开通支付宝等第三方支付工具（将在第三单元详细介绍）。

二、网上购物流程（以梦芭莎购物网站为例）

（1）新用户注册。在 IE 地址栏输入 www. moonbasa. com 或在百度 www. baidu. com 搜索栏输入“梦芭莎”，如图 1-5 所示，选官网进入网站首页。进入首页后选择“注册”。进入新用户注册窗口输入有效的 E-mail 地址及密码进行注册，提交即可，如图 1-6 所示。

（2）会员登录。在登入窗口输入先前注册的 E-mail/手机及密码，会员登录。

（3）查找商品。会员登入后，通过输入商品名称或关键字进行商品搜索。在商品搜索栏输入商品名称、商品编号或关键字，此时搜索栏下拉菜单中将显示与之相关的商品内容，您选择后点击“搜索”按钮，即可搜索出所有符合条件的商品。

（4）放入购物车。挑选商品后，在商品详细页面点击“放入购物车”按钮，将商品放入购物车中，如图 1-7 所示。

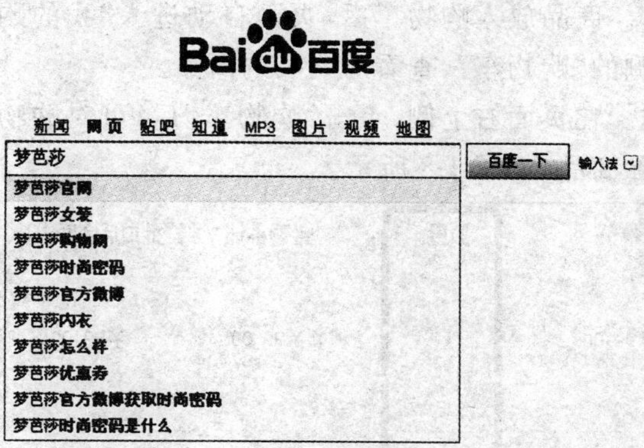

图 1-5　网站搜索

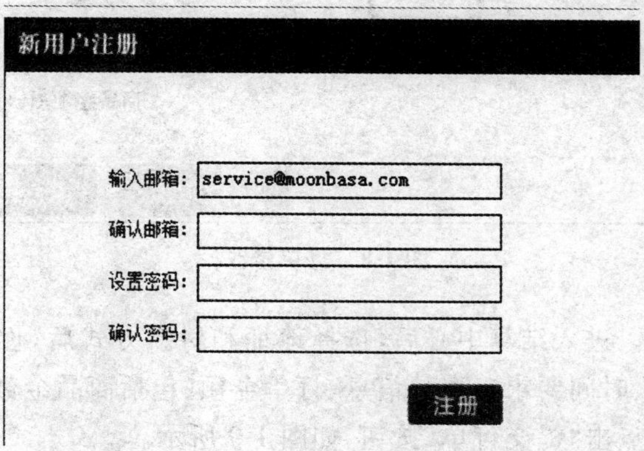

图 1-6　会员注册

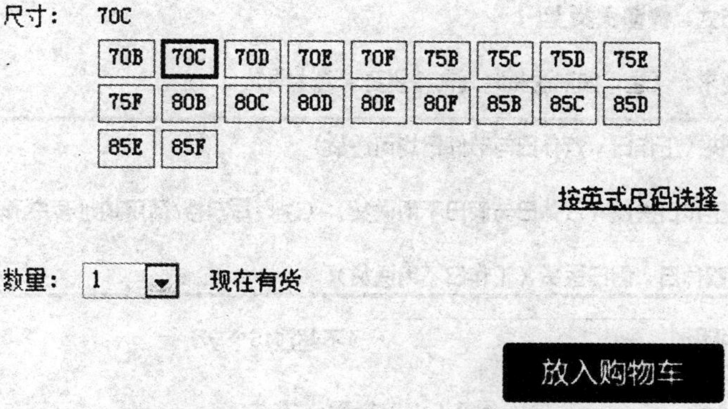

图 1-7　挑选商品

(5)查看购物车。商品放入购物车后，页面自动进入“我的购物车”，或者您也可以点击页面右上侧的“购物车”，查看所购买的商品。

(6)购物车操作。在页面右上侧，点击“购物车”后，可对购物车中的商品进行数量的修改或是删除商品，如图 1-8 所示。

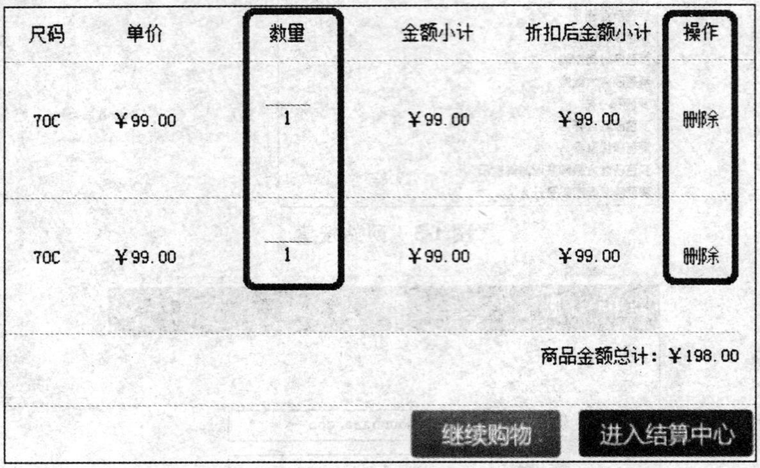

图 1-8　订单修改

(7)提交订单。进入结算中心后，选择地址和付款方式后，你可以确认配送详情(包括送货地址、时间要求)、商品信息、订单金额(包括商品金额和送货费)、付款方式，确认无误后点击“提交订单”按钮，如图 1-9 所示。

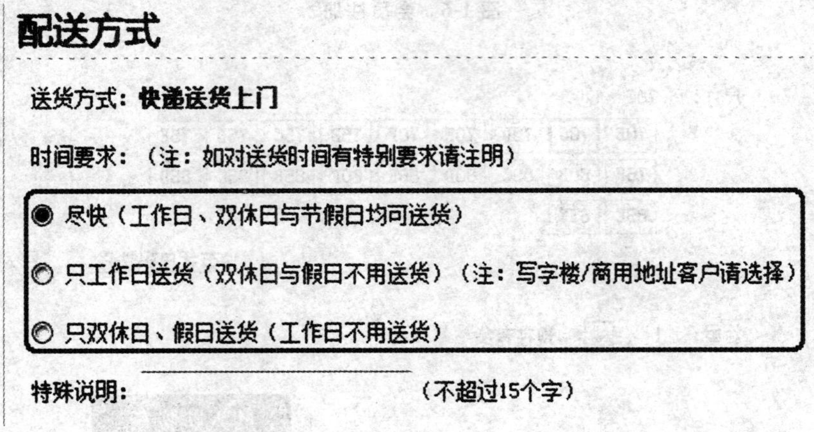

图 1-9　选择配送方式

习题与课业

一、简答题

1. 什么是电子商务？

2. 简述电子商务的概念模型。电子商务由哪些要素组成？

3. 电子商务的特征有哪些？

4. 电子商务有哪些类型？

5. 举出你身边的电子商务运用的例子，说明电子商务是如何改变人们的生产和生活的。

二、拓展训练

浏览可口可乐公司（http://www.coca-cola.com.cn）、柯达公司网站（http://www.kodak.com.cn），然后思考可口可乐、柯达等公司都没在自己的网站上直接销售产品，可口可乐公司网站的重点在宣传可口可乐文化，而柯达公司的重点则是为顾客提供有关摄影的知识。这能说明他们没有进行电子商务吗？

第二单元　上网行为分析与电子商务盈利模式

单元介绍

电子商务将是未来互联网的核心应用形式，它将给无论是企业还是个人带来无限的商机和经济价值，那么如何才能应用这种新型商业模式实现经济价值呢？首先应了解目前互联网的发展程度和现状，知道企业和个人上网需求和行为模式，之后要知道目前电子商务针对这些需求实现盈利模式有哪些，作为借鉴并实现创新。目前，互联网正在发生着巨大的变化，因为网络媒体具有得天独厚的技术和盈利模式多元化的优势，所以盈利模式越来越多。

本单元主要通过上网行为分析和电子商务盈利模式2个学习任务完成。学生通过学习，借助互联网资源和教学资源包提供的资料展开学习和讨论交流，使学生揭开电子商务神秘面纱，产生电子商务创业冲动，激发学习热情。

引导案例

土豆网：播客的大剧场

播客源于苹果公司MP3播放器(iPod)和广播的嫁接。美国著名互联网评论者杰克·勒丁顿对其定义是：这种技术简便易行，使你订阅音频和视频节目，自动下载到你的电脑，以便你的便携式播放器随时播放。

2004年10月一场高尔夫球之后的一个普通的下午，王微(土豆网创始人)的朋友Marc的iPod里装着两天之前从网上下载的播客节目问他，你知道什么是播客吗？当时，Adam Curry刚发布他的Ipodder软件不到2周，世界的播客电台不到10个。王微当然不知道。Marc顺手把iPod给他听了几个节目。

“Blog给了我们大家文字的话语权，而有了类似于播客的东西，我们就有了声音的话语权”。王微看到了商机。

王微刚开始的想法只是把Ipodder软件复制一下，做个中文版本扔到Blog上就完事了。“毕竟我们都有自己的一大堆事。”2004年11月初，《纽约时报》的一则报道改变了他的想法：由于下载量太大，最火的播客网站(the Dawn and Drew Show)创办人Dawn把文件偷偷放在自己公司网站上，导致服务器堵塞并差点为此丢了工作。王微的想法因此而逐渐成型：他要做的不是一个播客，而是为播客搭建一个"剧场"。

"我们做播客的目的，是为了每个人都能够自由发出自己的声音，做出自己想做的节目"。当年年底，王微离开几十万年薪的职业经理人的工作，全力投入到"土豆网"上来。

"土豆网"诞生时只有2个人和50万元的启动资金，成立10个月后，"土豆网"从2个人"升级"到了13人。成为中国最受欢迎的播客网站。在很短的时间里，它发展到了16 000个频道，50 000浏览/每天，15万注册用户。

2005年3月份开始外部测试的时候，王微曾经构思过土豆网的盈利模式。"为了让这个平台能够生存下去，我们还需要很快找出一个支持它的商业模式。也许是广告，也许是一些付费的个人频道，也许是和电视台的合作。"他设想，"有一天，几十个或者几百个中国的Dawn和Drew出现的时候，土豆网就可以靠自己生存了。"

4个月后，土豆网与上海东方龙移动信息公司签订合作协议，为3G时代的来临做好了准备。与此同时，土豆网还为上海电视台DV365节目提供片源，播客开始渗入电视领域。

然而正如王微喜欢的《纽约时报》专栏作家托马斯·L·弗莱德所说，"只有很少的中国人见过iPod，所以在这儿存在的播客形式大多数是通过电脑的。"而且，大多数电脑的用户都还满足于免费的网络服务，3G也还无法达到普及的程度。所以，目前"土豆网"的所有内容与服务，包括与电视台的合作、个人用户服务等也都是免费的。"我们还没有开始收费。"王微说，"暂时也没有具体的进度表。"

"到了播放音乐的还有新的可以播放视频的两种版本的iPod价格都降下来的那一天，中文语言的播客将会是一个巨大的市场。"托马斯·L·弗莱德预测。这的确是一个巨大的市场。但与高度依赖iPod的美国不一样，在中国，iPod并不是播客节目的唯一载体。而且，王微的构想也更为宏大。

当3G时代来临，音频、视频的下载将不再免费，而一旦传统电视媒体对播客产生一定的依赖，那么片源也必然走向付费的方向。付费的个人频道，以及为手机、电视台所提供的节目，都将有助于维持土豆网的生存，也有助于为播客们带来收入。那时的播客将不再是业余的娱乐，它可能将成为一个职业；土豆网也将不仅仅是一个存在于互联网的大剧场，其势力范围必然跨越新媒体、传统媒体。

"土豆只满足一部分人的比较强烈的需要，并不试图满足所有人的基本需要。"王微构想着土豆的发展方向，"土豆不需要任何一个内容成为主流。土豆上有的是无数的支流。"

（资料摘自互联网）

思考：你上过土豆网吗？你觉得土豆网未来发展的空间在哪？目前它主要靠什么盈利？你还知道哪个类似网站做得好？

学习任务 2-1 上网行为分析

情景导入：通过学习，小米知道在互联网上只有两种人，一种是花钱的人，一种是赚钱的人，小米经常花钱上网，听说互联网遍地是黄金，小米想什么时候自己也能成为赚钱的人，获得第一桶金。兵法云：知己知彼，百战不殆。要想在互联网上赚钱先要知道他们为什么花钱，还要知道成功者是如何赚钱的。对此小米展开了调查和学习。

理论学习

一、中国互联网发展情况

中国网民规模与结构、互联网基础资源、上网条件和网络应用等方面互联网发展情况信息，对国家和企业掌握互联网络发展动态和制定决策有着十分重要的意义。1997 年，经国家主管部门研究，决定由中国互联网络信息中心(CNNIC)联合当时的四大互联网络单位共同实施这项统计工作，并于同年 11 月发布了第 1 次《中国互联网络发展状况统计报告》。为了使这项工作正规化、制度化，从 1998 年起，中国互联网络信息中心于每年 1 月和 7 月定期发布《中国互联网络发展状况统计报告》。统计报告发布后，受到各个方面的重视，被国内外广泛引用。2011 年 1 月 19 日，中国互联网络信息中心(CNNIC)在京发布了《第 27 次中国互联网络发展状况统计报告》(以下简称《报告》)。《报告》显示，截至 2010 年 12 月底，我国网民规模达到 4.57 亿，较 2009 年底增加 7 330 万人；我国手机网民规模达 3.03 亿，依然是拉动中国总体网民规模攀升的主要动力，但用户手机网民增幅较 2009 年趋缓；最引人瞩目的是，网络购物用户年增长 48.6%，用户增长最快，预示着更多的经济活动步入互联网时代。以后欲了解最新信息请及时到中国互联网信息中心下载最新统计报告，报告非常翔实且具有权威性，读者可直接下载学习研究，本书不做过多引述，网址 www.cnnic.com.cn，具体操作：打开 IE，在地址栏输入 www.cnnic.com.cn，如图 2-1 所示。

找到动态与公告版块，点击进入直接观看或下载观看即可，如图 2-2 所示。

图 2-1　中国互联网络信息中心网站

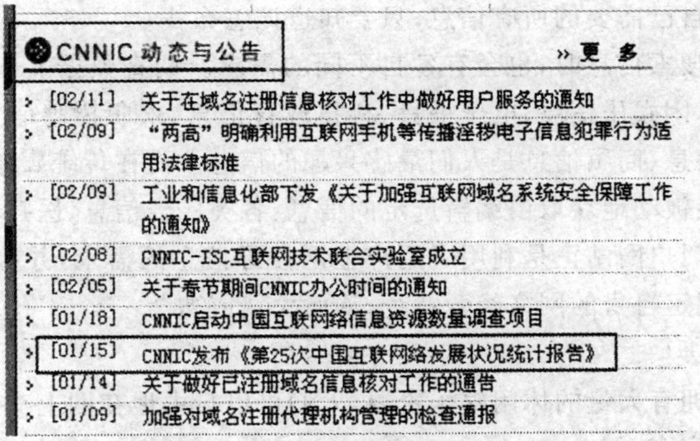

图 2-2　中国互联网络信息中心公告

二、个人上网的需求分析

随着互联网技术的飞速进步，网络正在以几何级数膨胀和扩张，就像夏天池塘里的荷花成倍地铺开，人们突然有一天发现池子已经被盖满。网络正给人们这样一个惊奇，不知不觉中人们发现它已经网络整个世界，并且自己也深陷其中。网络正是以这样一种惊人的速度和力量改变着人们的生活方式，使越来越多的人成为它的用户。

人们上网有着各自不同的目的，主要是获取信息、休闲娱乐、学习教育和购物交易。

1. 获取信息

在网络等技术革命风起云涌的今天，人类社会正全面由工业经济转向信息经济,信息作为知识的核心元素,在各个方位动摇了物质在工业经济中的决定性地位。信息具有易复制、无耗损、可积累等物质元素无法比拟的优点,使其成为当前经济中的最重要的生产要素,谁拥有更多的信息,谁就拥有更多的财富。而网络恰恰把时间和空间焊接在一起,使一切都成为"零距离",这就使其成为最有效的信息传播媒介。因此,信息的定义就是流动中的知识差,它的价值是一个和时间负相关的函数,越及时的信息越有价值。当人们需要某种信息时,可以在任何时间连上网络,在世界各地的信息网站上浏览检索,比如在午夜12点时,若想知道美国大选的最新消息,可登录Yahoo,轻松地在网页上获取想要的信息,网络正是这样把信息的实效性诠释得淋漓尽致。同时,网络使得信息需求者主动获取信息成为可能,在"信息爆炸"的今天,各种信息铺天盖地,而各个需求者却只需要按照自己意愿筛选的信息。世界上数以千万的信息站点,每天都即时更新着不同的信息,人们几乎可以从网上找到自己需要的所有信息,只要知道该怎么找。

人们上网搜索信息时,也会有各自不同的需求。调查数据显示,新闻、计算机软硬件信息、休闲娱乐信息、电子书籍、科技教育信息、求职招聘信息、社会文化信息、旅游交通信息、商贸信息是人们最感兴趣的信息。而在传统媒体上,比如电视、报纸,人们只能被动地获取由编辑选定的信息:各类广告信息、医疗信息、交友征婚信息等。许多门户网站正是利用了用户上网搜寻信息的需求,并且针对信息需求结构的比例,制定自身的网络经营特色,从而大获成功。

2. 休闲娱乐

互联网上拥有大量的休闲娱乐资源,人们可以自由地在网上交友、聊天、游戏,甚至组织虚拟家庭。

其中聊天是用户最普通的休闲方式,据数据显示,中国用户上网最常使用的网络服务,即时通信工具和聊天室占了相当的比例。

人们还可以上网联机打游戏,网游已经成为互联网的热点,人们上网还有交友的需要,一些有着共同语言的群体被吸引到一起组成虚拟社区。

3. 学习教育

随着科技的日新月异,社会对高素质人才的需求越来越迫切。人们为了不被时代所淘汰,都必须不断地给自己充电,补充新鲜的知识,使自己变得更有竞争力。因此,越来越多的人开始在网上学习新知识,因为在互联网这一最新媒介上,总是有着最前沿的理论和技术。比如在中经网上,可以即时阅读专家对国内外经济形势评述和探讨;在美国计算机研究协会上,可以学习和了解最尖端的计算机技术。同时,网上教育也迎合了人们求知的欲望应运而生。网上教育不同于传统教育,学习者可以根据自己的兴趣和能力进行有选择自主学习,而所有的硬件要求只是一台可以联网的计算机。

比如报名参加电子商务网校学习，可以在规定的学期内的任意时间内，上网学习相应的课程，按照教师的提示，结合“知识详解”，关键词检索，知识点连接，掌握科目的基本知识，然后完成作业并提交，有问题可以在线向老师提问，还可以查看作业成绩和老师批语，最后参加网校的统一在线考试。

目前接受远程网上教育的学生主要是在职人员、就业前人员，网上教育为这些由于各种原因不能到校园学习的学生提供了接受高等教育的机会。

4. 购物交易

随着电子商务如火如荼地在互联网上展开，B2C 的网上商店也突然让人目不暇接，通过信息技术，传统商店的柜台被搬上互联网成了一个个多媒体画面，消费者可以足不出户，只要坐在电脑前一动鼠标就可以了解不同的商品图像、文字介绍、技术参数指标、同类产品比价等相关信息。这样就不必逛商店或根据商店的营业时间调整自己的日程安排。并且网上商店提供商品的丰富程度，是传统商家无法比的。例如，最大的连锁书店只不过销售 15 万种不同的书籍，而网上读者可以从 2 500 万种正在发行或已经发行的书籍中进行选购。为了吸引消费者，目前的网上商店都在积极地完善自己的物流配送系统。

三、网上消费者行为分析

(一)网上消费者行为分析

网上消费者行为分析是经济学研究的重要内容，这方面的研究过去主要集中于传统的购物行为，而网上购物与传统的购物活动则有所区别。因此，网上销售商应该多加关注网上消费者行为。

1. 网络消费者类型

进行网上购物的消费者可以分为以下几种类型：

(1)简单型。简单型的顾客需要的是方便、直接的网上购物。他们每月只花少量时间上网，但他们进行的网上交易却占了一半。零售商们必须为这一类型的人提供真正的便利，让他们觉得在你的网站上购买商品将会节约更多的时间。

(2)冲浪型。冲浪型的顾客占常用网民的 8%，而他们在网上花费的时间却占了 32%，并且他们访问的网页是其他网民的 4 倍。冲浪型网民对常更新、具有创新设计特征的网站很感兴趣。

(3)接入型。接入型的顾客是刚触网的新手，占 36%的比例，他们很少购物，而喜欢网上聊天和发送免费问候卡。那些有着著名传统品牌的公司应对这群人保持足够的重视，因为网络新手们更愿意相信生活中他们所熟悉的品牌。

(4)议价型。议价型顾客占网民8%的比例,他们有一种趋向购买便宜商品的本能,著名的eBay网站一半以上的顾客属于这一类型,他们喜欢讨价还价,并有强烈的愿望在交易中获胜。

(5)定期型和运动型。定期型和运动型的网络使用者通常都是被网站的内容所吸引。定期网民常常访问新闻和商务网站,而运动型的网民喜欢运动和娱乐网站。

目前,网上销售商面临的挑战是如何吸引更多的网民,并努力将网站访问者变为消费者。我们认为,网上销售商应将注意力集中在其中的一两种类型上,这样才能做到有的放矢。

2. 消费者网上购物的活动过程

网上购物是指用户为完成购物或与之有关的任务而在网上虚拟的购物环境中浏览、搜索相关商品信息,从而为购买决策提供所需的必要信息,并实施决策和购买的过程。

心理学家将消费者的购物活动称作问题解决过程或购买决策的信息处理过程,它一般分为三个阶段:需求确定、购前信息搜索和备选商品的评价。消费者的购买决策过程实际上是一个搜集相关信息与分析评价的过程,它具有不同的行为程度和脑力负荷。

3. 消费者网络信息空间的活动

消费者网络信息空间的认知和任务活动可分为以下三种方式:

(1)浏览。非正式和机会性的,没有特定的目的,完成任务的效率低且较大程度地依赖外部的信息环境,但能较好地形成关于整个信息空间结构的概貌。此时,用户在网络信息空间的活动就像随意翻阅一份报纸,他能大概了解报纸信息包括了哪些内容,能否详细地阅读某一消息就依赖于该信息的版面位置、标题设计等因素了。

(2)搜索。在一定的领域内找到新信息。搜索中收集到的信息都有助于达到发现新信息的最终目的,搜索时用户要访问众多不同的信息源,搜索活动对路标的依赖性较高。用户在网络信息空间的搜索,就如根据目录查阅报纸,获取某一类特定信息。

(3)寻找。是在大信息量信息集里寻找并定位于特定信息的过程。寻找的目的性较强,活动效率最高。例如,用户根据分类目录定位于寻找旅游信息之后,他在众多旅游信息中进行比较、挑选等活动。

(二)网络消费的特点

1. 网络消费者的群体特点

消费者行为以及购买行为永远是营销者关注的一个热点问题,对于网络消费者也是如此。网络用户是网络消费的主要个体消费者，也是推动电子商务发展的主要动力。我们要搞好网络销售工作，就必须对网络消费者的群体特征进行分析以便采取相应的对策。网络消费者群体主要具备以下四个方面的特征：

(1)注重自我。由于目前网络用户多以年轻、高学历用户为主，他们拥有不同于他人的思想和喜好，有自己独立的见解和想法，对自己的判断能力也比较自负。所以他们的具体要求越来越独特，而且变化多端，个性化越来越明显。因此，从事网络销售企业应想办法满足其独特的需求，尊重用户的意见和建议，而不是用大众化的标准来寻找大批的消费者。

(2)头脑冷静，擅长理性分析。由于网络用户是以大城市、高学历的年轻人为主，不会轻易受舆论左右，对各种产品宣传有较强的分析判断能力，因此从事网络销售的企业应该加强信息的组织和管理，加强企业自身文化的建设，以诚信待人。

(3)喜好新鲜事物，有强烈的求知欲。这些网络用户爱好广泛，无论是对新闻、股票市场还是网上娱乐都具有浓厚的兴趣，对未知的领域报以永不疲倦的好奇心。

(4)好胜，但缺乏耐心。因为这些用户以年轻人为主，因而比较缺乏耐心，当他们搜索信息时，经常比较注重搜索所花费的时间，如果连接、传输的速度比较慢的话，他们一般会马上离开这个站点。

2. 网络消费需求的特征

由于互联网商务的出现，消费观念、消费方式和消费者的地位正在发生着重要的变化，互联网商用的发展促进了消费者主权地位的提高；网络营销系统巨大的信息处理能力，为消费者挑选商品提供了前所未有的选择空间，使消费者的购买行为更加理性化。

网络消费需求主要有以下八个方面的特点：

(1)消费者消费个性回归。在近代，由于工业化和标准化生产方式的发展，使消费者的个性被淹没于大量低成本、单一化的产品洪流之中。随着 21 世纪的到来，这个世界变成了一个计算机网络交织的世界，消费品市场变得越来越丰富，消费者进行产品选择的范围全球化、产品的设计多样化，消费者开始制定自己的消费准则，整个市场营销又回到了个性化的基础之上。没有一个消费者的消费心理是一样的，每一个消费者都是一个细小的消费市场，个性化消费成为消费的主流。

(2)消费者需求的差异性。不仅仅是消费者的个性消费使网络消费需求呈现出差异性；对于不同的网络消费者因其所处的时代环境不同，也会产生不同的需求，不同的网络消费者，即便在同一需求层次上，他们的需求也会有所不同。因为网络消费者来自世界各地，有不同的国别、民族、信仰和生活习惯，因而会产生明显的需求差异性。所以,从事网络销售的厂商,要想取得成功,就必须在整个生产过程中,从产品的构思、设计、制造,到产品的包装、运输、销售,认真思考这些差异性,并针对不同消费者的特点,采取相应的措施和方法。

(3)消费的主动性增强。在社会化分工日益细化和专业化的趋势下,消费者对消费的风险感随着选择的增多而上升。在许多大额或高档的消费中,消费者往往会主动通过各种可能的渠道获取与商品有关的信息并进行分析和比较。或许这种分析、比较不是很充分和合理,但消费者能从中得到心理的平衡以减轻风险感或减少购买后产生的后悔感,增加对产品的信任程度和心理上的满足感。消费主动性的增强来源于现代社会不确定性的增加和人类需求心理稳定和平衡的欲望。

(4)消费者直接参与生产和流通的全过程。传统的商业流通渠道由生产者、商业机构和消费者组成,其中商业机构起着重要的作用,生产者不能直接了解市场,消费者也不能直接向生产者表达自己的消费需求。而在网络环境下,消费者能直接参与到生产和流通中来,与生产者直接进行沟通,减少了市场的不确定性。

(5)追求消费者过程的方便和享受。在网上购物,除了能够完成实际的购物需求以外,消费者在购买商品的同时,还能得到许多信息,并得到在各种传统商店没有的乐趣。今天,人们对现实消费过程出现了两种追求的趋势:一部分工作压力较大、紧张程度高的消费者以方便性购买为目标,他们追求的是时间和劳动成本的尽量节省;而另一部分消费者,是由于劳动生产率的提高,自由支配时间增多,他们希望通过消费来寻找生活的乐趣。今后,这两种相反的消费心理将会在较长的时间内并存。

(6)消费者选择商品的理性化。网络营销系统巨大的信息处理能力,为消费者挑选商品提供了前所未有的选择空间,消费者会利用在网上得到的信息对商品进行反复比较,以决定是否购买。对企事业单位的采购人员来说,可利用预先设计好的计算程序,迅速比较进货价格、运输费用、优惠、折扣、时间效率等综合指标,最终选择有利的进货渠道和途径。

(7)价格仍是影响消费心理的重要因素。从消费的角度来说,价格不是决定消费者购买的唯一因素,但却是消费者购买商品时肯定要考虑的因素。网上购物之所以具有生命力,重要的原因之一是因为网上销售的商品价格普遍低廉。尽管经营者都倾向于以各种差别化来减弱消费者对价格的敏感度,避免恶性竞争,但价格始终对消费者的心理产生重要的影响。因消费者可以通过网络联合起来向厂商讨价还价,产品的定价逐步由企业定价转变为消费者引导定价。

(8)网络消费仍然具有层次性。在网络消费的开始阶段,消费者偏重于精神产品的消费;到了网络消费的成熟阶段,等消费者完全掌握了网络消费的规律和操作,并且对网络购物有了一定的信任感后,消费者才会从侧重于精神消费品的购买转向日用消费品的购买。

四、网络消费者的购买动机与过程

(一)网络消费者的购买动机

所谓动机,是指推动人进行活动的内部原动力,即激励人们行为的原因。人们的消费需要都是由购买动机而引起的。网络消费者的购买动机,是指在网络购买活动中,能使网络消费者产生购买行为的某些内在的动力。我们只有了解消费者的购买动机,才能预测消费者的购买行为,以便采取相应的促销措施。由于网络促销是一种不见面的销售,消费者的购买行为不能直接观察到,因此对网络消费者购买动机的研究,就显得尤为重要。

网络消费者的购买动机基本上可以分为两大类:需求动机和心理动机。

1. 需求动机

网络消费者的需求动机是指由需求而引起的购买动机。要研究消费者的购买行为,首先必须要研究网络消费者的需求动机。美国著名的心理学家马斯洛把人的需要划分为五个层次,即生理的需要、安全的需要、社会的需要、尊重的需要和自我实现的需要。需求理论对网络需求层次的分析,具有重要的指导作用。而网络技术的发展,使现在的市场变成了网络虚拟市场,但虚拟社会与现实社会毕竟有很大的差别,所以在虚拟社会中人们希望满足以下三个方面的基本需要:

(1)兴趣需要。即人们出于好奇和能获得成功的满足感而对网络活动产生兴趣。

(2)聚集需要。通过网络给相似经历的人提供了一个聚集的机会。

(3)交流需要。网络消费者可聚集在一起互相交流买卖的信息和经验。

2. 心理动机

心理动机是由于人们的认识、感情、意志等心理过程而引起的购买动机。网络消费者购买行为的心理动机主要体现在理智动机、感情动机和惠顾动机三个方面。

(1)理智动机。理智动机具有客观性、周密性和控制性的特点。这种购买动机是消费者在反复比较各在线商场的商品后才产生的。因此,这种购买动机比较理智、客观而很少受外界气氛的影响。这种购买动机的产生主要用于耐用消费品或价值较高的高档商品的购买。

(2)感情动机。感情动机是由人们的情绪和感情所引起的购买动机。这种动机可分为两种类型:一是由于人们喜欢、满意、快乐、好奇而引起的购买动机,它具有冲动性、不稳定的特点。另一种是由于人们的道德感、美感、群体感而引起的购买动机,它具有稳定性和深刻性的特点。

(3)惠顾动机。惠顾动机是建立在理智经验和感情之上,对特定的商品产生特殊的信任与偏好而重复、习惯性购买的一种动机。由惠顾动机产生的购买行为,一般是网络消费者在作出购买决策时心目中已首先确定了购买目标,并在购买时克服和排除其他同类产品的吸引和干扰,按原计划确定的购买目标实施购买行动。具有惠顾动机的网络消费者,往往是某一站点忠实的浏览者。

(二)网络消费购买过程

网上购物是指用户为完成购物或与之有关的任务而在网上虚拟的购物环境中浏览、搜索相关商品信息,从而为购买决策提供所需要的必要信息,并实现购买决策的过程。电子商务的热潮使网上购物作为一种崭新的个人消费模式,日益受到人们的关注。消费者的购买决策过程,是消费者需要、购买动机、购买活动和买后使用感受的综合与统一。网络消费的购买过程可分为以下五个阶段:确认需要→收集信息→比较选择→购买决策→购后评价。

1. 确认需要

网络购买过程的起点是诱发需求,当消费者认为已有的商品不能满足需求时,才会产生购买新产品的欲望。在传统的购物过程中,消费者的需求是在内外因素的刺激下产生的,而对于网络营销来说,诱发需求的动因只能局限于视觉和听觉。因而,网络销售对消费者的吸引是有一定难度的。作为企业或中介商,一定要注意了解与自己产品有关的实际需要和潜在需要,掌握这些需求在不同的时间内的不同程度以及刺激诱发的因素,以便设计相应的促销手段去吸引更多的消费者浏览网页,诱导他们的需求欲望。

2. 收集信息

当需求被唤起后,每一个消费者都希望自己的需求能得到满足,所以,收集信息、了解行情成为消费者购买的第二个环节。

收集信息的渠道主要有两个方面:内部渠道和外部渠道。消费者首先在自己的记忆中搜寻可能与所需商品相关的知识经验,如果没有足够的信息用于决策,他便要到外部环境中去寻找与此相关的信息。当然,不是所有的购买决策活动都要求同样程度的信息和信息搜寻。根据消费者对信息需求的范围和对需求信息的努力程度不同,可分为以下三种模式:

(1)广泛问题的解决模式。是指消费者尚未建立评判特定商品或特定品牌的标准,也不存在对特定商品或品牌的购买倾向,而是很广泛地收集某种商品的信息。处于这个层次的消费者,可能是因为好奇、消遣或其他原因而关注自己感兴趣的商品。这个过程收集的信息会为以后的购买决策提供经验。

(2)有限问题的解决模式。处于有限问题解决模式的消费者,已建立了对特定商品的评判标准，但尚未建立对特定品牌的倾向。这时，消费者有针对性地收集信息。这个层次的信息收集，才能真正而直接地影响消费者的购买决策。

(3)常规问题的解决模式。在这种模式中，消费者对将来购买的商品或品牌已有足够的经验和特定的购买倾向，它的购买决策需要的信息较少。

3. 比较选择

消费者需求的满足是有条件的，这个条件就是实际支付能力。消费者为了使消费需求与自己的购买能力相匹配，就要对各种渠道汇集而来的信息进行比较、分析、研究，根据产品的功能、可靠性、性能、模式、价格和售后服务，从中选择一种自认为“足够好”或“满意”的产品。

由于网络购物不能直接接触实物，所以网络销售商要对自己的产品进行充分的文字描述和图片描述，以吸引更多的顾客。但也不能对产品进行虚假的宣传，否则可能会永久地失去顾客。

4. 购买决策

网络消费者在完成对商品的比较选择之后，便进入到购买决策阶段。与传统的购买方式相比，网络购买者在购买决策时主要有以下三个方面的特点：首先，网络购买者理智动机所占比重较大，而感情动机的比重较小。其次，网络购物受外界影响小。第三，网上购物的决策行为与传统购买决策相比速度要快。

网络消费者在决策购买某种商品时，一般要具备以下三个条件：第一，对厂商有信任感。第二，对支付有安全感。第三，对产品有好感。所以，网络销售的厂商要重点抓好以上工作，促使消费者购买行为的实现。

5. 购后评价

消费者购买商品后，往往通过使用对自己的购买选择进行检查和反省，以判断这种购买决策的准确性。购后评价往往能够决定消费者以后的购买动向，“满意的顾客就是我们最好的广告”。

为了提高企业的竞争能力，最大限度地占领市场，企业必须虚心听取顾客的反馈意见和建议。方便、快捷、便宜的电子邮件，为网络销售者收集消费者购后评价提供了得天独厚的优势。厂商在网络上收集到这些评价之后，通过计算机的分析、归纳，可以迅速找出工作中的缺陷和不足，及时了解消费者的意见和建议，制定相应对策，改进自己产品的性能和售后服务。

五、企业上网行为分析

(一)企业上网需求分析

(1)扩大企业知名度。传统经济中，企业要想扩大品牌知名度，花在传统媒体上的广告费用不计其数，一些小企业根本无力承受如此庞大的市场开拓费用。而现在，企业只要一个主页，就可以把地址加入 Baidu、Google 等著名的搜索结果清单中得到企业网址及相关介绍，如果用户对企业产品感兴趣，也可以方便地通过链接登录企业的网页进一步浏览。这样，企业实际上针对潜在用户做了一个免费广告，扩大了企业的知名度。

沈阳高特斯特玻璃纤维制品有限公司 www.gaote.cn，在互联网刚刚兴起就建立了公司自己的企业网站，正是通过网站使公司的产品远销国内外，创造了上网 3 年创利 3 000 万的奇迹。

(2)开展产品市场调研。企业可以在网上通过两种方式展开产品的市场调研，一种是将传统的产品调查问卷放在自己的网站或其他一些门户网站上，对答完问卷并留下联系方法的用户给予一定奖励。这种方法和网上的分发问卷的调研方式并无太大区别，但是减少了调研的工序，节约了调研人员和纸张印刷的成本，扩大了调研的范围，也使计算机统计分析结果更为方便。但这种方法还是不能避免用户在答卷时由于种种原因不能客观作答的缺陷，而另一种方式能够利用现代网络跟踪监控技术较好解决这一问题。比如，一个潜在消费者进入奥迪公司主页(www.audi.com.cn)，网站可以记录下他首先选择了奥迪的哪一个车型，A4、A6，还是 A8；他是否打开车型内外展示的页面，是在车内装潢还是在车外观的页面驻留时间更长；是否进入"性能与装备"的页面，曾经点击过其中哪些性能指标，等等。而这些潜意识的浏览行为明确无误地说明了消费者对产品的偏好和对产品某些性能的关注程度，如果记录下所有浏览者的数据库，将是一份真实而且完美的产品调研报告。

(3)收集对手和自身的市场信息。"知己知彼"是经商亘古不变的制胜之道，在传统经济中，由于信息收集渠道不畅，使得探听对手工商业动态，获取市场对自己企业评价的成本都非常高。而在今天，由于网络的巨大数据存储和快捷有效的检索方式，使得这些都成为可能。比如联想电脑公司，想了解方正电脑目前在研发方面有什么新动态，在市场方面有什么新活动，只需要登录到方正的主页，就可以得到一手的公开商业信息。如果企业是做鲜花礼品的，只要在百度上打入鲜花，就可以找到与之相关的所有商家，然后去看看他们今天的报价是多少，又推出了什么新品种，而且还可以了解到网上关于自己企业的相关评论。

(4)在线采购。传统经济中，购买原材料和服务是一个极为复杂的过程，购买企业首先要找到供应商，确定他们产品的质量、价格和生产能力是否符合自己的要求。在达到合同要求以后，购买企业就要开出采购订单，然后等待供应商的确认回函，当货物发出时，购买企业还要得到通知，收到后还要由财务部门核单付款。互联网的出现使这些繁琐的流程变得简单，并且大大降低了采购过程中的劳动、打印和邮递成本，而且为新的供货商和中小采购公司提供了更多的商业机会。分析家认为，目前在线采购可以降低采购成本10%，例如，1996年通用电器公司照明部开始使用在线采购系统，每天公司将各个部门的领料单打包通过网络传给世界各地的供货商，两个小时以内，世界各地的供货商就会报出各自的价格，通过电器就可对此做出决策。这样，通过电器的采购劳动成本下降了30%，60%的采购人员做了调整，由于接触到更多的供货商，使得供货价格下降了20%。

(5)网络销售。企业的网上营销是企业上网的主要目的，Jupiter Research最近发布的一份报告称，美国的B2B电子商务交易迅速发展，B2B交易额从2000年的3 360亿美元增加到2005年的63 000亿美元。

(二)企业上网类型分析

企业上网或称传统企业的e化从现在到未来几年中都将对企业经营战略发生重要影响，企业上网不一定从建立网站开始，但是企业网站无疑是上网的重要标志，也是开展电子商务的基础。

尽管每个企业网站规模不同，表现形式各有特色，不同形式的网站内容、实现的功能、经营方式、建站方式、投资规模也各不相同。资金雄厚的企业可能直接建立一个具备开展电子商务功能的综合性网站，一般的企业也许只是将网站作为企业信息发布的窗口。

下面是结合深圳康佳集团公司网站、戴尔公司网站和海尔集团公司网站为代表分别说明不同类型企业上网建站需求的特点。

1. 信息发布型企业网站

信息发布型属于初级形态的企业网站，不需要太复杂的技术，而是将网站作为一种信息载体，主要功能定位于企业信息发布，包括公司新闻、产品信息、采购信息等用户、销售商和供应商所关心的内容，多用于品牌推广以及沟通，网站本身并不具备完善的网上订单跟踪处理功能。其实，这些内容也是所有网站所必需的基本内容，即使是一个功能完善的电子商务网站，一般也离不开这些基本信息。

这种类型的网站由于建设和维护比较简单，资金投入也很少，初步解决了企业上网的需要，因此是中小企业网站的主流形式。即使对于一些大型网站，在企业e化进程中也并非都一步到位，在真正开展电子商务之前，网站的内容通常也是以信息发布为主。因此，这类网站有广泛的代表性。

深圳康佳集团股份有限公司是家电行业的大型公司，不过康佳集团公司网站(http://www.konka.com)看上去并不显得有什么惊人之处，但很实用，是一个典型的信息发布型网站。网站的主要内容为公司介绍、企业新闻、产品目录、企业文化、客户服务信息等。从用户的角度来看，尽管康佳公司网站的内容还不够详细，尤其是产品价格、销售商名址等比较缺乏，对购买决策有一定的影响，但是这种网站构架已经基本上可以满足一般信息发布型企业的需求，因此可以作为一个模板来参考。

2. 网上直销型企业网站

在发布企业基本信息的基础上，增加网上接受订单和支付的功能，网站就具备了网上销售的条件。网上直销型企业网站的价值在于企业基于网站直接面向用户提供产品销售或服务，改变传统的分销渠道，减少中间流通环节，从而降低总成本，增强竞争力。通常适用于消费类产品或办公用品等，网上直销是企业开展电子商务的一种方式，但并不是每个企业都可以做到这一点，也不一定适合所有类型的企业。

创立于1984年的戴尔计算机公司，首创了具有革命性的"直线订购模式"，直线订购模式使戴尔公司能够提供最佳价值的技术方案，与大型跨国企业、政府部门、教育机构、中小型企业以及个人消费者建立直接联系，在美国，戴尔已经成为占这些领域市场份额第一的个人计算机供应商。戴尔在1994年就建立了自己的企业网站 www.dell.com，并在1996年加入了电子商务功能，现在该网站包括80个国家的站点，目前每季度有超过4 000万人浏览，通过网站的销售额占公司总收益的40%～50%。

在戴尔公司中文网站(http://www.dell.com.cn)首页上，可以看到一个非常简洁的界面，除了公司介绍、技术支持和联系信息之外，最醒目的就是针对中国市场四类不同用户(家庭、小型企业、中型企业、大型企业)的产品目录简介和链接了，所有详细的产品介绍和在线订单处理程序都恰到好处安排在应该出现的地方。

当我们打开"小型企业"网页，可以看到，主要内容是针对小型企业用户的产品目录和重点介绍，戴尔公司网站和一般的网上购物网站有所不同，与产品不相关的内容很少，也没有太复杂的网页设计，基本是针对相关产品的促销、订购和帮助信息。针对其他类别用户设计的网页从表现形式上来看和"小型企业"基本类似，从网站表面上看，像戴尔这样的网上直销型网站内容并不复杂，真正复杂的是网站背后的高效管理模式。

3. 综合性电子商务网站

网上直销是企业销售方式的电子化，但还远不是企业电子商务的全部内容，企业网站的高级形态，不仅仅将企业信息发布到互联网上，也不仅仅是用来销售公司的产品，而应该是集成了包括供应链管理在内的整个企业流程一体化的信息处理系统。在这方面，海尔集团网站(http://www.haier.com)带给我们很大的启示。巧合的是，海尔公司同戴尔公司一样诞生于1984年，海尔集团现在已经拥有包括白色家电、黑色家电、米色家电在内的 69 大门类 10 800 多个规格品种的产品群，在海外建立了 38 000 多个营销网点，产品已销往世界上 160 多个国家和地区，海尔已经成为国际著名品牌。

海尔集团于 2000 年 3 月 10 日投资成立海尔电子商务有限公司，首开国内家电行业成立电子商务公司的先河。2000 年 4 月，海尔集团电子商务系统开始运行。海尔集团网站也成了名副其实的电子商务网站，除了具备一般信息发布型网站的基本内容之外，还建立了完善的网上零售(B2C)体系，可以快速满足用户的个性化需求，同时，面对供应商的企业间电子商务平台(B2B)也在展示着一个现代企业的风采。

无论海尔还是戴尔，在电子商务的进程中，无疑都是领路者和成功者。支撑一个庞大的电子商务体系依赖于企业的实力，但很多企业并不具有这样的实力，所以只能从企业上网的初级形态逐步发展，在羡慕他人辉煌的同时，这些企业也许更加关心和自己密切相关的现实问题吧。

(三)企业网站的内容需求

一个企业网站应该具备什么样的功能，以及采取什么样的表现形式，并没有统一的模式，不同形式的网站其网站的内容、实现的功能、经营方式、建站方式、投资规模也各不相同。一个功能完善的电子商务网站可能规模宏大，耗资几百万元，而一个最为简单的企业网站也许只是将企业的基本信息搬到网上，将网站作为企业信息发布的窗口，甚至不需要专业的人员来维护。一般来说，企业网站建设和企业的经营战略、产品特性、财务预算以及当时的建站目的等因素有着直接关系。

尽管每个企业网站规模不同，表现形式各有特色，但从经营的实质上来说，不外乎信息发布型和产品销售型这两种基本形式，一个综合性的网站可能同时包含了这两种基本形式。现在，绝大多数企业还没有上网，即使已经建立网站的企业，网站的应用水平也处于初级阶段，距开展电子商务还很远，在相当长的时期内，这种状况不会有根本的改变，因此，信息发布型的网站仍然是企业网站的主流形式。

下面归纳出一个信息发布型企业网站应该包括的主要信息，供一些企业在规划自己网站时参考。

(1)公司概况。包括公司背景、发展历史、主要业绩及组织结构等，让访问者对公司的情况有一个概括的了解，作为在网络上推广公司的第一步，亦可能是非常重要的一步。

(2)产品目录。提供公司产品和服务的目录，方便顾客在网上查看。并根据需要决定资料的详简程度，或者配以图片、视频和音频资料。但在公布有关技术资料时应注意保密，避免为竞争对手利用，造成不必要的损失。

(3)荣誉证书和专家/用户推荐。作为一些辅助内容,这些资料可以增强用户对公司产品的信心,其中第三者作出的产品评价、权威机构的鉴定,或专家的意见,更有说服力。

(4)公司动态和媒体报道。通过公司动态可以让用户了解公司的发展动向,加深对公司的印象,从而达到展示企业实力和形象的目的。因此,如果有媒体对公司进行了报道,别忘记及时转载到网站上。

(5)产品搜索。如果公司产品比较多,无法在简单的目录中全部列出,那么为了让用户能够方便地找到所需要的产品,除了设计详细的分级目录之外,增加一个搜索功能不失为有效的措施。

(6)产品价格表。用户浏览网站的部分目的是希望了解产品的价格信息,对于一些通用产品及可以定价的产品,应该留下产品价格,对于一些不方便报价或对价格波动较大的产品,也应尽可能为用户了解相关信息提供方便,比如设计一个标准格式的询问表单,用户只要填写简单的联系信息,点击"提交"就可以了。

(7)网上订购。即使没有像戴尔那样方便的网上直销功能和配套服务,针对相关产品为用户设计一个简单的网上订购程序仍然是必要的,因为很多用户喜欢利用提交表单而不是发电子邮件。当然,这种网上订购功能和电子商务的直接购买有本质的区别,只是用户通过一个在线表单提交给网站管理员,最后的确认、付款、发货等仍然需要通过网下来完成。

(8)销售网络。实践证明,用户直接在网站订货的并不一定多,但网上看货网下购买的现象比较普遍,尤其是价格比较贵重或销售渠道比较少的商品,用户通常喜欢通过网络获取足够信息后在本地的实体商场购买。应充分发挥企业网站这种作用,因此尽可能详尽地告诉用户在什么地方可以买到他所需要的产品。

(9)售后服务。有关质量保证条款、售后服务措施以及各地售后服务的联系方式等都是用户比较关心的信息,而且是否可以在本地获得售后服务往往是影响用户购买决策的重要因素,应该尽可能详细。

(10)联系信息。网站上应该提供足够详尽的联系信息,除了公司的地址、电话、传真、邮政编码、网管 E-mail 地址等基本信息之外,最好能详细地列出客户或者业务伙伴可能需要联系的具体部门的联系方式。对于有分支机构的企业,同时还应当有各地分支机构的联系方式,在为用户提供方便的同时,也起到了对各地业务的支持用。

(11)辅助信息。有时由于一个企业产品品种比较少,网页内容显得有些单调,可以通过增加一些辅助信息来弥补这种不足。辅助信息的内容比较广泛,可以是本公司、合作伙伴、经销商或用户的一些相关新闻、趣事,或者产品保养、维修常识,产品发展趋势等。

(12)内容之外的内容。现在有一种普遍现象,在很多企业网站的首页都是一个漂亮的“欢迎页面”,展示一些图片、动画或者其他多媒体文件,所表现出的信息大多和企业形象或者核心业务无关。据了解,一些企业喜欢这种方式的主要原因也是觉得直接进入产品介绍页面,会显得内容贫乏,而且不够专业。其实这种担心是不必要的,因为用户浏览一个网站的目的是要了解有关产品或服务的信息,而不是来欣赏美术作品,那些无关的内容往往会占用访问者的时间,甚至将用户的视线转移。所以说,如果一定要采用一个漂亮网页作为首页时,不妨通过一些多媒体手段,在展示企业品牌形象方面下点工夫,尽量不要放置和企业毫无关系的内容。

当然,上述基本信息仅仅是企业网站应该关注的基本内容,并非每个企业网站都必须涉及,同时也有部分内容并没有罗列进去,在规划设计一个具体网站时,主要应考虑企业本身的目标所决定的网站功能导向,让企业上网成为整体战略的一个有机组成部分,让网站真正成为有效的品牌宣传阵地、有效的营销工具,或者有效的网上销售场所。

实践演练

学习任务 2-1 实践任务书

任务目标	通过学习互联网发展最新统计报告,了解网民数量、网民结构等情况,以便对互联网进行更深入的了解,同时培养学生团队意识——横向与纵向合作。
环境需求	1. 互联网接入; 2. 计算机(每人1台); 3. 任务考核表(教学包下载,电子方式上传); 4. 将班级划分为4个讨论组,每组设组长1名,首席发言人1名。
任务描述	1. 访问中国互联网信息中心 www.cnnic.com.cn 查找最新中国互联网络发展状况统计报告并下载,各组成员阅读,每组成员共同讨论选取大家认为热点的话题,各组之间讨论内容不应相同,然后各组成员分工合作制作5~8分钟PPT讲座,交给首席发言人(可设发言助理补充)准备完成任务2。 2. 小组抽选顺序然后按顺序请各小组首席发言人及助理到讲台做报告,小组之间互评并填写考核表上交。
思考	我国网民数量世界第一,这将给我国经济带来什么影响?
任务拓展	利用业余时间仔细阅读中国互联信息中心发布的最新中国互联网络发展状况统计报告及相关互联网热点问题调查。

学习任务 2-1 考核单

组名：

组长及职责：				
首席发言人：				
助理：				
口号：				
序号	任务	分值	小组互评	成绩
1	第一组	100 分		
2	第二组	100 分		
3	第三组	100 分		
4	第四组	100 分		
合计				

注：请从资源包下载电子版填写并上传。

学习任务 2-2　电子商务盈利模式

情景导入：小米通过上个任务的学习了解了人们上网的需求和行为模式，可是她发现现实中很多网站资源都是免费提供的，小米知道做一个网站是要花钱的，天下没有免费的午餐，这些网站肯定是赚钱的，可是他们是靠什么赚钱呢？怎么赚钱呢？小米对此很是不理解，你能告诉小米吗？

理论学习

一、电子商务的主要盈利模式

目前，互联网正在发生着巨大的变化，而网络媒体具有得天独厚的技术和盈利模式多元化的优势，所以盈利模式越来越多。

概括地说电子商务盈利模式主要是三类，分别为广告盈利、销售盈利、渠道盈利。

广告盈利相当于传统的广告公司和媒体，它们帮助广告主制作或者发布网络广告来获得收入。新浪、网易等就是典型的广告盈利。

销售盈利相当于传统的店铺或集市，它们自己销售产品（服务）或者帮助生产商销售产品(服务),通过差价或者租金来获得收入。阿里巴巴、淘宝网、凡客诚品等就是典型的销售盈利。

渠道盈利是搭建通往用户的渠道,只要所搭建的渠道是畅通的、有效的,就可以在这个渠道中销售相应的产品来获得收入。如现在流行的 SNS 社区就是渠道盈利模式。再如腾讯公司,它依靠 QQ 这个沟通工具,搭建了与用户之间的强大通道,这个通道的唯一性和排他性将用户牢牢捆起来,无法脱离。这个时候,腾讯想卖什么就卖什么:广告(腾讯网)、产品(拍拍网)、道具、虚拟币、游戏……这就是典型的渠道盈利模式。

二、电子商务的具体盈利模式及运营

(一)网上目录盈利模式

这种网上销售商品和服务的盈利模式是基于网络出现之前就存在的邮寄目录的业务模式。邮寄目录盈利模式下,商家通常会建立一种品牌形象,并利用这个形象的优势,通过向潜在购买者邮寄商品目录来推销商品,购买者通过邮寄或拨打商家付费电话来下订单。这种业务模式通常称为邮购模式或商品目录模式,在很多消费品(包括服装、计算机、家电、家庭用品及礼品等)上都非常成功。

小资料　邮购已经有 100 多年的历史了。1872 年,一个名叫阿伦·蒙哥马利·华德(Aaron Montgomery Ward)的行商就用一页货单向农民销售纺织品。1895 年,理查德·西尔斯(Richard Sears)和阿尔瓦·罗巴克(Alvah Roebuck)开始向农民和城镇居民邮寄商品目录。蒙歌马·利华德公司(Montgomery Ward,2001 年倒闭)和西尔斯-罗巴克公司(Sears,Roebuck & Company)在 20 世纪 50 年代时都成为美国的零售巨头,在城市里开设零售店,针对农村和城镇居民,则通过商品目录进行销售。

将邮寄目录的模式扩展到网上,就是企业用网站上的信息来替代商品目录的分发,这种模式称为网上目录盈利模式。消费者可通过网站或电话提交订单。这种新渠道不需要新建实体店铺,还能接触世界各地的客户。采用网上目录盈利模式的商品包括计算机与家电、图书与音像制品、奢侈品、服装、鲜花与礼品、折扣商品、特殊商品等,随着物流和结算方式的完善,目前网上目录盈利模式销售的商品基本涵盖了所有商品大类。下面介绍一些企业应用网上目录盈利模式的运营方式。

1. 计算机与家电

诸如戴尔公司、HP 公司和联想公司等计算机制造商都已在网上取得了很大成功,他们都通过网站向个人、企业和其他机构销售从台式计算机到大型服务器等全线计算机产品。戴尔公司能够让顾客在网上指定所订购计算机的配置,其整个业务模式都是以允许顾客灵活配置为核心，从而为顾客带来了价值，如图 2-3 所示。其他直接在网上向顾客销售的 PC 机制造商也像戴尔公司一样为访问者提供了多种访问产品信息的方法。这些网站都提供到特色产品和特定顾客的链接。

图 2-3 戴尔中国

家电零售商也采用网上目录盈利模式开展电子商务。例如，家电零售巨头国美电器（www. gome. com. cn）、苏宁电器（www. suningshop. com）、京东商城（www. 360buy. com）就将销售业务扩展到网上。同样，家电制造商也开设网上商店来销售自己生产的商品，例如海尔就开设了专门的网上商城（www. ehaier. com）。

2. 图书与音像制品

事实证明，利用网上目录盈利模式销售图书与音像制品是最为适合的了。1994 年，华尔街 29 岁的证券分析师杰夫·贝佐斯（Jeff Bezos）对快速发展的互联网产生了兴趣。经过仔细分析发现，图书最适合在网上销售。贝佐斯没有图书销售经验，但他认为图书属于小件商品，送货方便而且便宜。许多消费者能够接受不亲自看到书籍就付款购买，促销得当会引发冲动购买。全球同时出版 400 万种图书，而最大的书店也只能容纳 20 万种图书。贝佐斯发现了一个网上销售的战略性机会。8 年后，贝佐斯创办的亚马逊网上书店的年销售额超过 30 亿美元，客户超过 2 800 万名。今天的亚马逊不仅销售图书和音像制品，还销售家电、家用器皿、五金工具和其他商品。

中国自 1997 年开始探索网上图书之路，目前网上书店已经初具规模。在国内当当网是一个较有影响的网上书店 www. dangdang. com，当当网自 1999 年 11 月开通，目前是全球最大的中文网上图书音像商城（图 2-4）。当然现在各大出版社也都实现了这种模式。

图 2-4　当当网

3. 服装

很多服装公司将商品目录销售的模式转移到网上，如李宁（http://www.li-ning.com.cn）。还有很多企业或个人在网上直接开服装店，如凡客诚品（wwww.vancl.com）、逛街网（www.togj.com）、梦芭莎（www.moonbasa.com）（图 2-5）、时尚起义等数不胜数，还有在淘宝网、拍拍网、易趣网第三方平台上开店。这些服装网上商店提供服装的图片、价格、尺寸规格、颜色和裁剪细节信息，希望客户仔细比较后在网上订购。

图 2-5　梦芭莎服装网

4. 鲜花与礼品

很多礼品零售商也在使用网上目录盈利模式。如中国礼品鲜花网 www.flowercn.com（图 2-6）、巧思网等，顾客可以利用网上目录来选择自己满意的鲜花礼品。

图 2-6 中国礼品鲜花网

(二)数字内容盈利模式

拥有知识产权的企业认为网络是新兴的高效率的分销机制。在我国，超星公司创办的 www.ssreader.com 网站销售正式出版物的数字版本(图 2-7)。这家企业有很多出版物的复制权。目前，由全国各大图书馆采用超星 pdg 格式制作的数字图书超过 4 亿页，为国内外图书馆、档案馆和出版社数字化提供了成熟的整体解决方案。许多学校和图书馆都订阅超星数字图书产品，并向个人、学校和图书馆提供期刊的数字版及数据库与电子期刊的订阅服务。这些公司向个人、学校、公司和图书馆销售文献数据库和电子期刊的访问权。

图 2-7 超星数字图书馆

目前做得成功的还有中国知网(www.cnki.net)、万方数据(www.wanfangdata.com.cn)，还有通过互联网卖软件产品或提供在线翻译与数据服务等，如华军软件园等(www.newhua.com)(图 2-8)。

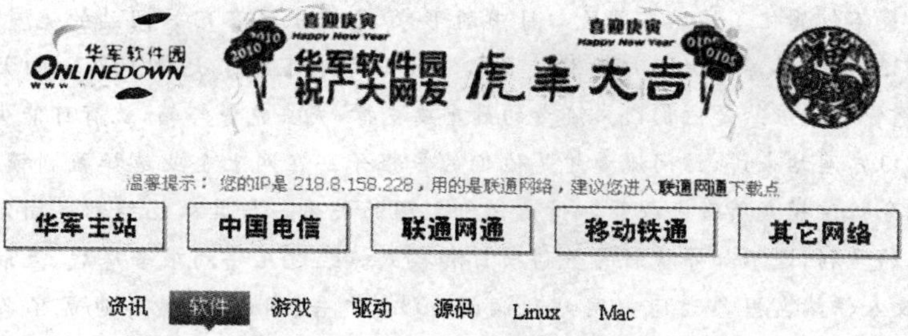

图 2-8　华军软件园

(三)广告支持盈利模式

在线广告是网站盈利的比较普遍的方式，其形式繁多，从 Banner(旗帜)、LOGO(图标)广告，到 Flash 多媒体动画、在线影视等多种多样，从收费的方式来看，现在比较受欢迎的是按点击次数收费，Google 和百度等搜索引擎网站都是主要采取此类广告方式。另外，现在比较流行一种"窄广告"的概念，就是针对更专业的浏览群体，其有效的用户比例会大幅提高。而且广告收入也是可以在一般的网站实现的，只要有较多的浏览群体(最好是某一类型的专业浏览群体)，就具备了网站广告收费的条件，当然也可以作大型网站的广告合作伙伴获得一定的盈利。

采取广告支持的盈利模式目前主要有这如下几种运营模式：

(1)门户网站。一些门户网站，由于有一定的影响力和访问量，可以通过在网站页面为其他企业制作和发布广告获得盈利。比如网易(图 2-9)、新浪等，还有一些地方门户也多是采取此模式。

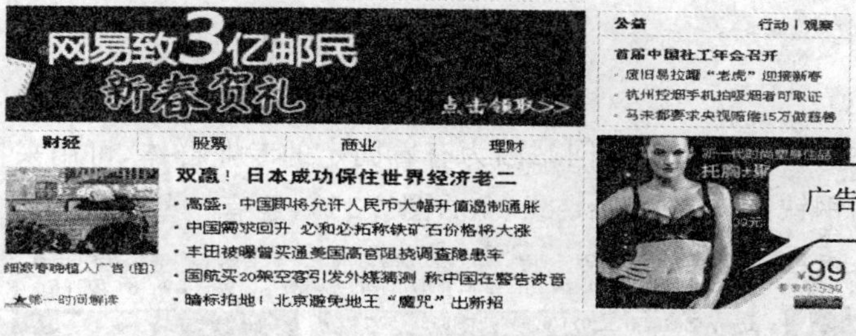

图 2-9　网易门户

小资料　**从邮箱收费的失败看免费海量邮箱的兴起**

2002 年，国内部分网站面对日益严峻的盈利状况纷纷使出狠招——邮箱收费。这是当时饱受泡沫之苦的互联网业也找不到切实可行的盈利模式，只好选择在最基础的功能——邮箱上动刀。

收费政策不仅恶化了网站在网民心目中的形象，也降低了各门户网站的流量。收费后，新浪、网易、TOM和搜狐等四大门户的总流量相对比一年来下跌了大约10%。四大门户调查后发现，应用免费邮箱依然是他们门户流量的最重要支撑，失去免费邮箱，就有可能失去整个网络天下。对于门户网站来讲，访问流量才是他们的命根子。在网上企业选择盈利模式的时候，一定要认真地分析该模式所带来收益和付出代价之间的关系。与其从已经形成固定模式的项目中违犯众怒的盈利，还不如寻找新的盈利项目和模式。经过几年的艰苦鏖战，互联网已经走出严冬，短信收入俨然占据各大门户网站利润的60%，广告、网游、搜索等也成了各自的收入来源，金鸡独立式的邮箱收费盈利格局终于打破。

随之而来的也许有点让人们始料未及，从2004年开始，各大门户网站又掀起新一轮的跑马圈地热潮。在不到半年的时间内，Google、新浪、网易等著名门户网站先后推出或扩充了大容量的免费邮箱，网民们的邮箱容量在一夜之间突然膨胀了几倍甚至几十倍。网易邮箱宣布免费邮箱容量最高将达3 GB。利用邮箱聚集人气并在此基础上挖掘短信、广告、游戏等金矿只是门户网站一部分目的，开发海量邮箱本身的潜在价值，可能是下一步真正的目标。目前的邮箱增值功能开发得还很不到位，新浪邮箱推出的电子杂志已经为开发邮箱本身的盈利潜力方面作出了有益的探索。

(2)搜索引擎。百度(图2-10)、谷歌、搜狗等搜索引擎主要通过广告获得收入。

图 2-10 百度网站

(3)专业性网站。一些专业网站因为有着固定的专业群体，可用来投放相关企业广告，如中国钢铁网 www. yesteel. com(图2-11)，还有一些如土豆网、56网等。

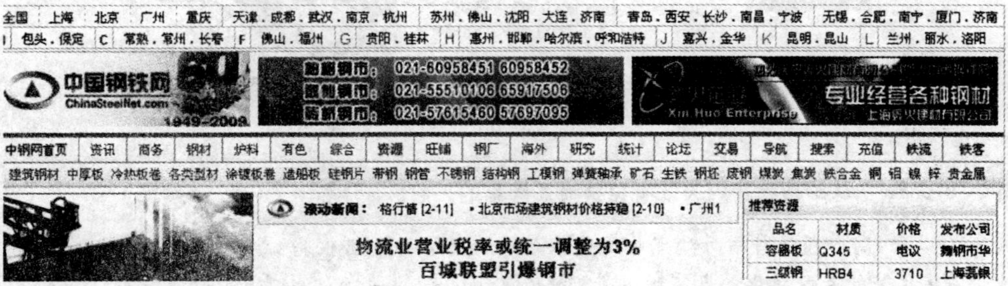

图 2-11 中国钢铁网

(四)交易费用模式

交易费用模式是指网站为交易的双方提供一个交易的平台,从中收取佣金,这类网站在网上大量存在,如很多的行业网站、招商网站、旅游代理网站、中介服务网站等,但做得最好的往往都有自己的核心竞争能力,如先入优势、行业优势或者是其他方面的优势。

(1)旅行社。旅行社从它所售的机票、预订的旅馆、租用的汽车和导游活动中收取佣金,佣金由交通或住宿服务商支付,旅行社的盈利模式是通过支持一个交易来收取费用。目前做得比较好的如携程旅行网(图 2-12)、艺龙旅行网等。

图 2-12　携程旅行网

(2)第三方交易平台。主要有一些拍卖网站如淘宝网、易趣网、拍拍网、支付宝等,通过在交易过程中收取费用或佣金获利。

(3)中介组织网站。如证券经纪公司、保险经纪公司、票务、房地产、在线银行与金融业。

(五)服务费用模式

现在网上提供各种收费服务的公司越来越多,这些服务既非证券经纪服务,也不是按交易量进行收费的服务,而是按服务本身的价值收费。这类服务费用模式包括游戏、娱乐、理财建议以及专业人员如会计师、律师、医生等提供的服务。

1. 网络游戏

计算机游戏和视频游戏是一个巨大的产业。仅美国,每年在这类游戏上的消费就超过 100 亿美元,其中来自网络的比例不断增长。网络游戏虽然在中国出现仅四五年,但其业务收入在所有在线业务名列前茅。预计网络游戏未来 3 年内将保持30%以上的复合年增长率。例如,网络游戏业务已经带动网易走出曾经的困境,并成为国内最大的网络游戏服务商之一。很多游戏网站以前主要依靠广告收益,现在越来越多的网站都提供付费游戏,访问者如果要玩就必须付费(图2-13为网络游戏的充值卡),或缴纳注册费进入网站付费区。我国的盛大网络 snda.com 是著名的付费游戏网站。2002年10月盛大运营的《传奇》最高同时在线人数突破60万人。盛大网络成功运营了多款不同类型的知名网络游戏,包括《热血传奇》、《传奇世界》、《神迹》、《英雄年代》、《泡泡堂》等。

图2-13 网络游戏充值卡

多数网络游戏透过充值卡的形式直接进行收费,也有一些网络游戏虽然是免费的,但通过向玩家出售虚拟的道具或物品来进行间接的收费,同样也是近乎于"无本万利"。目前流行的开心农场(图2-14)玩家上千万,就是这种模式。

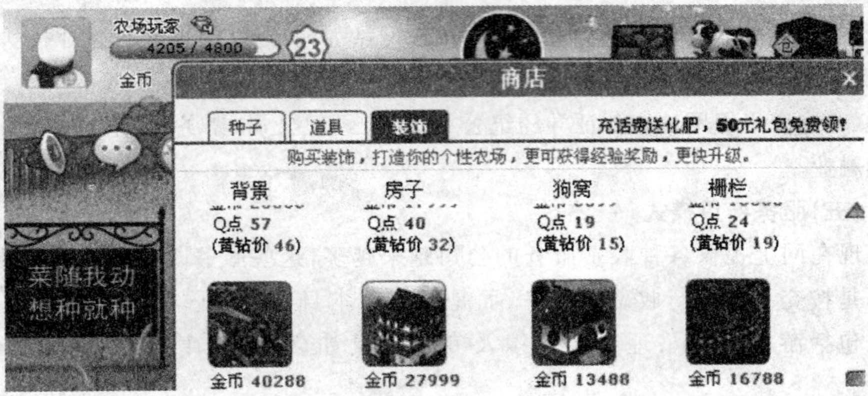

图2-14 开心农场

2. 音乐和电影

随着宽带上网的家庭越来越多,许多网站开始向付费用户提供音乐和电影服务。诸如彩铃下载、电影在线观看等，向付费用户播放音乐会录像，滚石唱片和中国电信在北京也签署了一项战略合作协议，双方宣布在中国电信的"互联星空"网络平台上推出"滚石星空"(hitmusic. chinavnet. com)在线音乐栏目。下载歌曲收费约1首歌1元人民币或15元包月。目前，主要困扰该领域的问题是音乐以及电影的知识产权保护，这既是一个法律问题也是一个技术的问题。例如，服务商如何通过技术措施来限制用户付费下载后作品的复制与传播。

3. 网络咨询服务

网络咨询服务是通过网络咨询收取费用的一种模式。以万方网络咨询服务有限公司为例，万方网络咨询服务有限公司成立于2003年初，是一家从事互联网技术服务、开发和应用商务信息平台交易、电子商务贸易的专业综合性经济类网络公司，万方网络的独特的动作模式和企业核心理念，迅速得到了国内大型门户网站。

实践演练

学习任务2-2实践任务书

任务目标	通过网上搜索互联网盈利模式和登入典型互联网企业网站，使学生真实地了解互联网企业目前是如何实现盈利的，从而全面了解互联网这一特殊产业。
环境需求	1. 互联网接入； 2. 计算机(每人1台)； 3. 教材任务考核表(教学包下载，电子方式上传)。
任务描述	1. 通过使用baidu、google等搜索引擎搜索"互联网盈利模式"关键字收集相关资料，并进行归纳整理填写任务考核表。 2. 登录以下网站 www. 1688. com、www. taobao. com、www. baidu. com、www. xiaonei. com、www. kaixin001. com、www. tudou. com、www. qq. com、www. 360. cn自己独立分析其盈利模式。 3. 通过使用baidu、google等搜索引擎搜索"3q大战"分析他们竞争的利益点，讨论他们大战的深层次原因，填写任务考核表。 4. 你觉得他们还有其他的盈利模式吗，尝试为其设计新型的盈利模式，填入任务考核表。
思考	现在几乎所有的邮箱都是免费注册和使用的，你如何看待这一现象？ 你如何看待Q币等虚拟货币？
任务拓展	目前hao123和360安全卫士访问量很大，他们是靠什么盈利的？

学习任务 2-2 考核单

姓名：　　　　　　　　　学号：

序号	任务	分值	总结与归纳	成绩
1	互联网盈利模式都有哪些	10分		
2	阿里巴巴	10分		
	淘宝	10分		
	百度	10分		
	360	10分		
	校内	10分		
	开心	10分		
	土豆	10分		
	腾讯	10分		
3	新的盈利模式	10分		
合计				

注：请从资源包下载电子版填写并上传。

习题与课业

一、简答题

1. 我国网民的结构特征体现在哪几个方面？
2. 网络消费者的需求特征有哪些？
3. 网络消费者的购买动机与过程是什么？
4. 什么是盈利模式？电子商务网站的盈利模式主要内容是什么？
5. 如何有效地结合网站特点利用电子商务盈利模式进行盈利？

二、论述题

分析我国电子商务盈利模式的变革方向与趋势。

三、拓展训练

访问开心网并注册会员作如下分析：

1. 开心网所采用的盈利模式是什么？这种盈利模式有什么特点？
2. 请给开心网设计一些更有效的新型的盈利模式。

第三单元　电子金融与电子支付

单元介绍

电子金融即利用互联网技术提供金融服务活动的统称，它的服务领域包括网上银行、网上证券、网上保险、网络货币、网络金融风险与安全、网络金融活动相关的法律问题、网络金融的监管、网络金融理论等方面的内容。电子支付是指以计算机和通信技术为手段，通过计算机网络系统以电子信息传递形式实现的货币支付与资金流通。电子金融与电子支付既是电子商务的具体应用形式，同时也是电子商务得以实现的前提和手段。

本单元主要通过电子金融与网上银行、网上证券交易两个学习任务完成，学生借助互联网资源和教学资源包提供的资料展开学习，通过模拟和同学间讨论交流等学习形式，使学生充分认识电子金融的意义，改变传统支付观念。

引导案例

支付宝——我就信您！

支付宝(中国)网络技术有限公司是国内领先的独立第三方支付平台，由阿里巴巴集团创办。支付宝(www.alipay.com)致力于为中国电子商务提供“简单、安全、快速”的在线支付解决方案。

支付宝公司从2004年建立开始，始终以“信任”作为产品和服务的核心。不仅从产品上确保用户在线支付的安全，同时让用户通过支付宝在网络间建立起相互的信任，为建立纯净的互联网环境迈出了非常有意义的一步。

支付宝提出的建立信任，化繁为简，以技术的创新带动信用体系完善的理念，深得人心。短短3年时间，用户覆盖了整个C2C、B2C以及B2B领域。截至2009年2月底，支付宝注册用户数达到1.5亿，日交易额峰值突破7亿，日交易笔数峰值达到400万笔。

目前除淘宝和阿里巴巴外，支持使用支付宝交易服务的商家已经超过46万家，涵盖了虚拟游戏、数码通讯、商业服务、机票等行业。这些商家在享受支付宝服务的同时，更是拥有了一个极具潜力的消费市场。

支付宝在电子支付领域稳健的作风、先进的技术、敏锐的市场预见能力及极大的社会责任感赢得银行等合作伙伴的认同。目前国内中国工商银行、中国农业银行、中国建设银行、招商银行、上海浦东发展银行等各大商业银行以及中国邮政、VISA国际组织等各大机构均和支付宝建立了深入的战略合作，不断根据客户需求推出创新产品，成为金融机构在电子支付领域最为信任的合作伙伴。

（资料来源于 http://www.alipay.com）

思考：

1. 支付宝存在什么优缺点？
2. 调查：在你周围有多少企业或个人在使用支付宝？
3. 你还知道哪些第三方电子支付平台？

学习任务 3-1　电子金融与网上银行

情景导入：小米看好了一件商品，并下了订单，可是她在结算时遇到了问题，她发现有好几种结算方式：邮局汇款、网上银行、支付宝。小米所在的学校离邮局很远，邮局汇款很不方便了。小米想网上银行是一种什么方式呢，小米以前听说可以网上炒股、炒基金，而且通过网上操作要比直接去银行营业厅方便很多，小米一直觉得很神秘，你能告诉小米网上银行和网上炒股、炒基金是什么业务吗？有什么优缺点？

小米利用业余时间办了一张工商银行的"金融 e 家"银行卡，小米按照要求填写了申请单，得到 2 张卡，一张是主卡——金融 e 家，一张是支付口令卡(U 盾需要另付费用，小米没有选择)，银行工作人员告诉她，回去后访问工商银行网站登入后，修改密码和设置信息后就开通了工商银行的网上银行。工作人员还告诉她，网上银行非常方便，可以购物、交话费、交水电费等，甚至还可以还贷款。小米非常急迫开通网上银行。小米还听说网上购物用支付宝付款比直接网银更安全，退款方便。小米前一段时间下的订单还没有付款，不如再开通支付宝，完成购物体验。同学们你也和小米一道学习开通你自己的网上银行和支付宝吧！

理论学习

一、电子金融知识

20 世纪 90 年代以来，随着计算机和网络通信技术的迅速发展，互联网技术的应用逐渐向各种活动领域渗透，其中所蕴藏的无限商机使得商家纷纷将眼光投向于电子商务。目前，电子商务正以非常的速度向社会经济生活的各个领域渗透。传统的金融业也密切注视到这股不可抵挡的全球经济一体化、网络化潮流，于是一种全新的金融服务经济理念——电子金融便应运而生。电子金融能够拓宽金融服务领域，提高金融服务质量以及金融企业的销售收入，降低金融服务成本，创新金融企业的业务和管理，从而必将提升金融企业的利润。因此，电子金融的发展代表着金融服务业发展的未来。

(一)金融电子化、电子金融与电子商务

对于金融服务业来说，电子金融是早期金融电子化发展的必然结果，其内部动因在于金融企业利用电子技术进步谋求市场竞争优势。而电子商务的发展不但为电子金融的发展提供了技术上的支持，而且向金融业提出了新的金融服务，进一步促使传统金融向电子金融过渡。所以，金融电子化和整个电子商务的发展分别是电子金融得以发展的前提条件和外部推动力量。

1. 金融电子化与电子金融

所谓金融电子化，是指金融企业采用除互联网技术之外的现代通信、计算机和网络等信息技术手段，提高传统金融服务业务的工作效率，降低经营成本，实现金融业务处理自动化、金融企业管理信息化和决策科学化，为客户提供更快捷、更方便的服务，进而提升金融企业市场竞争优势的行为。

按这个定义，从20世纪50年代末开始的金融企业计算机辅助管理系统，包括各种电子数据处理系统（Electronic Data Processing，EDP）、管理信息系统（Management Information System，MIS）和决策支持系统（Decision Supporting System，DSS），到20世纪60年代末兴起的电子资金转账（Electronic Funds Transferring，EFT）系统；从20世纪70年代和80年代分别基于电话和有线电视的家庭银行（Home Banking）系统，到20世纪90年代基于电话专线和个人电脑的家庭银行系统，甚至包括20世纪80年代发展起来的基于信用卡技术的自动柜员机（ATM）系统和销售终端机（POS）系统，都属于金融电子化范畴。

目前，人类社会经济的网络化和全球化浪潮正在深刻地影响着金融业的发展。借助于国际互联网技术的发展，越来越多的金融机构开始提供网上金融服务业务，金融机构与其他行业中的企业以及政府机构通过网络进行双边以及多边的合作形式也在不断创新，范围不断扩大。电子金融也在一些国家和地区悄然兴起已是不争的事实。

概括地说，电子金融是对金融电子化的一个超越。与金融电子化有所不同，电子金融运行的主要技术基础是日益完善的互联网技术。由于互联网技术的全球连通性、开放性、快捷性和边际成本低廉的特征，电子金融更加强调整个金融服务业务基于互联网技术的重组和创新，使客户不受营业时间和营业地点的限制，随时随地享受金融企业提供的各种高质量、低成本的服务。

究竟何谓电子金融(E-Finance)？它分为狭义和广义两种不同的观点。狭义的电子金融局限为网络金融，因此也被称为网络金融，即为利用互联网技术提供金融服务活动的统称，服务领域包括网上银行、网上证券、网上保险、网络货币、网络金融风险与安全、网络金融活动相关的法律问题、网络金融的监管、网络金融理论等方面的内容。广义的电子金融是利用计算机技术的所有金融服务方式和服务活动的统称，它借助于计算机网络，包含金融电子化建设成果，特别是通过国际互联网进行的全球范围的各种金融活动的总称。

2. 电子商务与电子金融

21世纪将进入电子商务时代，这是社会发展的必然，我们将别无选择的生活在电子商务时代。如何面对电子商务方式、如何适应数字化生存并积极参与电子商务时代的国际竞争，是涉及每个人、每个企业、部门以及国家发展与生存的重大问题。目前，电子商务在国际上已得到迅速发展和实践，并将在国际商贸和社会生活中占据主导地位。国内电子商务的研究逐渐深入，并得到国家的重视。我国的管理部门密切与国际合作，制定相应法律、法规和技术标准，为电子商务的大力发展营造了更好的环境。

电子商务强调技术和管理上的创新，以较少的投入获得较高的回报，创造商业价值。电子商务活动的范围非常广泛，但无论是新型的电子商务企业，还是利用了电子商务技术的传统企业，与传统商务活动相比，人们进行商务活动的实质并没有改变，那就是交易。与传统商务活动相比，电子商务的交易过程一般也包括交易前的准备、谈判和合同签订、合同履行等几个基本交易环节。实际上，电子商务的交易过程也可以分解为信息流、商流、资金流、物流四种要素在交易参与者之间的流动过程。一般也要涉及买卖双方、金融机构以及中介机构等参与者。

如前所述，采用最先进的技术手段扩大销售收入和降低经营成本，一直是金融企业谋求提升市场竞争优势的一个重要手段。利用 Intenet 技术进行金融服务业务的创新，对传统金融服务业务实施重组，自然是金融企业目前的一个主要竞争战略。不过，这只是金融企业开展电子商务或实现电子金融的内部动因，而其他行业电子商务的发展对新的基于 Internet 技术的金融服务的需求，构成了电子金融得以产生和发展的外部推动力量。

(二)电子金融的服务内容

电子金融服务于社会各经济领域，它主要可以提供以下几个方面的服务内容：

1. 电子银行

电子银行是利用网络技术和信息技术，为客户提供各种自助形式的、综合、实时的全方位服务。电子银行相对于传统银行来说，具备几个主要优势：一是开放性，它在传统银行金融电子化的基础上，广泛采用互联网系统，成为一个兼容性的开放式金融业务处理系统；二是以客户为中心，采用多种服务方式和服务渠道，如ATM、电话银行、网上银行等，为客户提供优质的服务；三是集成性，利用新技术集成不同的银行服务手段，并采用金融企业组织形式进行经营与管理。

2. 网上保险

网上保险是指保险公司利用现代信息技术及电子商务功能推行其保险险种并让客户通过网络自由选择后直接在网上保险的一项新兴的技术。网上保险可以直接提供和出售保险商品，从而降低成本，缩短销售环节，节约佣金，提高了公司的知名度和市场竞争力，同时扩大了公司的市场份额。

3. 网上证券交易

网上证券交易通常是指券商或证券公司利用互联网等网络技术，为投资者提供证券交易所的及时报价、查找各类与投资者相关的金融信息、分析市场行情等服务，并通过互联网帮助投资者进行网上的开户、委托、支付/交割和清算等证券交易的全过程，实现实时交易的活动。目前人们所说的证券电子商务主要就指的是证券网上交易。

4. 网上个人理财

网上个人理财是电子金融的一个重要组成部分。网上个人理财是指运用Internet 技术，为客户提供理财信息查询和理财分析工具，甚至帮助理财者制订个性化理财计划，以及提供理财投资工具的交易服务等一系列个人理财服务的活动。其目的是要帮助理财者实现个人或家庭资产收益最大化。网上个人理财服务的主要提供者包括网上银行、网上保险公司或新型的网上保险中介、网上券商，还包括一些新型的专门提供网上个人理财信息增值服务的网络公司。网上个人理财的内涵非常丰富，如对汇率、利率、股价、期货、金价、基金等理财信息的查询、分析，帮助客户进行外汇买卖、股票和债券交易、期货交易、黄金买卖等。

随着混业经营的出现，上述几种服务内容会出现集成和融合的发展趋势。

(三)电子金融的发展意义

电子金融的形成与发展，深刻地改变了人们原有的一些经济活动方式，为社会创造投资与资产经营的新天地。无论是对微观经济的运作，还是对于宏观经济的调节，它都具有重大的渗透影响。在经济资源的配置与调整上，在社会的收入分配及其再分配上，它都扮演着较传统远为积极与重要的角色。当代金融市场的迅速扩张，不仅深刻影响着一国经济的运行脉搏，而且对国际经济的发展也产生重要作用。电子金融的大发展，为经济的国际化提供了巨大的推动作用，使国际化水平的经济活动得以便利地开展与高效运行，并进一步促进其国际化程度与水平的提高；同时，电子金融本身也愈来愈构成了全球经济的重要组成部分。

正是由于电子金融的发展，从而有力地造就并增进了金融的国际性要素，包括形成了金融市场运行开放性与国际一体化、金融业活动的跨国化与全球化、金融机构经营的世界化与“无国界化”。这些国际金融要素的发展，作为当代金融大发展中的重要角色，无疑对世界经济的国际化潮流做出了不容忽视的贡献。

知识链接 2008年1月23日在北京世纪金源大饭店隆重举办了“2008中国电子金融发展年会”。大会坚持科学发展观，解放思想，顺应金融体制改革大势，突出“和谐 创新 品牌”主题，通过大力推进电子商务在金融领域的应用，倡导金融创新，促进电子金融诚信、和谐、健康、可持续发展。

大会强调电子金融是电子商务条件下金融创新的产物。电子金融规模的迅速扩展，要求我们抓住历史发展机遇，认真研究，努力探求电子金融的发展规律。并着眼于中国金融全面开放和为2008年北京奥运会提供全方位电子金融服务的国际化视角，以“为用户提供满意的现代电子金融服务”为目标，以树立“用户满意的现代电子金融服务品牌”为大会宗旨。以大力弘扬自主创新服务模式，创新服务产品和制度创新的企业品牌，树立用户满意的现代电子金融企业的良好社会形象，以推动电子金融新型服务业规范化、标准化发展。

二、网上银行

电子银行是基于电子商务平台和银行支付系统的网上金融服务系统，用户使用电子银行可以在网上实现银行账户资金查询、银企对账、银企转账、银行账号挂失、公共信息查询等银行业务；还可以通过网上银行实现网上购物、网上缴费等应用。由CTCA提供网上安全认证服务，可保证网上交易的安全性和不可抵赖性。将极大地方便您的生活和工作，提高您的工作效率。个人或企业客户可以足不出户地通过网上银行或电话银行办理从查询、转账、汇款、缴费到证券、外汇、基金等一系列业务，享受更贴身、更值得信赖的金融服务。电子银行是电话银行、网上银行、手机银行、自助银行的统称。网上银行是电子银行的一种，目前网上银行被广大客户使用。

(一)网上银行定义

网上银行作为21世纪一种新兴的金融业，其低廉的成本和广阔前景，已越来越得到人们的重视。世界范围内电子商务的快速发展，促进了支付电子化、转账网络化，网上银行担当了这一重要角色。网上银行创造的电子货币以及独具优势的网上支付功能，为电子商务中电子支付的实现提供了强有力的支持。作为电子支付和结算的最终执行者，网上银行起着连接买卖双方的纽带作用，网上银行所提供的电子支付服务是电子商务中最关键要素和最高层次。

网上银行是电子金融的一个重要组成部分。网上银行的网上支付业务被认为是一种金融创新，同时它是电子银行的高级发展阶段。

网上银行主要以实现在任何时候（Anytime）、任何地方（Anywhere）、任何方式（Anyhow）为客户提供金融服务为目标，同时，随着整个社会跨入信息网络社会，网上银行将不断地在成本、效率、服务质量等方面表现出越来越大的优势。通过以下小资料可见，网上银行的成本优势是明显的，网上银行代表着银行全新的业务模式和未来的发展方向。

小资料 **银行服务方式的交易成本**

例如，仅拿成本来说，据美国一家咨询公司的调查，在美国，一桩通过 Internet 完成的银行业务成本仅为 1 美分，而通过 ATM 或出纳员完成交易的成本分别为 27 美分与 1.07 美元（表 3-1）。

表 3-1 不同银行服务方式的交易成本

银行服务方式	每笔交易成本/美元
营业网点	1.07
电话银行	0.54
ATM 自动提款	0.27
金融专用网	0.15
网上银行	0.01

那么，何谓网上银行呢？

网上银行也称为网络银行、在线银行，是指银行利用网络技术，通过网络向客户提供开户、销户、查询、对账、行内转账、跨行转账、信贷、网上证券、投资理财（理财）等传统服务单元，使客户可以足不出户就能够安全便捷地管理活期和定期存款、支票、信用卡及个人投资等。可以说，网上银行是在网络上的虚拟银行柜台，它直接把其触角延伸到了客户办公室、家中的桌面上，大大延伸与拓展了银行业务的范围，直接为电子商务的发展服务。按目前各家银行开通的网上银行服务系统，一般分为个人网上银行和企业网上银行。

小资料

表 3-2 我国国内网上银行网址及客服电话

银行名称	网址	客服电话
中国工商银行	http://www.icbc.com.cn	95588
中国建设银行	http://www.ccb.cn	95533
中国农业银行	http://www.abchina.com	95599
中国银行	http://www.boc.cn	95566
中国招商银行	http://www.cmbchina.com	95555
交通银行	http://www.bankcomm.com	95559
中国民生银行	http://www.cmbc.com.cn	95568
中国光大银行	http://www.cebbank.com	95595
兴业银行	http://www.cib.com.cn	95561
华夏银行	http://www.hxb.com.cn	95577
中信银行	http://www.ecitic.com/bank/	95558
上海浦东发展银行	http://www.spdb.com.cn	95528
上海银行	http://www.bankofshanghai.com.cn	021-962888
深圳发展银行	http://www.sdb.com.cn	95501
广发银行	http://www.cgbchina.com.cn	95508

(二)网上银行特征

(1)成本低廉。网上银行服务具有人员少,运作费用低,无纸化操作的特点,可有效控制成本,增强产品价格竞争力,并体现绿色银行的理念。其成本比一般的传统商业银行要低 1/4,而其交易成本是电话银行的 1/4,是普通银行的 1/10。

(2)"3A 式"服务。在各种安全机制的保护下,客户可以随时随地通过互联网办理各项银行业务,享受一种在任何时间、任何地点、以任何方式提供金融服务的全天候银行服务。网上银行突破了时间空间的限制,利用互联网技术把自己和客户连接起来,并保证为客户提供每天 24 小时、每周 7 天、全年 365 天的全天候跨区域服务,实现以客户为中心的"3A"式服务。

(3)以客户为中心,体现品牌独特性。网上银行服务并不需要直接面对面地与客户接触,无论是交易还是沟通都通过互联网络进行。这就要求网上银行的营销理念要从以产品为主转移到以客户为核心上来,即根据每个客户不同的金融和财务需求"量身定做"相应的金融产品并提供银行业务服务。网上银行应将客户作为一个有个性的个体来对待,不仅为客户解决金融疑问和困难,同时还使客户感到自己能自由和灵活地控制自己的资金。这便是“创建独特品牌”的内在含义之一，同时也是成熟市场客户的要求。

(4)管理信息系统控制能力要求高。网上银行的业务，如贷款申请、网上支付、信用卡发行、账户开设等均通过在线进行并由信息系统软件处理。管理信息系统是网上银行业务顺利运作的核心，因此它的维护和管理就显得十分重要。若系统发生故障或崩溃，一切均无从谈起。因此，强有力的信息系统管理与维护能力是保障网上银行安全运作的关键。

(5)良好的社会基础设施与信用支持。网上银行的平稳运作需要高度发达的跨区域通信设施支持，需要技术及开发能力强、了解银行业务的软件公司，Internet服务提供商及数据处理和储存公司的能力合作。同时，社会资信咨询机构作为商业银行开展个人信用的重要金融基础设施，也是我国目前急需建立的机构之一。

(6)强调信息共享与团队合作。在网上银行的业务操作与处理过程中银行内部各岗位、各部门之间需要通力密切配合和协助，以一个界面、同一Web页面窗口来为客户提供一致的服务。任何个人和部门因为个人或小集体利益而出现扯皮现象都将影响网上银行服务的质量与效率。银行工作人员需将客户及相关信息通过内部网络进行信息共享，以达到提高效率、提高服务水平及客户满意程度的目的。

(三)网上银行与传统银行比较

1. 网上银行的优势

与传统银行相比，网上银行存在以下优点：

(1)实现零距离服务。网上银行是以计算机网络与通讯技术为依托，以金融服务业为主导的现代化银行。网上银行不仅提供丰富的信息资讯服务，而且进行实际的金融交易，使客户足不出户完成与银行各种业务往来，实现银行对客户的零距离服务。

(2)突破时空限制。网上银行突破了传统银行业务在时间上的限制，实行全天候运营，使银行更加贴近客户，更加方便客户。

(3)成本优势。网上银行能降低成本，提高效益，是银行竞争更加有效手段。

小资料　**第一家网上银行**

全世界第一家网上银行——美国的“安全第一网上银行”，员工只有10人，1996年的存款余额为1 400万美元，1997年为4万多亿美元。交通银行网上银行部总经理兰福民表示：“我们在网上做一笔业务的查询类和交易类的成本核算下来只有0.16元，交易一笔业务只有0.71元的成本，而银行网点交易一笔业务的成本是7.19元，其中的成本相差10倍。”网络带来的低成本高效益由此可见一斑。

(4)网上银行实现交易无纸化、业务无纸化和办公无纸化。全面使用电子货币取消了纸币的使用，一切银行业务的办公文件和凭证都改用电子化文件、电子化票据和证据，签名也采用数字化签名。利用计算机和数据通信网传送，利用 EDI 进行往来结算。这些使"瞬间传递"变为现实。

(5)银行机构虚拟化。使银行的房地产投资和人员投资大幅度地减少，银行的工作重点转到如何提高网上银行的高新技术含量和技术水平。

总之，和传统银行比较，网上银行比传统银行具有很大的优越性，网上银行不仅是电子商务发展的支撑点，而且是金融发展的新的增长点，是未来金融业的出路。

2. 网上银行存在的问题

网上银行与传统银行相比具有明显的竞争优势，但作为一种新生事物，且因为网上银行立足于 Internet 基础上，摆脱不了互联网带来的固有缺陷与风险，由此产生不少亟待解决的问题。

(1)网络基础设施和技术水平滞后。网上银行要发展必须依托互联网络基础上，而我国互联网发展较晚，与发达的西方国家相比，电脑普及率、光纤覆盖率很低，网络的吞吐能力非常有限，在"金桥、金关和金卡"工程中，"金卡工程"推进的速度较慢和效果不理想，究其原因有现有基础电信企业之间的无序竞争、国有大银行的垄断性竞争以及大银行的分支行之间的地方保护主义，同时我国的网络安全防护技术及设备研制严重滞后，如网络必需的服务器、防火墙和操作系统等技术和设备都完全依赖于从美国等发达国家进口，这就使我们在竞争中受制于人而处于不利地位。

(2)网上银行的政策法规建设不健全。中国的网上银行现正处于发展初级阶段，国家对网上银行的政策法规建设还不健全。我国网上银行是在相关法律法规几乎空白的情况下迅速出现并不断演进的，带有浓厚的自发性。我国目前还没有成型的全国性电子商务法规，管理部门面对迅速变化的情况，不得不对出台新的管理措施持慎重的态度。这就导致了目前对网上银行的管理规则仍然较少，管理体系也不明确。

(3)网上银行实施金融监管难度大。随着网上银行的普及，金融监管当局面临的棘手问题是如何改变监管方式，以适应形势的需要。如果大家都可以在因特网上设立网页，而注册地又缺乏足够的监管制度，一旦该金融机构缺乏足够的资金实力或业务实力，便会引起保障存款人利益以及保密措施等各种监管问题，扩大金融风险。由于网络的普遍性与联动性，金融风险一旦现实地发生，还将波及世界其他角落，产生一系列连锁反应。

(4)网上交易的安全问题未得到满意解决。目前，网上交易安全问题是众多用户所最关注的问题，但这个问题至今未有更好的技术能够满意解决。如证券交易系统被非法入侵或攻击、交易数据被非法截取破译，信息通过网络传输时被窃取或篡改、网上攻击、网上欺诈、采用相似名称或外观仿冒银行或交易网站站点，从而盗取用户信息等一系列的网络交易安全问题依然处处存在、时时发生。

小资料　1973 年美国发生的埃弗拉案（Evra 诉瑞士银行案）一笔 2.7 万美元的资金未及时划拨到位，却引起 210 万美元的损失，进而引发了一场银行是否应对间接损失承担责任的争论。

1997 年德国汉堡的黑客在国家电视台表演如何使用控制器在无需提供身份识别号码的情况下，把钱从一个账户移到另一账户；又如，2000 年 3 月法兰西银行的信用卡解密号码被黑客在网上公布，使得其 3 700 万信用卡用户的经济安全受到严重威胁。

据统计，金融领域的电脑犯罪占电脑犯罪总额的 40% 以上，居各行业之首。在我国，其比例更是高达 60% 以上。

(5)信用机制不健全。正由于我国的网上银行处于初级阶段，国家对网上银行的信用机制建设还不健全。目前，我国还没有成型的、全面的电子商务信用法规，这也就致使有人钻信用漏洞，给网上银行及用户造成了一定的损失。

(6)经营业务范围狭窄，缺乏个性化服务。目前，我国银行也开始了一些网上银行方面的业务。中国银行、招商银行、中国工商银行和中国建设银行等拥有了具有支付功能的网上银行，提供包括公司业务和个人业务在内的各种网上金融服务，办理信息查询、银企转账、代发工资、定向转账、网上购物、网上支付等业务。但总的来说，我国的网上银行业务还只是商业银行部分传统业务在网上的延伸，业务的深度和宽度都很有限，尚无一家开展网上存款、贷款、账单收付、跨行转账、非金融销售等业务。同国外相比，我国银行业不但提供网络服务产品的种类少，而且质量不高，提供的网上产品普遍缺乏个性化（或亲情化）、缺乏面向客户设计的服务产品和差异性。

(四)网上银行提供的服务

网上银行除了能够为您提供在线查询账户、转账、汇款、自助缴费功能，还能够提供一些非常方便的增值服务，比如自助归还贷款、在网上进行基金外汇的买卖、在网上进行资金在储蓄账户和股票保证金账户之间的转换，并且可以在网络上进行不限时的股票委托买卖。更方便的是，您可以轻松享受网上支付带给您的购物的愉快。您只需开通网上银行，无论是哪家银行，都可以享受到这些基本的服务。

为了满足不同层次客户的需求，更好地服务客户，让更多的人走入网上银行方便快捷的世界，更多的服务被创造了出来。网上银行一般情况下主要为客户提供以下服务：

(1)基本网上银行业务。商业银行提供的基本网上银行服务包括在线查询账户余额、交易记录、下载数据、转账和网上支付等。

(2)网上投资。由于金融服务市场发达,可以投资的金融产品种类众多,国外的网上银行一般提供包括股票、期权、共同基金投资和CDS买卖等多种金融产品服务。

(3)网上购物。商业银行的网上银行设立的网上购物协助服务,大大方便了客户网上购物,为客户在相同的服务品种上提供了优质的金融服务或相关的信息服务,加强了商业银行在传统竞争领域的竞争优势。

(4)个人理财助理。个人理财助理是国外网上银行重点发展的一个服务品种。各大银行将传统银行业务中的理财助理转移到网上进行,通过网络为客户提供理财的各种解决方案,提供咨询建议,或者提供金融服务技术的援助,从而极大地扩大了商业银行的服务范围,并降低了相关的服务成本。

(5)企业银行。企业银行服务是网上银行服务中最重要的部分之一。其服务品种比个人客户的服务品种更多,也更为复杂,对相关技术的要求也更高,所以能够为企业提供网上银行服务是商业银行实力的象征之一,一般中小网上银行或纯网上银行只能部分提供,甚至完全不提供这方面的服务。

企业银行服务一般提供账户余额查询、交易记录查询、总账户与分账户管理、转账、在线支付各种费用、透支保护、储蓄账户与支票账户资金自动划拨、商业信用卡等服务。此外,还包括投资服务等。部分网上银行还为企业提供网上贷款业务。

(6)其他金融服务。除了银行服务外,大商业银行的网上银行均通过自身或与其他金融服务网站联合的方式,为客户提供多种金融服务产品,如保险、抵押和按揭等,以扩大网上银行的服务范围。

三、第三方支付平台

随着电子商务的蓬勃发展,网上购物、在线交易对于消费者而言已经从一个新鲜未知的事物变成了日常生活的一部分。对于网络商家而言,传统的支付方式如银行汇款、邮政汇款等,都需要购买者去银行或邮局办理繁琐的汇款业务;而如果采用货到付款方式,又给商家带来了一定风险和昂贵的物流成本。因此,网上支付平台在这种需求下逐步诞生。在线支付作为电子商务的重要组成之一,成为网络商务发展的必然趋势。网上支付平台是指平台提供商通过采用规范的连接器,在网上商家和银行之间建立起连接,从而实现从消费者到金融机构、商家现金的在线货币支付、现金流转、资金清算、查询统计等问题。

第三方支付平台的应用,有效避免了交易构成中的退换货、诚信等方面的危险,为商家开展B2B、B2C甚至C2C交易等电子商务服务和其他增值服务提供了完整的支持。

所谓第三方支付，就是一些和国内外各大银行签约并具备一定实力和信誉保障的第三方独立机构提供的交易支持平台，相当于一个中介人的角色，连接着卖家与买家。买家在网上选定要购买的商品后，将货款支付给第三方支付平台，平台收到货款后通知卖家发货，等买家收到商品后给出确认信息，第三方支付平台就会将货款转入卖家的账户中。由于整个交易过程中货款寄存在第三方支付平台这个中介人处，因此买家不用担心自己付款以后卖家不发货，卖家也不必担心发货以后买家不付款。

相比网上银行和传统的汇款方式，第三方支付有延期付款功能，买家可在收到货物后才确认付费，规避部分网购欺诈风险，同时付款不受时间限制；卖家开通一家第三方支付平台，可对接买家几乎所有银行卡，免去传统支付方式中买家要办理多家银行卡的烦恼。同时，也免去了传统支付方式如去银行汇款、邮政汇款等繁琐业务。

下面介绍国内 8 大第三方支付工具。

1. 支付宝

支付宝(中国)网络技术有限公司是国内领先的独立第三方支付平台，由阿里巴巴集团创办。支付宝(www. alipay. com)致力于为中国电子商务提供“简单、安全、快速”的在线支付解决方案。

支付宝公司从 2004 年建立开始，始终以“信任”作为产品和服务的核心。不仅从产品上确保用户在线支付的安全，同时让用户通过支付宝在网络间建立起相互的信任，为建立纯净的互联网环境迈出了非常有意义的一步。

支付宝提出的建立信任，化繁为简，以技术的创新带动信用体系完善的理念，深得人心。短短 3 年时间，用户覆盖了整个 C2C、B2C 以及 B2B 领域。截至 2009 年 2 月底，支付宝注册用户数达到 1.5 亿，日交易额峰值突破 7 亿，日交易笔数峰值达到 400 万笔。

目前除淘宝和阿里巴巴外，支持使用支付宝交易服务的商家已经超过 46 万家，涵盖了虚拟游戏、数码通讯、商业服务、机票等行业。这些商家在享受支付宝服务的同时，更是拥有了一个极具潜力的消费市场。

注册地址：https://www. alipay. com

2. 财付通

财付通是腾讯公司创办的中国领先的在线支付平台，致力于为互联网用户和企业提供安全、便捷、专业的在线支付服务。

专业的在线支付服务使财付通获得了业界和用户的一致首肯，并先后荣膺 2006 年电子支付平台十佳奖、2006 年最佳便捷支付奖、2006 年中国电子支付最具增长潜力平台奖和 2007 年最具竞争力电子支付企业奖等奖项，并于 2007 年首创获得“国家电子商务专项基金”资金支持。

随着中国经济的快速发展和网络应用的不断成熟，电子商务产业已进入高速发展阶段。财付通作为在线支付行业的领先者，将为促进电子商务产业的持续发展做出不懈努力。

财付通网站（www.tenpay.com）作为功能强大的支付平台，是由中国最早、最大的互联网即时通信软件开发商腾讯公司创办，为最广大的QQ用户群提供安全、便捷、简单的在线支付服务。是腾讯公司为促进中国电子商务的发展需要，满足互联网用户价值需求，针对网上交易安全而精心推出的一系列服务。

注册地址：https://www.tenpay.com

3. 易宝（YeePay）

YeePay（北京通融通信息技术有限公司）是专业从事多元化电子支付一站式服务的领跑者。YeePay致力于成为世界一流的电子支付应用和服务提供商，专注于金融增值服务领域，创新并推广多元化、低成本、安全有效的支付服务。在立足于网上支付的同时，YeePay不断创新，将互联网、手机、固定电话整合在一个平台上，继短信支付、手机充值之后，首家推出YeePay电话支付业务，真正实现离线支付，为更多传统行业搭建了电子支付的高速公路。

YeePay具有三大特点：易扩展的支付、易保障的支付、易接入的支付。由于用户的重要数据只存储在用户开户银行的后台系统中，任何第三方无法窃取，因此为用户提供了充分保障。从接入YeePay到使用商家管理系统，无需商家任何开发，零门槛自助式接入，流程简单易学、即接即用。凡是成为YeePay的客户，都可以自动成为YeePay财富俱乐部的会员，享受YeePay提供的各种增值服务、互动营销推广以及各种丰富多彩的线下活动，拓展商务合作关系，发展商业合作伙伴，达到多赢的目的。

注册地址：http://www.yeepay.com/individualservice/Login.action

4. 快钱

快钱公司（快钱）是国内领先的独立第三方支付企业，旨在为各类企业及个人提供安全、便捷和保密的综合电子支付服务。其推出的支付产品包括但不限于人民币支付、外卡支付，神州行支付，代缴/收费业务，VPOS服务，集团账户管理等众多支付产品，支持互联网、手机、电话和POS等多种终端，满足各类企业和个人的不同支付需求。截至2008年6月30日，快钱已拥有2 500万注册用户和逾15万商业合作伙伴，并荣获中国信息安全产品测评认证中心颁发的“支付清算系统安全技术保障级一级”认证证书和国际PCI安全认证。

注册地址：https://www.99bill.com

5. 首信易

1998 年 11 月 12 日，由北京市政府与中国人民银行、信息产业部、国家内贸局等中央部委共同发起的首都电子商务工程正式启动，确定首都电子商城(首信易支付的前身)为网上交易与支付中介的示范平台。首信易支付自 1999 年 3 月开始运行，是中国首家实现跨银行跨地域提供多种银行卡在线交易的网上支付服务平台，现支持全国范围 23 家银行及全球范围 4 种国际信用卡在线支付，拥有千余家大中型企事业单位、政府机关、社会团体组成的庞大客户群。

首信易支付作为具有国家资质认证、政府投资背景的中立第三方网上支付平台拥有雄厚的实力和卓越的信誉。同时，它也是国内唯一通过 ISO 9001:2000 质量管理体系认证的支付平台。规范的流程及优异的服务品质为首信易支付于 2005 年、2006 年和 2007 年连续三年赢得“电子支付用户最佳信任奖”；2006 年度“B2B 支付创新奖”；2007 年度“挪威船级社(DNV)的 ISO/IEC 27001:2005(信息安全管理体系 ISMS)国际认证”和 2007 年度“高新技术企业认定证书”殊荣奠定了坚实的基础。

注册地址：http://www.beijing.com.cn

6. 环讯

上海环迅电子商务有限公司(以下简称环迅支付)成立于 2000 年，是国内最早的支付公司之一。7 年来，深受数千万持卡人信赖，月交易额不断攀升，成为国内支付领域的领跑者。

目前，环迅支付与国内主流银行以及 VISA、MasterCard、JCB、新加坡 NETS 等多个国际信用卡组织建立并保持着良好的合作伙伴关系，是中国银行卡受理能力最强的在线支付平台，每天受理数万笔来自中国大陆、中国香港、中国澳门、新加坡等地的各类银行卡的在线交易。环迅支付集成了银行卡支付、IPS 账户支付及电话支付等几大主流功能，并自主研发了包括酒店预定通、票务通等新产品，为消费者、商户、企业和金融机构提供全方位、立体化的优质服务。

此外，环迅支付还为广大个人用户精心打造了一个网络导购资讯门户——IPS 商情网，通过数十个特色频道集中推广环迅 IPS 开展的各类市场活动，以及为旗下众多商户提供了一个商品展示平台。2005 年，环迅支付成为中国唯一一家通过 ISO 9001:2000 认证的在线支付企业。2007 年环迅支付荣获“2007 中小企业 IT 产品优选”、“中国信息安全值得信赖品牌奖”以及“优秀电子支付服务平台奖”等多个奖项。

注册地址：http://www.ips.com.cn

7. chinapay

银联电子支付服务有限公司(ChinaPay)是中国银联控股的银行卡专业化服务公司,拥有面向全国的统一支付平台,主要从事以互联网等新兴渠道为基础的网上支付、企业 B2B 账户支付、电话支付、网上跨行转账、网上基金交易、企业公对私资金代付、自助终端支付等银行卡网上支付及增值业务,是中国银联旗下的网络方面军。

ChinaPay 依托中国银联全国统一的跨行信息交换网络,在人民银行及中国银联的业务指导和政策支持下,致力于银行卡受理环境的建设和银行卡业务的推广,将先进的支付科技与专业的金融服务紧密结合起来,通过业务创新形成多元化的支付服务体系,为广大持卡人和各类商户提供安全、方便、快捷的银行卡支付及资金结算服务。公司充分利用中国银联全国性的品牌、网络、市场等优势资源,整合银联体系的系统资源、银行资源、商户资源和品牌影响力,实现强强联合、资源共享和优势互补。

注册地址:http://www.chinapay.com

8. 百付宝

北京百付宝科技有限公司(以下简称百付宝公司)由全球最大的中文搜索引擎公司百度所创办,是中国领先的在线支付应用和服务平台。百付宝以建立"简单可依赖"的在线支付信用体系为己任,其创新的产品技术、丰富的应用功能、为用户量身定做的交易体验流程,为互联网用户和企业提供安全、可依赖的在线支付服务。

百付宝提供卓越的网上支付和清算服务,为用户提供了在线充值、交易管理、在线支付、提现、账户提醒等丰富的功能,特有的双重密码设置和安全中心的时时监控功能更是给百付宝账户安全提供了双重保障。

注册地址:http://www.baifubao.com

实践演练

学习任务 3-1 实践任务书

任务目标	通过访问国内几大银行网站,了解网上银行的具体业务,学会网银的开通流程及具体使用。
环境需求	1. 互联网接入; 2. 计算机(每人 1 台); 3. 任务考核表(教学包下载,电子方式上传)。

续

任务描述	任务一 1. 百度搜索"网上银行哪家好"关键词，了解目前各大银行网上银行的优劣。 2. 登入各大银行了解情况： 中国建设银行 http://www.ccb.cn 招商银行 http://www.cmbchina.com 中国工商银行 http://www.icbc.com.cn 中国农业银行 http://www.95599.cn 中国银行 http://www.boc.cn 3. 同学间相互讨论，确定你将选择哪家银行开通网上银行。 4. 登入该银行，查看在该银行网上银行类型和开通网上银行的条件与步骤。
	任务二 1. 利用业余时间到当地银行办卡和开通网上银行业务（网上银行类型自选 U 盾还是口令卡）。 2. 登入网上银行，设置并开通。 3. 登录移动或联通网上营业厅为自己的手机充值话费（金额自定义）。 中国移动：http://www.chinamobile.com 中国联通：http://www.10010.com 4. 申请支付宝：登入 www.alipay.com，了解支付宝相关知识。
任务拓展	尝试申请财付通 https://www.tenpay.com

学习任务 3-1 考核单

姓名：　　　　　　　　　　　　学号：

序号	任务	分值	总结与归纳	成绩
1	你认为哪家网银好？原因是什么？	20 分		
2	你想选择哪家网银？什么类型？	20 分		
3	开通网银一般流程是什么？	20 分		
4	开通支付宝的条件和步骤是什么？	40 分		
合计				

注：请从资源包下载电子版填写并上传。

行动指南针

一、网上银行开通步骤

各大银行网上银行开通基本相同，主要分柜台开通和网上自助开通，对于个人网上银行主要分基于U盾和口令卡两种类型，下面以工商银行网银开通为例介绍网银申请和开通的程序。

1. 卡种

牡丹灵通卡、牡丹信用卡、牡丹贷记卡、牡丹国际卡、理财金账户卡，没有的请直接到银行柜台办理。

携带有效证件和银行卡到工行柜台，申请电子银行口令卡或U盾。工行咨询热线：95588。

2. 开通流程

(1)您需填写的资料：《中国工商银行电子银行个人客户注册申请表》，请您务必知悉申请表背面的《中国工商银行电子银行个人客户服务协议》。

(2)您应向工行提交的申请资料：如已在本地开立账户，需提供《中国工商银行电子银行个人客户注册申请表》、您本人有效身份证件、需注册的银行卡。

(3)如果您未在本地开立账户，需提供相应注册卡申请表、《中国工商银行电子银行个人客户注册申请表》、本人有效身份证件。

(4)如果您自带U盾的需提供相应介质。

3. 具体操作

(1)动态口令卡客户

①携带本人有效证件及注册网上银行时使用的牡丹卡前往工商银行任何一个储蓄所，提交网上银行业务申请单(原已在柜台办理过网银业务的客户请填写变更单申领口令卡)，并向柜台申明开通“电子商务”功能。

②首次支付前，先登录工行网上银行“个人网上银行登录”修改网银登录密码、支付密码为数字和字母的组合，并激活口令卡(查看电子口令卡使用介绍)。

③单笔支付限额1 000元，每日累计支付限额5 000元。

④口令卡可使用1 000次，之后需要前往柜台重新申领。

注意：您领到电子口令卡后，首次进行B2C交易，必须要先登录网银一次，才能正常使用B2C交易。

知识链接　**电子银行口令卡**

电子银行口令卡是指以矩阵形式印有若干字符串的卡片，每个字符串对应一个唯一的坐标。是工行为了满足广大电子银行用户的要求，综合考虑安全性与成本因素而推出了一款全新的电子银行安全工具。

开办条件：工行个人网上银行、手机银行(WAP)客户；有效身份证件；注册银行卡。

特色优势：①确保交易安全。电子银行口令卡可以有效地防止不法分子通过虚假网站、木马病毒、黑客攻击等手段窃取密码，保障交易安全。②一次一密、安全可靠。系统每次以随机方式指定若干坐标，使您每次使用的密码都具有动态变化性和不可预知性。③操作简单、便于携带、成本低廉。

操作指南：在您使用个人网上银行、手机银行(WAP)进行对外转账、B2C购物、缴费等对外支付交易时以及通过网上银行办理定期存款提前支取时，电子银行系统会随机给出一组口令卡坐标，您需要根据坐标从卡片中找到口令组合并输入电子银行系统。

(2)U盾客户

①携带本人有效证件及注册网上银行时使用的牡丹卡前往工商银行任何一个储蓄所，提交网上银行业务申请单，购买U盾(图3-1)。

<table>
<tr><th>产品</th><th>产品实物图</th></tr>
<tr><td>二代U盾
(LCD型)</td><td>
</td></tr>
<tr><td>二代U盾
(OLED型)</td><td>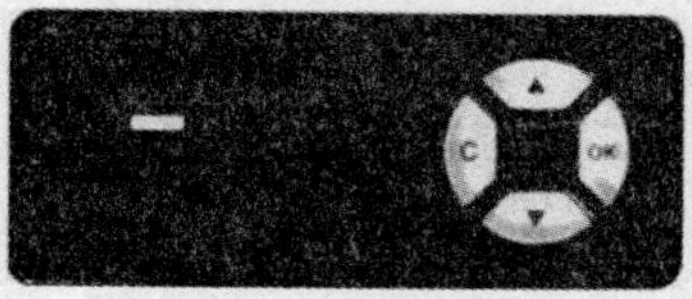
</td></tr>
</table>

图3-1　工行U盾实物图

②首次支付前，先登录工行网上银行安装驱动、下载证书。

③U盾客户不受交易限额控制，可享受24小时大额转账汇款等各种服务，只要您是工行个人网上银行客户，携带本人有效证件及注册网上银行时使用的牡丹卡到工行营业网点就可以申请U盾。

知识链接 **U 盾**

U 盾是工行推出并获得国家专利的客户证书 USBkey，是工行为您提供的办理网上银行业务的高级别安全工具。U 盾是用于网上银行电子签名和数字认证的工具，它内置微型智能卡处理器，采用 1 024 位非对称密钥算法对网上数据进行加密、解密和数字签名，确保网上交易的保密性、真实性、完整性和不可否认性。

适用对象：U 盾适用于工行个人网上银行所有客户，特别适合于安全级别要求较高的客户。

特色优势：①交易更安全。拥有 U 盾，当您在办理网上银行业务时，可以有效防范黑客、假网站、木马病毒等各种风险，保障交易安全。②支付更方便。拥有 U 盾，您可以轻松实现网上大额转账、汇款、缴费和购物。③功能更全面。拥有 U 盾，您可以通过网上银行签订个人理财协议，享受工行独具特色的理财服务。④服务更多样。拥有 U 盾，您还可以将工行 U 盾与支付宝账号绑定，利用 U 盾对登录支付宝的行为进行身份认证，从而保障您支付宝账户的资金安全。

二、第三方支付工具申请与使用工作程序（以支付宝为例）

1. 注册

用支付宝进行网络支付，首先注册成为支付宝会员。单击主页上的"注册"按钮，进入注册页面。在支付宝注册会员时，如果已是淘宝网的会员，则可以用淘宝网会员名快速注册。如果还不是淘宝网会员，则可以用电子信箱或手机号码作为用户名注册。一旦注册成功，支付宝就会发出邮件进行确认，并让用户激活注册账户，如图 3-2 所示。

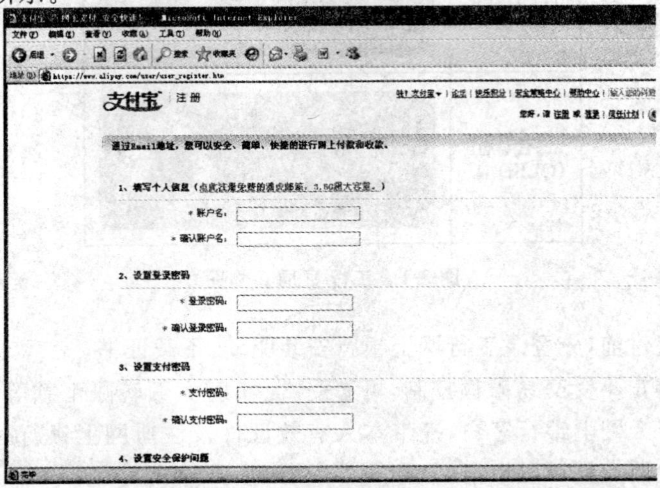

图 3-2 支付宝用户注册界面

2. 账户充值

首先进入支付宝账户，单击“充值”，如图 3-3 所示。

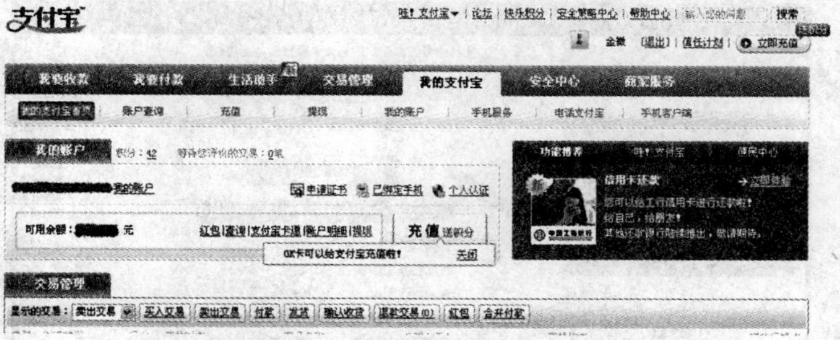

图 3-3　支付宝充值

然后选择网上银行并输入所要充值金额，给本支付宝账户充值，如图 3-4 所示。

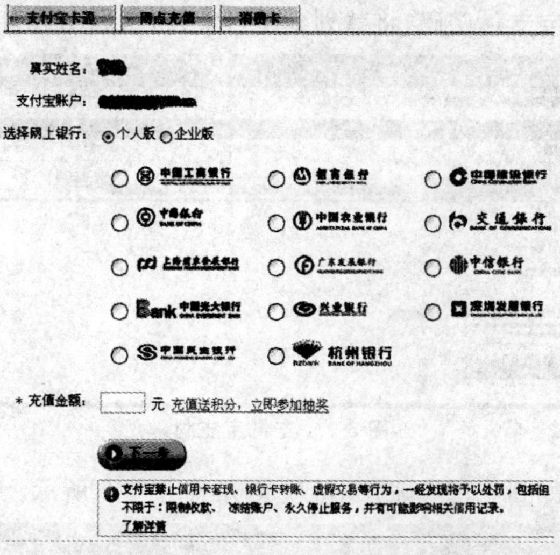

图 3-4　选择网上银行给支付宝充值

最后支付宝充值成功，如图 3-5 所示。

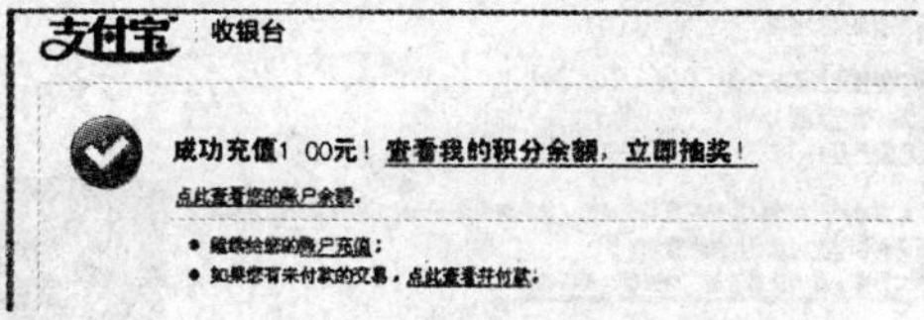

图 3-5　支付宝充值成功

3. 使用支付宝进行在线支付

首先浏览商品，选中所要购买的商品，选择支付宝支付，如图 3-6 所示。

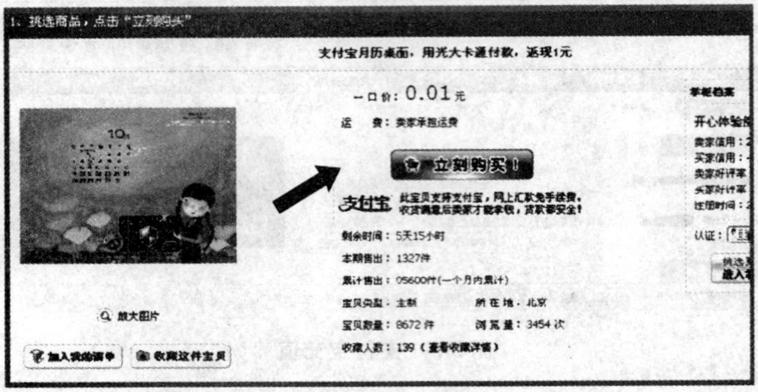

图 3-6　网上购物

然后输入支付宝支付密码，将款划到支付宝账户，如图 3-7 所示。

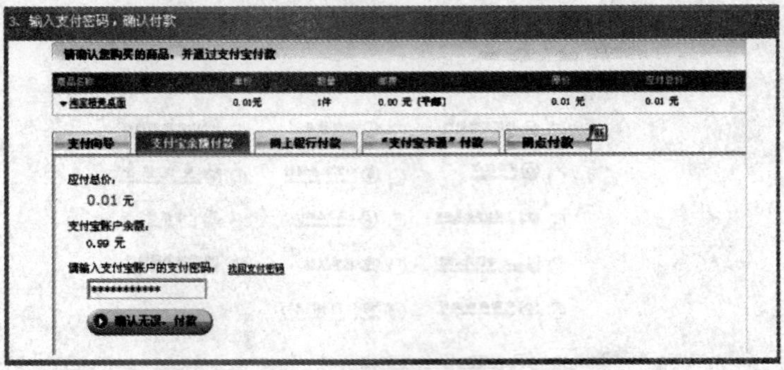

图 3-7　支付宝支付

最后确认后付款到支付宝账户，付款成功，如图 3-8 所示。

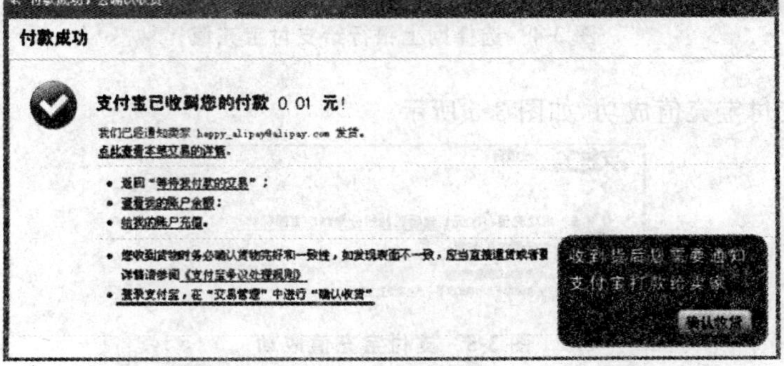

图 3-8　付款成功

学习任务 3-2 网上证券交易

情景导入:小米学会了网上支付,非常方便,她很高兴;小米的姑姑是个新股民,炒股票和基金,姑姑说她申购股票、基金很麻烦,经常要在银行排队,有时候一排就是一上午,她听说可以直接在网上炒股票和基金,她问小米:你不是学电子商务吗,你教一教我怎么在网上炒股?小米脸红了,不过小米想不会可以学吗,学会了再教姑姑。于是小米回答:姑姑,过两天我找时间教你。同学们和小米一道学习吧,说不定哪天你也用得着。

理论学习

一、认识网上证券交易

当前,Internet 的发展正在迅速改变着诸多行业的传统经营模式已是一个不争的事实,随着互联网用户的增多,投资者上网交易越来越多,给我国网上证券交易的发展提供了广阔的市场空间,网上证券交易已成为国际证券经济业务发展的趋势。

1. 网上证券交易的含义

网上证券交易的概念有广义和狭义之分。广义上的网上证券交易是指投资者通过互联网来得到证券的即时报价,分析市场行情,并利用互联网下单到实物证券交易所或网上虚拟交易所,实现实时交易的买卖过程,它包含四种模式:互联网电子公告牌交易系统、网上交易系统、专有电子交易系统、投资者利用互联网通过券商网上交易系统进入实物交易所进行交易。

狭义的网上证券交易是投资者利用互联网通过券商网上交易系统进入实物交易所进行交易。这也是我们通常所说的“网上证券交易”的含义,也被称为在线证券交易、在线经纪或网上委托交易。它一般是指客户利用计算机等在线或无线设备发出交易指令,通过互联网传递到证券公司或其营业部,或者通过互联网进入网络服务提供商 ISP(Internet Service Provider)设置的券商服务器,再通过券商网络将指令发送到交易所,进行交易。这种交易方式不是完全在互联网上进行的,实际上是一种准网上证券交易。这也是目前我国网上证券交易的唯一模式。

网上证券交易一般涉及的参与对象如下：

(1)证券商。他是实现证券网上交易的主导者和实施者，成功实现网上交易业务的关键要素是网上交易的安全性、稳定性和准确性，受客户欢迎的关键是给客户提供丰富的网上信息和手续费减让。

(2)客户。他是网上证券交易的参与者，降低上网费用应是吸引客户积极参与网上交易的关键，这需要公司与网络接入商进行协商。

(3)设备供应和维护商。负责提供和维护有关的网络、服务器和客户终端。

(4)网上交易软件供应和维护商。负责提供和维护网上交易的系统软件和应用软件，选择软件供应商应注重交易软件的可靠性和稳定性。

(5)网络接入商。向客户提供 Internet 网络接入服务，同时为证券商的行情服务器提供场地和维护服务，选择网络接入商应考虑其现有的客户群和今后的发展前景。

(6)商业银行。提供客户转账、网上划账服务及开户服务，选择银行注重其客户群体、网点布局和业务的电子化程度。

2. 网上证券交易的特点

(1)虚拟性。所有交易与服务均通过 Web 或电话呼叫中心自动进行，不需借助店面或工作人员的帮助，由于是虚拟的，服务可以不受时间与空间的限制。

(2)个性化。网上证券交易的交互式双向信息交流模式，为向投资者提供个性化的服务创造了条件，所有服务可精确地按照每个客户的需要进行。服务方式可以是主动服务，也可以是被动服务。网络证券经纪商能从客户网上交易的记录中，获取到客户信息，从而为客户创造性地提供个性化的金融增值服务。

(3)成本低、便利程度高。由于服务的虚拟性以及股民可以自动处理交易流程，网上证券交易可节约大量日常经营费用，减少证券商运作成本和周期，对原有事务性工作的场地及人工不再有要求，加上技术进步使信息处理效率极大提高，有效降低了证券公司的基础运营成本。

(4)服务优质。一方面体现为信息及时、准确、来源广泛。证券商可以更及时获取并发布相关业务信息，为客户提供全面高质的信息服务，同时利用信息的发布和获取来增强品牌价值，提高企业形象；另一方面体现为信息分析深入，证券交易是投资者基于信息公开和透明基础上的投资选择，网上证券交易的投资者可以自主地选择浏览方式、浏览内容，甚至以个人定制的方式，从相关证券网站上获得即时更新并深入分析的投资信息。

(5)不断创新。由于网络打破了时空，因此任何一种新的业务思想或技术很快能被对手效仿。证券企业要保持领先，企业只有靠不断地创新才能保证竞争优势。

(6)技术先进。技术构成了服务与业务的基础平台。技术不仅仅是一种手段,还是核心的资源。技术的创新便意味着服务与业务的创新。

网上证券交易对于证券商或客户来说,都存在着优势。当然,网上证券交易也存在一些问题,网上交易的客户最关心的也是最担心的就是安全问题,比如如何防止密码被盗、交易指令中途被篡改以及交易记录对账不清等。现在一般采取数据加密、存取控制、认证与安全协议等技术来保证网上实时交易的安全。随着技术的进步、管理的完善及法律法规的健全,网上交易安全会有更可靠的保障。

二、网上证券交易的发展模式

1. 根据交易是否依托实物证券交易所和有形证券营业部可以划分为三种模式

(1)完全的因特网电子交易模式。其特征是为证券交易双方提供一个网络交易平台,投资者可以在该公开的网络环境中发出交易的指令,该系统可以将在线投资者双方的报价指令以最合理的价格进行自动撮合成交,而不必通过中介方(如证券交易所及券商)的参与便可以完成交易。

当然,该系统通常有时也提供一条可选择进入有形证券交易所的交易通道,以提高网上交易系统公司股票的流通性。同时,还引入 Internet 银行,实现交易保证金的网上划转。因此,该模式并无有形的交易所和证券营业部,投资者的开户、交易、清算/过户登记都是通过网上来完成。此外,证券发行人还可以通过该系统直接发行股票。早在 1996 年 4 月,美国春街酿酒公司就直接利用这样的系统完成了股票的发行。美国的因特网电子公告牌交易系统(Internet-based Bullecin Boards)、因特网电子交易系统(Internet-based Crossing Systems)以及电子交易系统(Proprietary Trading System)都是该模式的代表。

(2)投资者利用互联网通过券商网上交易系统进入实物交易所完成交易的模式。模式主要内容是,投资者在一个证券公司开户后,通过 Internet 了解证券行性、获得咨询信息,然后在证券公司的网上交易系统下单,该委托单再由券商的交易席位通过与交易所相连的互联网,最后将该委托输送到交易所主机,以进行自动撮合成交,投资者可通过网上交易系统实时查询交易结果。我国目前的网上交易就是该模式。这种模式对于今后我国证券业的发展,特别是对券商经营管理模式的影响将是十分深远的。

(3)券商理财模式。该模式券商既可提供有形的营业网点供投资者委托买卖证券,又可以提供网上交易让投资者在互联网直接下单,该委托单无须通过券商交易席位而直接进入证券交易所主机实现撮合成交。此外，券商还充分利用公司专业化的经纪人队伍与庞大的研究力量为投资者提供理财服务。该类网上交易在美国首推Charles Schwab，美林证券、摩根斯坦利等传统综合券商目前也属于该模式。

2. 根据网上交易佣金管制程度可以划分为两种交易模式

(1)以美国为代表的网上折扣券商模式。这种模式主要是以尽可能低的费用折扣来吸引投资者进行网上交易，同时配备实时信息、在线咨询服务等全方位的投资顾问服务。美国的证券市场自有经纪商以来，一直实行的是固定手续费制度。但到了20世纪60年代，以退休基金、保险公司为主机构投资者迅速成长起来，此时，固定手续费制度开始动摇。进入20世纪90年代，信息技术得到了快速发展，一些“折价经纪商”通过引进网络技术为客户提供更廉价的经纪服务，于是“超折价经纪商”应运而生。

(2)以日本为代表的固定手续费制度下的网上交易模式。这种模式主要是固定手续费制度下的网上交易。日本证券业网上交易发端于1996年4月的大和证券，到1998年底，日本进入网上交易的券商有19家。各券商进入网上交易的最主要目标是尽早从网上争取更多的顾客，网上交易规模较小，突出表现在网上交易服务时间尚有保留，没有达到“热线”状态。

其他实行固定佣金制度的国家和地区如中国、新加坡、马来西亚也是采取该模式开展网上交易，其目的主要是通过提供优质的服务来争夺客户。

三、网上证券交易的方式

(一)网上证券交易的基本条件

根据已开通网上交易证券公司的规定，网上交易需具备：

1. 办理开户

(1)投资者携带身份证到当地电信局办理上网开户手续，即具备上网条件。

(2)投资者携带身份证、股东账户卡和资金卡到开户证券公司营业部办理网上交易开户手续，签署网上交易合同，领取网上交易认证证书和专业版网上交易软件。

2. 安装交易软件

可采取以下两种方法进行网上交易，任选其一种即可。

方法一：安装并运行由证券公司营业部在开户时提供给你的专业版网上交易软件，利用该软件可以进行股票查询业务，当需要进行交易时，选择网上交易标签栏。

方法二：利用常用浏览器访问证券公司网站，选择网上交易标签栏进行委托交易，或直接在网上下载行情交易软件，安装并运行该交易软件，利用其进行网上交易。

3. 运行交易软件

(1)进行主站设置和证书密码修改操作(此操作证券公司已代为设置，可省略)。

(2)输入交易证书密码，连接证券公司交易网站。

4. 进行证券交易相关操作

连接成功后，选择交易登录方式和交易营业部，输入股东账户/资金密码和交易密码，点击登录按钮。成功后，即可进行资金查询、委托、撤单等操作。

无论网上证券交易以何种方式出现，网上证券交易均由券商代理。券商会在你开户时为你提供解决技术问题的途径，投资者解决交易或技术上的问题，可找券商；如果投资者使用的是电脑网络服务商提供的系统，出现技术上的问题，可以找他们解决。

(二)网上证券交易的方式

目前，网上证券交易商提供给投资者可选择的交易方式主要有两种：

1. 专业版的网上委托方式

投资者在证券部开户网上交易时，证券部给开户客户免费提供一套安装在电脑里的、用于进行证券交易的软件安装盘。客户只要将委托系统软件安装在自己的电脑里即可接通开户的证券营业部，并进行网上委托交易、行情分析。

2. 浏览器委托方式

选择这种委托方式无需另外安装任何软件，投资者在证券部办理了网上交易相关手续后，通过访问证券公司的网址，在证券公司网站提供网上交易服务的地方直接下单委托即可。无论你身在世界任何地方，只要有网络，通过访问证券公司网站的网上委托系统，你便可以随时随意进行股票的买卖委托、查询等操作，并能获得丰富的专业财经资讯信息及专家在线咨询等理财服务。但需注意一点，通过浏览器委托的方式安全性较专业版软件委托方式差，所以建议在使用浏览器委托方式后修改密码。

以上两种网上委托交易各有优势，一般情况下，专职于炒股或大部分时间需要进行行情分析、委托下单比较频繁的投资者建议用专业版的网上委托方式；而非专职炒股，经常上班、出差的工薪族可采用浏览器委托方式。当然，二者可以兼容使用，是最佳选择。

知识链接

证券交易这一过程包括五个阶段：开户、委托、竞价成交、清算交割和过户。

交易费用一般为：每一笔交易收取印花税千分之三。佣金千分之二至三，最高千分之三(有的券商略低)。各券商标准不一,网上和现场不同但相差不大,一般现场交易共千分之四左右的费用,双向收取,共约千分之八。网上交易佣金一般都在千分之二以内。沪市还收取每千股内一元的过户费,累加。上海、深圳证券交易所的交易时间是每周一至周五,上午9:30—11:30,下午1:00—3:00。法定节假日除外。

印花税上调后,中国证券印花税将由证券买卖双方分别按千分之三的税率征收;基金和债券不征印花税。该税收中央与地方的分配比例为中央97%、地方3%。

实践演练

学习任务3-2 实践任务书

任务目标	通过访问各大证券网站和模拟炒股对网上证券进行深入了解。
环境需求	1. 互联网接入; 2. 计算机(每人1台); 3. 教材任务考核表(教学包下载,电子方式上传)。
任务描述	1. 每位同学上网查看不同的网上证券交易平台,并针对证券交易平台进行相应的分析:①网上证券交易平台为用户提供哪些服务?②各网上证券交易平台存在哪些异同点?③网上证券交易存在哪些优缺点? 华西证券 http://www.hx168.com.cn 国信证券 http://www.guosen.com.cn 华泰证券 http://www.htsc.com.cn 上海证券交易所 http://www.sse.com.cn 深圳证券交易所 http://www.szse.cn 海通证券 http://www.htsec.com 广发证券 http://www.gf.com.cn/ 兴业证券 http://www.xyzq.com.cn 国泰君安证券股份有限公司 http://www.gtja.com 2. 到海通证券网 http://www.htsec.com 下载海通证券大智慧并安装,分析股票行情。 3. 进入到叩富网模拟炒股大赛官网(http://www.cofool.com)注册用户,并模拟炒股。也可以去股城网(www.gucheng.com)下载模拟软件模拟炒股。
小调查	你或你的家人有炒股票和基金的吗?他们怎么操作?
任务拓展	网上证券交易平台除了能进行股票业务的网上实现,还能进行哪些方面网上业务实现?

学习任务 3-2 考核单

姓名：　　　　　　　　　　　学号：

序号	任务	分值	总结与归纳	成绩
1	网上证券交易平台为用户提供的服务	20 分		
2	网上证券交易平台的异同点	30 分		
3	网上证券交易平台的优缺点	30 分		
4	模拟炒股收益	20 分		
合计				

注：请从资源包下载电子版填写并上传。

行动指南针

网上模拟炒股演练

(1)进入到模拟炒股大赛官网(http://www.cofool.com)注册用户，如图 3-9 所示。

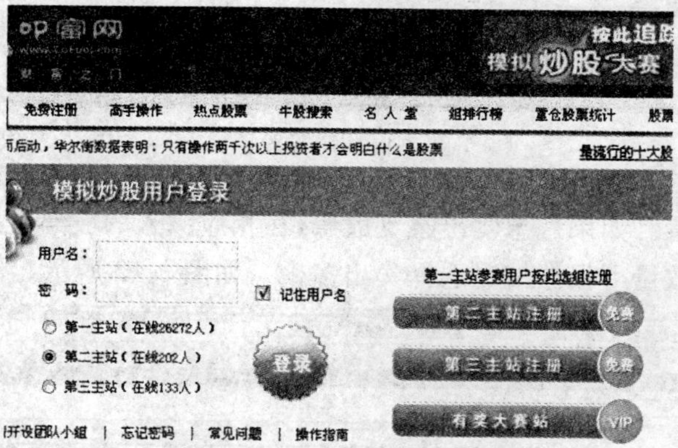

图 3-9　叩富网网站首页

(2)选择加入比赛组(在此，我们假设加入初始资金为普通 10 万组)，如图 3-10 所示。

(3)购买股票。可以输入股票代码(如招商银行 600036)进行买入，亦可输入股票名称的简称(如招商银行 ZSYX)进行买入，如图 3-11 所示。

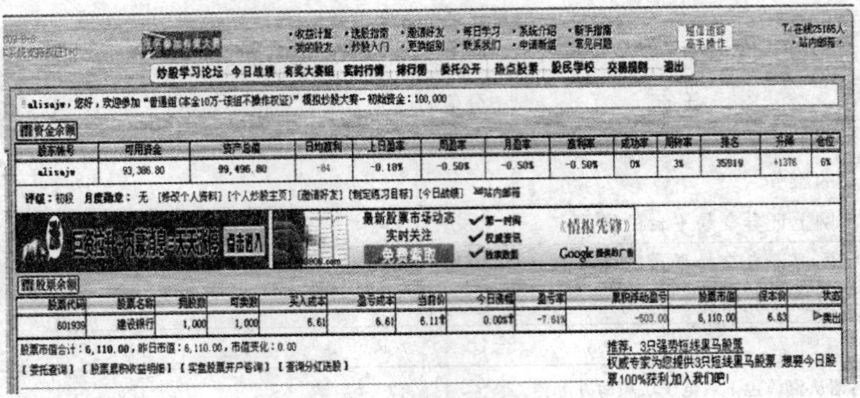

图 3-10　模拟炒股首页

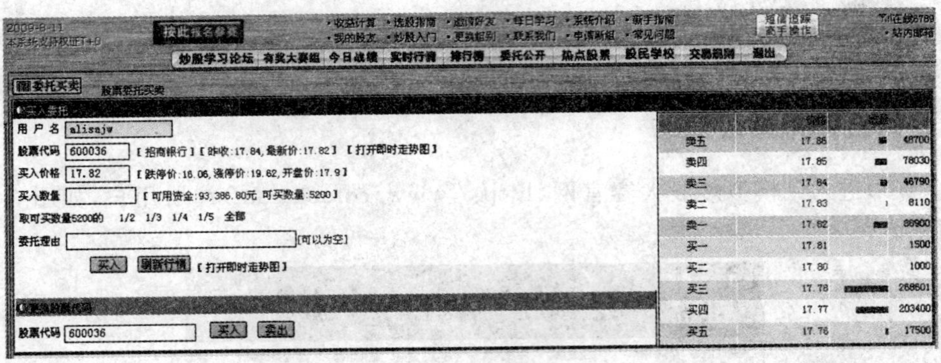

图 3-11　购买股票

(4)卖出股票。如果您想卖出某支股票，在相应买入的股票最后的“操作”栏点击“卖出”(卖出数量可根据情况选择卖出多少)，如图 3-12 所示。

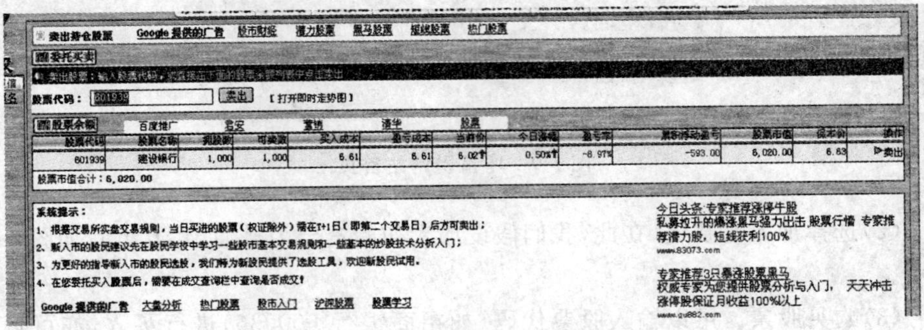

图 3-12　卖出股票

小提示

● 为能便捷买入自己关注的股票，可以在查看系统的实时行情时，将股票加入到自选股中，这样在买入时系统会列出用户自选股以方便买入。

● 根据交易所实盘交易规则，当日买进的股票（权证除外）需在 T＋1 日（即第二个交易日）后方可卖出。

● 新入市的股民建议先在股民学校中学习一些股市基本交易规则和一些基本的炒股技术分析入门。

● 为更好地指导新入市的股民选股，特为新股民提供了选股工具，欢迎新股民试用。

● 在您委托买入股票后，需要在成交查询栏中查询是否成交！

(5)委托撤单、历史查询。点击“委托撤单”，并输入股票委托合同序号后即可撤销。点击“历史查询”，在“股票代码”栏如果不输入股票代码则可以查询自己的所有操作，输入股票代码则可以查询指定股票的历史成交记录；指定“起始日”与“结束日”可查询到某时间段的股票成交记录。

小提示

● 只有未成交的股票委托才可以撤单。您可直接输入合同号，然后再点击撤单按钮撤单；也可以在“当日委托”中直接点击“可撤”撤单。撤单成功后，冻结的资金重新返回到个人账户。

● 和股票实盘操作规则一样，股票委托撤单不收取手续费佣金。

● 和股票实盘操作一样，当日闭市后尚未成交的委托，系统在清算时会自动做撤单处理，将冻结的资金重新返回到个人账户。因此，当日未成交的委托不会保留到第二天。

● 在“当日委托”中相应委托行区域单击鼠标左键即可以将该笔委托合同号输入到合同号输入框中。

习题与课业

一、简答题

1. 什么是电子金融？它提供哪些服务？
2. 什么是网上银行以及其存在哪些特点？
3. 什么是网上证券交易？它有哪些发展模式？
4. 简述网上证券交易流程。

二、论述题

1. 通过实际生活的体验，您认为电子金融与电子商务有什么关系？

2. 通过网上银行的使用，您觉得网上银行与传统银行有什么区别？通过您对网上银行的了解和使用，请您谈谈目前我国网上银行还存在哪些问题。

三、课业

课后，大家可以继续访问如下一些网站，扩充自己的知识面：

1. 华泰证券网(http://www.htsc.com.c)
2. 国泰君安证券股份有限公司(http://www.gtja.com)
3. 中国证券监督管理委员会(http://www.csrc.gov.cn)
4. 中国基金网等网站(http://www.cnfund.cn)

四、拓展训练

选择到当地一家证券公司去了解最新网上证券(股票、基金等)情况(若条件允许，可申请办理一张股票或基金卡并进行开户，实施网上炒股)。

第四单元　网上交易处理

单元介绍

网上交易主要是在网络的虚拟环境上进行的交易，类似于现实世界当中的商店，差别是利用电子商务的各种手段，达成从买到卖的过程的虚拟交易过程。

根据商务部2007年第19号所发布《关于网上交易的指导意见（暂行）》，“网上交易是买卖双方利用互联网进行的商品或服务交易。常见的网上交易主要有企业间交易（B2B）、企业和消费者间交易（B2C）、个人间交易（C2C）、企业和政府间交易（B2G）等。”

本单元主要通过C2C交易处理、B2C交易处理、B2B交易处理三个学习任务完成，结合实例，向学生介绍几种典型电子商务交易模式的具体操作流程和运作方式。通过实例分析、课堂讨论和实践实训等形式，帮助学生由浅入深地理解并掌握几种典型电子商务交易模式的运作流程。

引导案例

网上开店3个月盈利7万美元

在深圳从事小型电子商品外贸生意的孙先生，最近有了越来越多的闲暇时间和老友喝茶，与家人小聚。要知道，仅仅3个月前，他还在为公司积压的库存产品忙得焦头烂额。“3个月里，不仅解决了存货问题，带动了充沛的现金流，还为公司开拓了新的销售渠道。这次真是花小钱办大事！”在很多从事传统跨国贸易的中小企业面临发展困境的时候，孙先生打开成功之门的钥匙是什么呢？

一次偶然的网上冲浪，使他将视线投向了网络跨国贸易这一新兴的贸易渠道。“是一篇有关网络贸易的文章让我豁然开朗。文章提供了一个统计数据，仅就交易成本而言，据美国《福布斯》统计，网上交易可以节约企业成本的5%～10%，并可以实现交易效率的数倍增长。这对当时为产品积压所扰的我来说具有极大的诱惑。”

在十几岁儿子的帮助下，孙先生注册了eBay网上店铺，开张仅3天，便迎来了第一笔生意：一位意大利客人从他店里购买了几十美元的数码产品。8个小时内完成了从洽谈到订购的交易过程，这创下了孙先生多年来从事外贸生意的最快交易纪录。“一切都在网上操作，连越洋电话费都省了。”孙先生对这样方便、快捷和低成本的网络渠道变得越来越有信心。为此，他为自己的网店招募了3名“80后”员工，组建了网络外贸团队。

白天，孙先生和以往一样与客户谈生意、出席各种商业活动，继续从事着传统外贸生意；与此同时，他的网络外贸团队在 eBay 上为全世界的客户提供着全天候的产品和信息服务。网络交易的黄金时间通常是在当日客户下班后和翌日早晨，其他时间团队成员可以灵活地支配时间。网络店铺试运行的第三个月，已经为孙先生所在的公司贡献了大概 7 万多美元的利润，而且存货全部清空。现在，孙先生的网店每天至少会发生 30～40 笔交易，并已经由单纯的零售业务拓展到小规模的批发及团购。

（摘自 3158.cn 致富网）

思考：电子商务为商家带来了什么？又为客户带来了什么？

学习任务 4-1　C2C 交易处理

情景导入：小米开通了网上银行，完成了一次网上购物，拿到商品小米非常满意，小米觉得网络太好了，足不出户就买到了物美价廉的商品，小米通过调查发现现在有很多在校大学生开网店赚到了钱，小米就和同寝室的姐妹们商量，咱们能不能合伙也开一家网店，一则锻炼了自己，二则学到了知识，三则赚到了钱，勤工助学何乐而不为呢，可是卖什么东西呢？怎么开一个属于自己的网店呢？同学们和小米一起来学习吧！

理论学习

一、C2C 模式简介

（一）C2C 电子商务的含义

C2C(Customer to Customer)电子商务是消费者与消费者之间的电子商务，通过 Internet，消费者之间也可以互相买卖商品，这种电子商务模式的特点是消费者与消费者之间可以讨价还价。例如，网上拍卖网站、全球性在线竞价交易网站，每天均可提供上万件在线商品供用户竞价。C2C 电子商务交易平台的成功在于它正确地市场定位，网站可以是多客户类型、多交易类型、多拍卖类型，以各种网上拍卖的方式运营。通过提供交易平台和相关服务，收取交易佣金。

（二）C2C 电子商务的主要利润来源

由于 C2C 电子商务交易平台是以一种第三方平台的身份参与 C2C 模式的，此特性注定 C2C 企业的网上赢利点不会很多。列举如下：

(1)交易手续费。交易平台在交易成功的双方中收取占交易额相对比例的佣金,如易趣的收费政策便在此处得以体现。

(2)会员与增值服务费。eBay 的盈利方式之一就是向开设店铺的会员收取注册费,而淘宝目前这一项是免费的。网站为提高用户满意度,满足用户个性化服务的要求,向用户提供基本服务以外的特色服务,并从中收取一定比例的佣金,称为增值服务费。目前此种收费模式虽已在 C2C 网站得到广泛应用,如店铺管理增值服务、卖家推广服务、网站主页广告服务、个性化广告推广增值服务等。

(3)广告费。网站向有关行业出售一定版面作为广告的展示平台,从中收取佣金,这也是互联网企业最稳定的收入来源。

C2C 电子商务交易平台的盈利方式,目前仍在不断探索阶段。

小资料 **中国 C2C 简史**

1999 年:邵亦波创立易趣网,创中国 C2C 先河。

1999 年 8 月:易趣网正式上线。

2002 年 3 月:eBay 注资易趣网 3 000 万美元。

2003 年 5 月:阿里巴巴 4.5 亿元成立 C2C 网站淘宝网。

2003 年 7 月:eBay 斥资 1.5 亿美元全资收购易趣网。

2004 年 4 月:一拍网正式上线,新浪占据其中 33%的股权,原雅虎中国占 67%的股份。

2004 年 6 月:易趣网进入与美国 eBay 平台对接整合。

2005 年 9 月:腾讯推出拍拍网,2006 年 3 月 13 日运营。

2006 年 2 月 15 日:一拍网彻底关闭,阿里巴巴收购一拍全部股份,原属一拍用户将导入淘宝。

2006 年 12 月:TOM 在线与 eBay 合资,更名为 TOM 易趣。

2007 年 10 月:搜索引擎公司百度宣布进军电子商务,筹建 C2C 平台,预计 2008 年初推出。

2008 年 5 月 5 日:易趣宣布任何用户只要在易趣开店,无论是普通店铺、高级店铺还是超级店铺,都将终身免费。

2008 年 6 月 18 日:百度网络交易平台正式在北京启动其在全国范围的巡回招商活动。

2008 年 10 月 8 日:淘宝总裁陆兆禧对外宣布,阿里巴巴集团未来 5 年将对淘宝投资 50 亿元,并将继续沿用免费政策。

二、C2C 电子商务交易平台经营模式

C2C 网站的主要经营模式就是网上拍卖。目前国内外拍卖网站采用的交易方式主要有网络英式拍卖、网络荷兰式拍卖、集体议价、逢低买进、标价求购、一口价等几种。

(一)网上拍卖概念

网上拍卖指网络服务商利用互联网通信传输技术,向商品所有者或某些权益

所有人提供有偿或无偿使用的互联网技术平台，让商品所有者或某些权益所有人在其平台上独立开展以竞价、议价方式为主的在线交易模式。

关于网上拍卖的主体，目前大多数观点认为它大致分为以下三种：

(1)拍卖公司。拍卖公司的网站一般用于宣传和发布信息，属于销售型网站。

(2)拍卖公司和网络公司或其他公司相联合。两者都属于拍卖公司未实现其现实空间(实际生活)中既有业务而在网络空间上的延伸。

(3)网络公司。网络公司在网上拍卖中提供交易平台服务和交易程序，为众多买家和卖家构筑了一个网络交易市场(Net-markets)，由卖方和买方进行网上拍卖，其本身并不介入买卖双方的交易。这类网络公司在我国以易趣网、淘宝网为首要代表。网站仅提供用户物色交易对象、就货物和服务的交易进行协商以及获取各类与贸易相关的服务的交易地点。网站不能控制交易所涉及的物品的质量、安全或合法性，商贸信息的真实性或准确性以及交易方履行其在贸易协议项下的各项义务的能力。网站并不作为买家或是卖家的身份参与买卖行为的本身，它只提醒用户应该通过自己的谨慎判断确定拍卖物品及相关信息的真实性、合法性和有效性。

知识链接 **拍卖相关概念**

● 拍卖的含义

拍卖，指的是拍卖人在预先约定的时间和地点，按照一定的章程和程序，以公开叫价竞购的方法，将现货出售给出价最高的买主的一种竞争买卖方式。拍卖一般要经过拍卖表示、竞买表示、拍定表示三个阶段，成交后，拍卖标的物所有权将发生移转并得支付拍定的价款。

● 相关术语

拍卖人：指在拍卖活动中，主持拍卖的人。拍卖人一般是专门从事拍卖业务的拍卖商行、拍卖企业等法人单位，也可以是自然人(如公民拍卖自己所有的房屋、收藏品等)，还可以是依法执行强制拍卖的有关国家机关，如法院、工商局、公安局等。

委托人：指委托授权拍卖人拍卖其所有物或有权处分之物的人，由于在拍定后，他将丧失拍卖物，所以又称为出卖人。

竞买人：指参加竞购拍卖标的公民、法人或其他组织。

买受人：指以最高应价购的拍卖标的竞买人。“竞买人”、“买受人”有时亦统称买家。

拍卖标的：指委托人委托拍卖人以拍卖方式出售的其所有或依法可以处分的物品或者财产权利。

应计费用：指拍卖人对保险、图录刊登、包装运输、文物火漆、鉴定估价等酌情向委托人和买受人双方收取的相应费用。

成交价:又称“落槌价”,指拍卖会上拍卖师落槌决定拍卖标的售予某一买受人的价格。

参考价 :又称“估价”,指拍卖人印制的拍卖图录上对每件拍卖标的的明示价格。该价格由拍卖人决定,不属最后确定之售价。

拍卖底价:又称“保留价”,指拍卖人与委托人对其委托的拍卖标的的共同商定,并在委托书上标明的最低出售价格。“拍定物”指已拍卖成交的拍卖标的。

佣金:又称“代理费”,指拍卖人根据有关法律法规的规定,在成交后向委托人、买受人收取的服务费用。

(二)网上拍卖交易方式

目前在互联网上出现的网上拍卖交易方式中有一些是从传统拍卖中某些交易方式演变而来,另一些是针对互联网本身的特点和消费者的喜好而出现的新的交易方式,这些交易方式主要有以下几种:

(1)网络英式拍卖。英式拍卖(English Auction)也称为“公开拍卖”或“增价拍卖”,是传统拍卖中最常见的拍卖方式。这种拍卖方式被网上拍卖所采用,成为了网上拍卖中最基本、最常见的在线交易方式。网络英式拍卖采用的是正向竞价形式。网络英式拍卖的规则是后一位出价人的出价要比前一位的高,竞价截止时间结束时的最高出价者可获得竞价商品的排他购买权。买方可以通过浏览历史价格(当前其他买家的出价)决定自己对物品的最高报价,然后提供给系统,系统自动更新后,其所出的价格和历史价格就可以显示在网页上。

(2)网络荷兰式拍卖。荷兰式拍卖(Dutch Auction)是一种公开的减价拍卖,又称“出价渐降式拍卖”。网络荷兰式拍卖,针对的是一个卖家有大量相同的物品要出售的情况而产生的,它采用的是逆向竞价形式。网络荷兰式拍卖不存在价格下降的情况,一般是竞价截止时间结束时,出价最高者获得他所需要的数量,如果物品还有剩余,就由出价第二高的人购买。网络荷兰式拍卖的原则是:价高者优先获得宝贝,相同价格先出价者先得,成交价格是最低成功出价的金额。

(3)集体议价。集体议价是一种不同于传统拍卖的网上拍卖类型,集体议价多采用 C2B 的形式,并无竞价过程,提供集体议价的网站会将物品的基础价格(初始价)公布,由众多买家构成一个庞大的购物集团,然后根据卖方在登录物品前登记的表格中所标明不同数量等级时的物品的单价进行购买,买家人数越多,价格越低,但通常会有一个最低价(即集合底价)。集体议价实质上更像网站替一批不认识的人去批发购买他们想要的商品。

(4)逢低买进。逢低买进也是不同于传统拍卖的一种交易形式,买家可以暂不投标加入,而是根据商品的价格曲线,选一个自己认可的价格段,一旦价格降到此价格段上，系统会发送通知，告诉买家目前集合的人数已达到他所期望的价位并将他自动加入购买集体。逢低买进与集体议价的显著不同在于，消费者加入竞买时尚未取得购买资格，能否取得购买资格也是不确定的。

(5)标价求购(反拍卖)。标价求购(反拍卖)，是由卖方出价，卖方成为了“买方”，其竞争的是向消费者提供服务的机会，反拍卖具体指消费者可以提供自己所需的产品、服务需求和价格定位等相关信息，由商家之间以竞争方式决定最终产品、服务供应商，从而使消费者以最优的性能价格比实现购买。

(6)一口价。一口价指在交易前卖家预先确定一个固定的价格，让买家没有讨价还价的余地。交易完成后，买家根据卖家预先设定好的价格(即一口价)进行付款。如果卖家出售数量是大于1的多数商品，则交易将持续到买家以一口价购完全部商品或在线时间(竞价截止时间)结束。一般在网上拍卖的实际运用中，一口价的买卖方式可以单独使用，也可以结合其他交易类型(如网络英式拍卖)一起使用。

(三)拍卖网站类型

由于网上拍卖的交易活动本身与《拍卖法》中对拍卖活动所作的规定有很大的区别，网上拍卖在拍卖标的、拍卖程序、交易的类型、交易场所、竞价时间、拍卖方式、交易成本、中介机构的服务以及法律责任等方面与传统拍卖活动都有很大的区别。因此，根据网站所组织的拍卖活动是否符合《拍卖法》，又可以将拍卖网站分为两类：一类是符合拍卖法的专业拍卖网站，另一类是不符合拍卖法的网上竞价买卖型网站。

(1)专业拍卖网站。此类网站的经营者是有拍卖企业营业执照的企业，具有拍卖法所规定的拍卖人资格，由经验丰富的拍卖师严格按拍卖规则主持网上拍卖活动。如雅宝(www. yabuy. com)、中拍在线(www. a123. com. cn)都是取得拍卖法人资格的网站。图4-1为中拍在线网站首页。

(2)网上竞价买卖型网站。此类网站的经营者没有相应的拍卖资质，多是一些互联网企业，经营目标是为买卖双方搭建一个信息交流平台，并促成买卖双方之间的在线交易，其拍卖服务主要采用C2C或B2C模式，如淘宝(www. taobao. com)、易趣(www. eachnet. com)、拍拍网(www. paipai. com)。另外，还有一些网站是互联网企业和传统拍卖企业联合推出的。网上竞价买卖型网站虽然也采用公开竞价机制进行商品交易，但是没有专业拍卖师，竞拍活动均由电脑程序自动完成。另外，国内多数网上竞价买卖型网站都是给众多个体提供一个虚拟店铺空间，并借助网站的聚集效应吸引大量个体消费者网上购物，大部分商品也主要采用一口价的交易方式。

图 4-1　中拍在线网站首页

(四)网上拍卖中有待规范的问题

网上拍卖的出现是经营方式的进步,但同时它也给我们带来了许多问题,其中最突出的有以下两点:

1. 违约与欺诈现象严重

《中华人民共和国合同法》第十一条明确把“电子数据交换”、“电子邮件”等数据电文作为书面合同的形式之一,因此网上拍卖交易不但要遵守《拍卖法》的相关规定,还应遵守《合同法》的规定,重约守诺,讲求信用。但在目前的网上拍卖中,违约、欺诈现象却比较严重,主要表现为卖方或虚构拍品或以假充真、以次充好或参与竞买抬价,买方或故意捣乱恶意抬价或不履行交割手续等,这些行为的存在严重扰乱了网上拍卖交易的正常秩序,侵害了当事人的合法权益。造成这些情况的原因有多种,但主要有以下三点:

(1)网络交易的匿名性。在网上拍卖中,虽然交易双方先要注册登记为网站会员,并且不仅要注册网络昵称,还要输入真实身份,但网站经营者目前却难以对注册事项的准确性和真实性进行全面的审查核对。也就是说,当事人完全可以注册虚假的身份信息进行交易。这就为违约、欺诈的发生提供了便利。各网站虽然也在探索相应的信用评价机制和规避机制,如对违约、欺诈者采取降低信用评价指数、取消会员资格等措施,但由于这些只是事后的补救,而缺乏有效的事先预防,使得这些措施的实际效果大打折扣。

(2)网络交易的跨地域性。由于网络交易打破了地域的界限,那么交易双方就完全有可能身处异地或身处异国。即便双方在注册时填写的都是真实身份,但跨地域解决纠纷的难度也往往会使受侵害方望而却步。这也使得一些违法、违约者有恃无恐。

(3)拍品的低真实性。在竞价买卖网站方式中,虽然网站方在拍卖规则中要求卖家提供拍品的状况说明,但由于网站方并不直接接触拍品,因此拍品信息的真实性也缺乏保障。

2. 网上拍卖脱离政府监管

网上拍卖是商品流通的方式之一,那么商品流通涉及的法律规定网上拍卖也同样应该遵守。比如《拍卖法》中规定国家禁止买卖的物品不得拍卖,须经审批才能转让的物品在办理相应手续后才能拍卖,文物拍卖前要经主管部门依法鉴定、许可等。但在竞价买卖网站方式中由于缺乏对拍品严格的审查把关,使得这些规定很难得到切实执行,从而使竞价买卖网站方式的网上拍卖在很大程度上脱离了政府的监管,处于一种实际上的无序状态。这也不利用社会秩序的稳定。

三、C2C 电子商务交易的一般流程

C2C 电子商务网上拍卖流程可以简单地用图 4-2 来说明,该图说明了给第三方网站平台进行网上拍卖的主要工作流程。而图 4-3 则说明了 C2C 拍卖平台的后台管理流程。

1. 竞买流程

(1)登录 C2C 拍卖网站,注册会员。

(2)再次登录网站选择所需要的商品。

(3)确认参与竞拍后,出价。

(4)竞拍成功后,成为商品买受人,交易双方可通过 E-mail、即时聊天工具等多种方式联系,商定交货相关事宜。

(5)双方达成共识后,竞拍成功。

2. 拍卖流程

(1)登录 C2C 拍卖网站,注册会员。

(2)经过拍卖网站认证,成为拍卖方后,可上传所要拍卖商品。

(3)当有竞买方参与商品的竞拍时,需随时修改当前商品的竞拍价格、数量以及拍卖状态等内容。

(4)拍卖成功后,可通过 E-mail、即时聊天工具等多种方式联系买受人,商定交货相关事宜。

(5)双方达成共识后,竞拍成功。

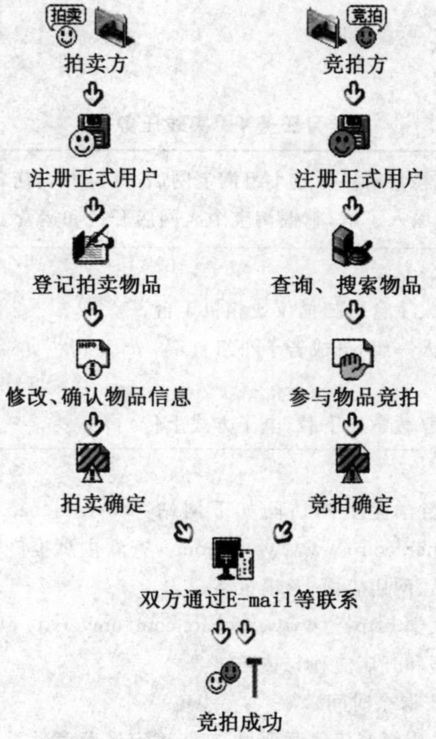

图 4-2　C2C 网上拍卖流程

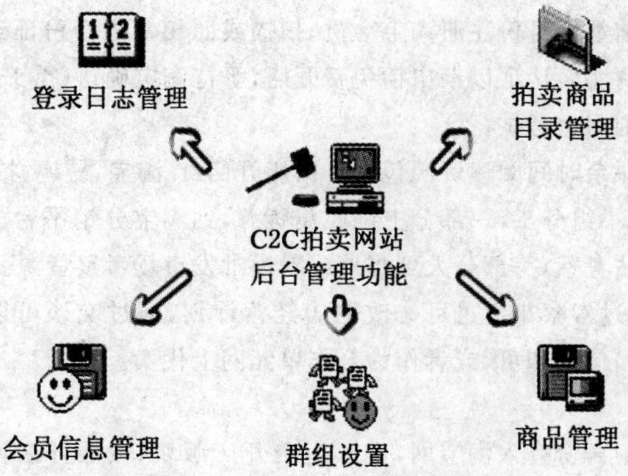

图 4-3　C2C 网上拍卖管理流程

实践演练

学习任务 4-1 实践任务书

任务目标	通过小组选择经营项目开通小组淘宝网店，并经营网店，让学生对 C2C 电子商务交易模式进行深入了解，掌握淘宝个人网店开通和运营。
环境需求	1. 互联网接入； 2. 计算机（每人 1 台），扫描仪或相机 1 台； 3. 全班 5～8 人一组，分成若干小组； 4. 身份证； 5. 任务考核表（教学包下载，电子方式上传）。
任务描述	任务一 1. 小组内每名学生上网访问如下网站：www. taobao. com；www. paipai. com；www. eachnet. com；www. youa. com。查看主页推广商品链接的网店，注意考察所售商品、网店店面、营销策略。 2. 访问淘宝大学 http://www. taobao. com/university 到买家学堂和卖家学堂学习购物技巧和开店流程与技巧。 任务二（课堂＋课余时间） 1. 小组讨论本小组开店经营项目，初步确定经营商品类别，对该商品进行网上调研和市场分析。讨论并确定本小组网店名称、经营思想与策略，对小组进行分工，确定店铺掌柜、客服、营销推广、店面设计、物流人员。 2. 以店铺掌柜身份注册淘宝会员、扫描或照相掌柜身份证经过处理后，以掌柜名义申请实名认证以期申请免费开店，等待淘宝确认（需 1～2 个工作日），进行淘宝规则网上考试。 3. 利用课余时间阅读资源包——网店开门红 淘宝、易趣、拍拍开店全攻略或开店指南，小组分工，一部分上网收集货源，到淘宝分销平台、阿里巴巴等分销和批发网站考察，一部分人到当地或附近批发市场考察货源。 注：经过考察小组也可修改网店经营计划，通过交谈可以暂不买该商品，获得照片和信息即可，或者作为合作单元网上代卖。 任务三 1. 以掌柜身份登入淘宝网，进入免费开店版块，按照开店流程设置信息、设计店面发布商品（至少 10 种）上传商品图片、设置好价格和其他详细信息。 2. 访问本小组店铺，查看店铺前台情况，发现问题及时修改，直到小组全员通过，将店铺地址填写在考核表。

续

	任务四(课余时间) 1. 安装阿里旺旺,并登入。 2. 利用旺旺或QQ、邮件等方式推广自己店铺。 3. 阅读资源包——网店开门红 淘宝、易趣、拍拍开店全攻略或开店指南,并进行实践。 小组之间互相访问网店,并利用考核单2进行相互评价,每组给另外小组打分并分别提交,最后各组的成绩是各组评价与指导教师评价的平均值。
任务拓展	尝试在拍拍网、易趣网或百度有啊免费开店。

学习任务4-1 考核单1

组名：　　　　　　　　　　队

店名： 口号：				
掌柜： 店员：				
序号	任务	分值		成绩
1	网上开店流程	30分		
2	网店经营商品	30分		
3	网店经营计划	40分		
合计				

学习任务4-1 考核单2

组名：　　　　　　　　　　队

店名： 网址：				
掌柜： 店员：				
序号	任务	分值	小组互评	成绩
1	第一组	100分		
2	第二组	100分		
3	第三组	100分		
4	第四组	100分		
5	第五组	100分		
6	指导教师	100分		
平均分				

注:请从资源包下载电子版填写并上传。

行动指南针

一、C2C网上购物指南(以淘宝网为例)

1. 登录淘宝网(www.taobao.com),注册为会员

点击免费注册→选择一种注册方式(手机或邮箱)→填写注册信息→登录邮箱激活账户,如图4-4所示。

图4-4 淘宝新用户注册

在注册信息底部选中自动创建支付宝账户系统就会自动根据你提供的邮箱名称帮你注册一个新的支付宝账户。否则你需要另外再去注册一个支付宝账户来绑定你的淘宝账户,如果你已经有支付宝账户请不要选择自动创建支付宝账户,当你注册完淘宝后,可以进入"我的淘宝"设置你的支付宝账户。

2. 浏览商品,填写订单信息

再次登录淘宝选择你需要的商品,点击"立刻购买"→填写相关的信息,如图4-5所示。

3. 出价并付款,确认无误后购买,付款到支付宝

如果选择的是拍卖方式,买家需认真学习淘宝网拍卖规则,注意起拍价格、剩余时间、加价幅度、现在价格以及邮资等;另外,同时购买一个卖家的多个产品时,可合并付款,并根据情况与卖家商谈降低邮资等服务费用。根据双方协商结果,付款,淘宝提供了多种付款方式,如同城见面交易、支付宝、邮局汇款、银行转账等。支付宝是淘宝为用户提供的第三方支付平台,目的是提高交易的安全性。

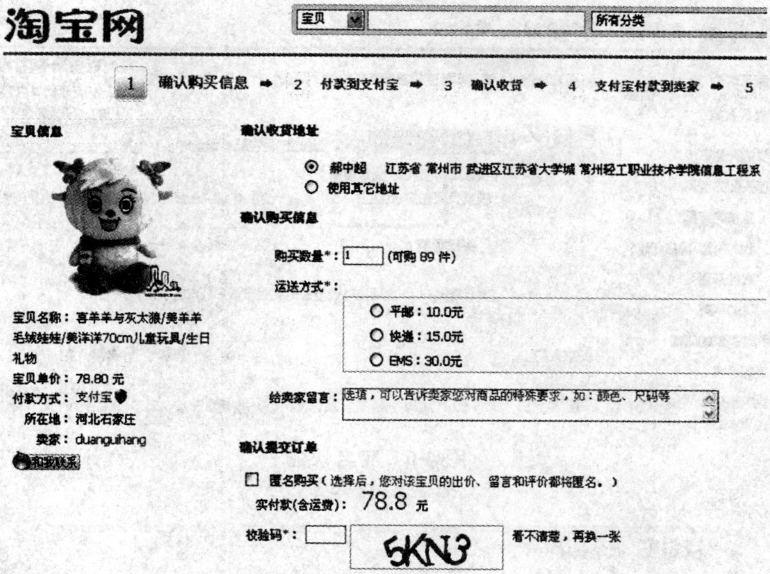

图 4-5　填写订单信息

4. 等待收货与收货确认

付款之后，等待卖家发货，买家在收到货后登录“我的淘宝”，点击“已买到的宝贝”，确认收货，输入支付宝支付密码，支付宝就把货款打到卖家的账号了。

5. 双方互评

买家针对收到物品的实际状况是否符合购买时所要求的物品的尺寸、新旧、颜色，包括物流配送的相关服务，给卖家进行客观公正的评价，如果物品与之前要求有出入，可与卖家协商退货；同样，卖家也可对买家进行评价。互评后，显示“交易成功”，交易结束（当然，也可不评价）。

二、网上开店指南（以淘宝网为例）

1. 用户注册

需要手机和邮箱验证，方法同上图 4-4，已经注册的可以直接会员登入。

2. 实名认证

会员登入后，进入我的淘宝，选择实名认证（图 4-6）。进入支付宝个人实名认证，点击申请支付宝个人实名认证，进入认证申请方式页面（图 4-7）。认证方式一般选择方式二。

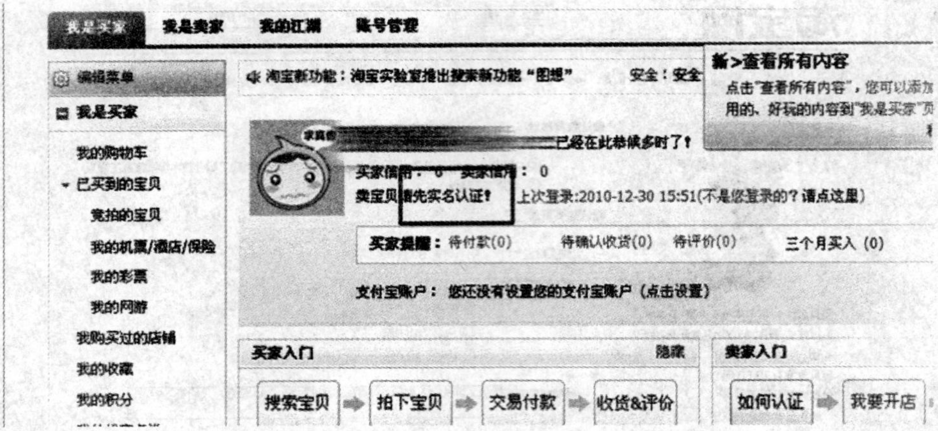

图 4-6 实名认证

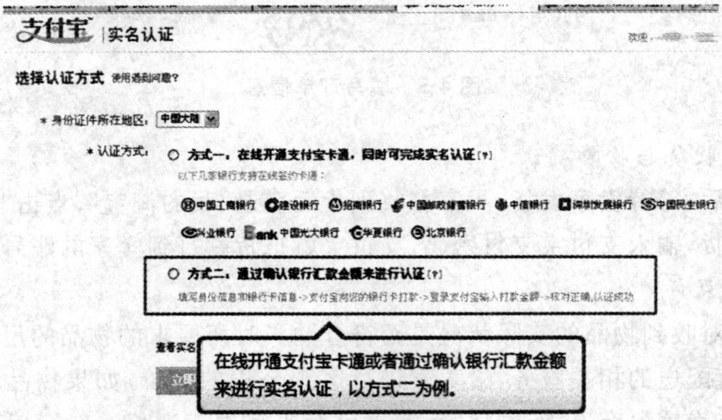

图 4-7 选择认证方式

选择认证方式二后进入实名认证信息填写页面，认真填写个人真实信息（图 4-8）。注意：需要身份证上传验证，应该事前用扫描仪把身份证正反面扫描下来，没有扫描仪，数码相机也可以，无论是照相还是扫描都要用图片工具剪切，只保留身份证有效信息部分，同时图片不要太大，点击上传，浏览本地硬盘指向编辑好的身份证图片，最后选择下一步。

点击下一步后进入填写银行卡信息页面（图 4-9），正确填写户名、开户行及卡号，选择下一步后进入信息确认页面，仔细核对所填写的信息，确认无误后确认提交。提交后支付宝会提示你认证提交成功（图 4-10）。

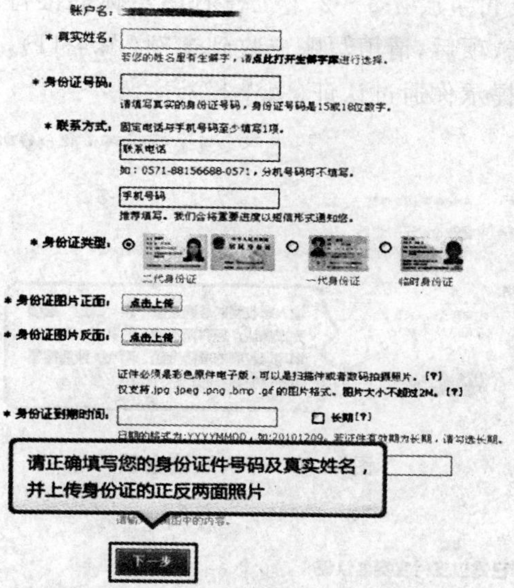

图 4-8　填写实名信息

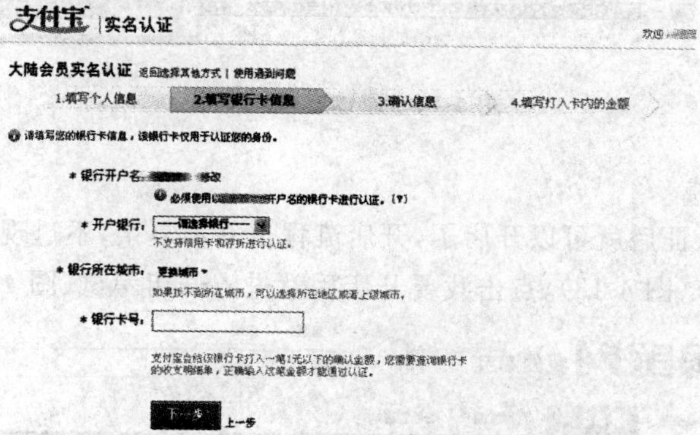

图 4-9　银行卡信息填写

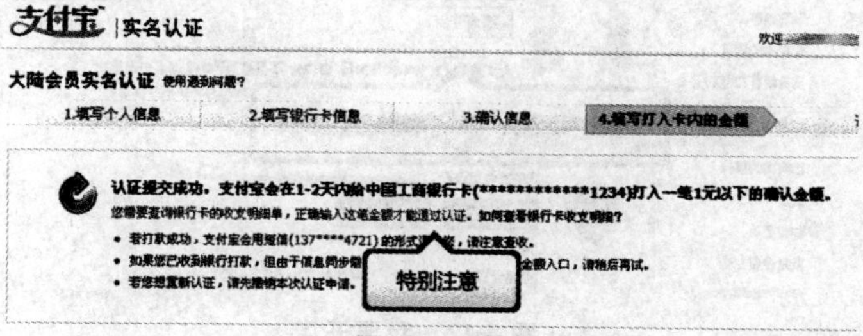

图 4-10　认证提交

认证提交以后支付宝会在1～2个工作日内给你的银行卡打入1元以下金额测试你的账户，收到款项后，请填写账户收到金额(图4-11)，点击确定后进入审核页面，通过审核后会提示你通过认证(图4-12)。

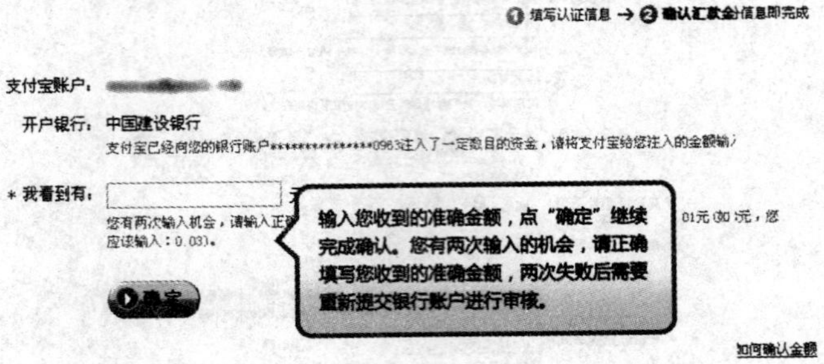

图4-11 确认汇款金额

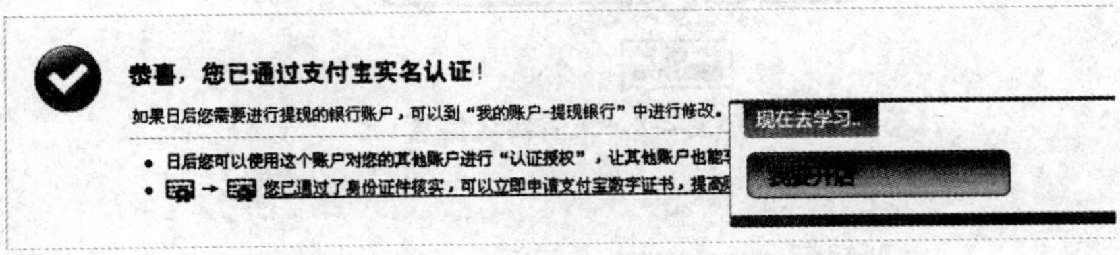

图4-12 通过支付宝认证

3. 创建店铺

通过实名认证后就可以开店了，开店流程也并不复杂，不过现在淘宝开店增加了开店考试环节(图4-13)，点击我要开店后就进入开店考试(图4-14)。

图4-13 我要开店

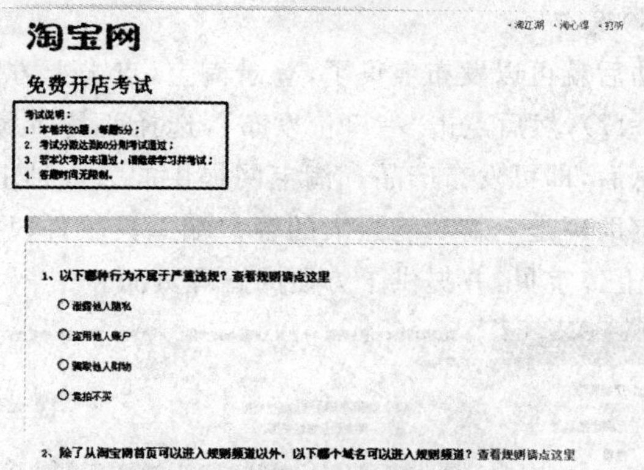

图 4-14　开店考试

开店考试没有时间限制，可以到淘宝帮助中心或淘宝规则频道查找答案。答完后提交答卷，通过后即可去创建店铺（图 4-15）。

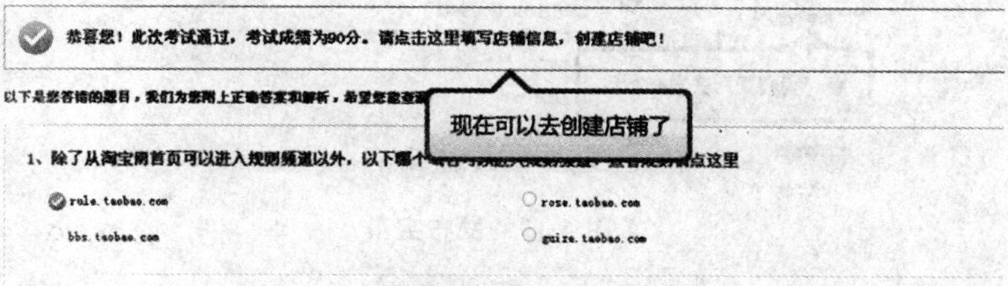

图 4-15　通过考试

创建店铺需要填写店铺名称、类型和店铺介绍（图 4-16），填写后确认店铺就创建成功。

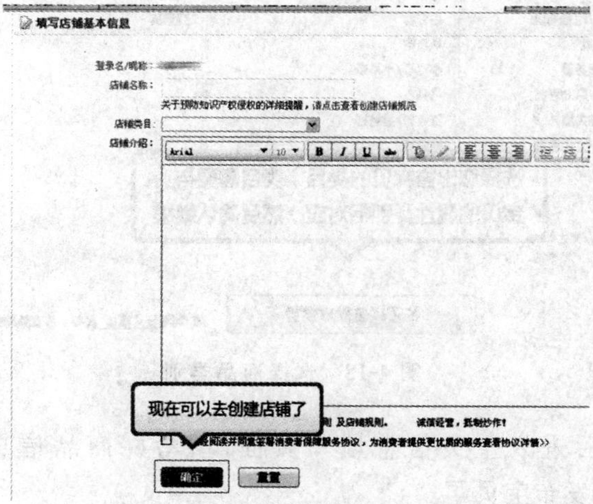

图 4-16　创建店铺

4. 宝贝(商品)发布

店铺创建成功后就可以发布宝贝了,登录淘宝,点击上方“我的淘宝”,然后点击“我要卖”(图 4-17),然后点击“一口价发布”,选择商品所属类别(图 4-18)等相关的详细商品信息后,即可发布产品。淘宝网提供的另一种上传产品方式就是使用淘宝助理。淘宝助理是一款功能强大的客户端工具软件,您可以使用它编辑宝贝信息,快捷批量上传宝贝,并提供了方便的管理页面。

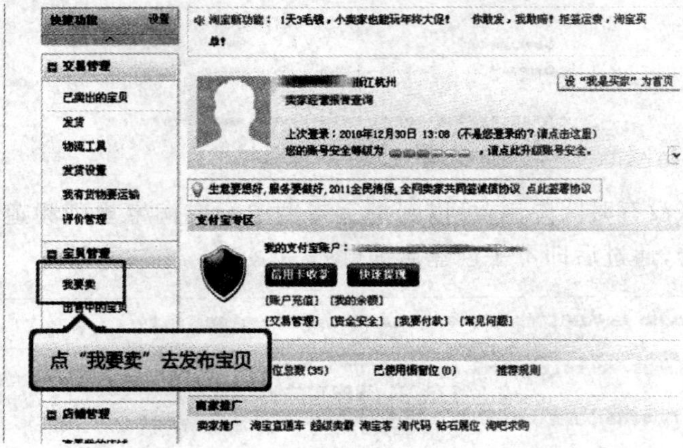

图 4-17 发布宝贝

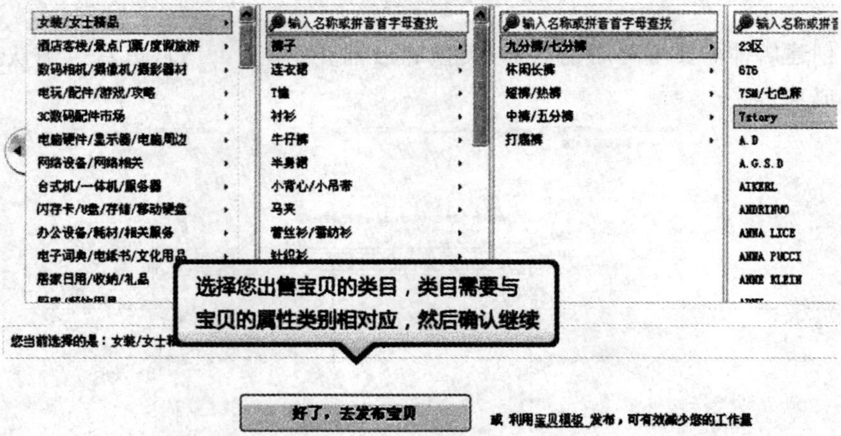

图 4-18 选择商品类别

选择好类别后进入宝贝信息填写页面,填写好商品信息、上传商品图片(图 4-19),就可以发布宝贝了。

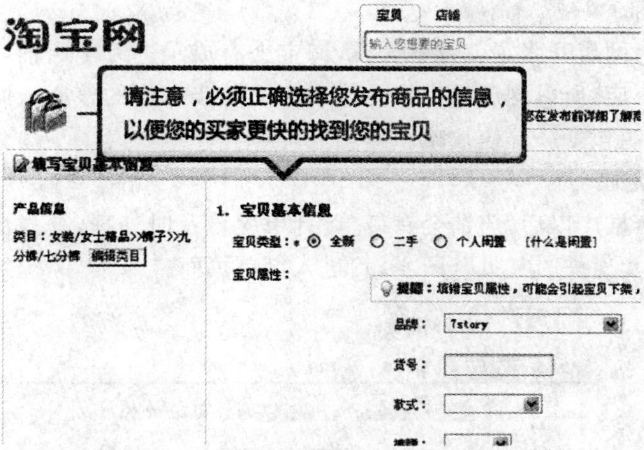

图 4-19　产品发布

小提示　免费开店发布商品应不少于 10 件。

5. 下载和使用淘宝旺旺

旺旺是一个类似于 QQ 的在线聊天工具，90％的顾客都会通过旺旺联系你，所以一定要保持旺旺随时在线。

小提示　淘宝诚信防骗

在开店之前各位新会员看下淘宝社区里“诚信防骗居”里的网络防骗知识，如图 4-20 所示。

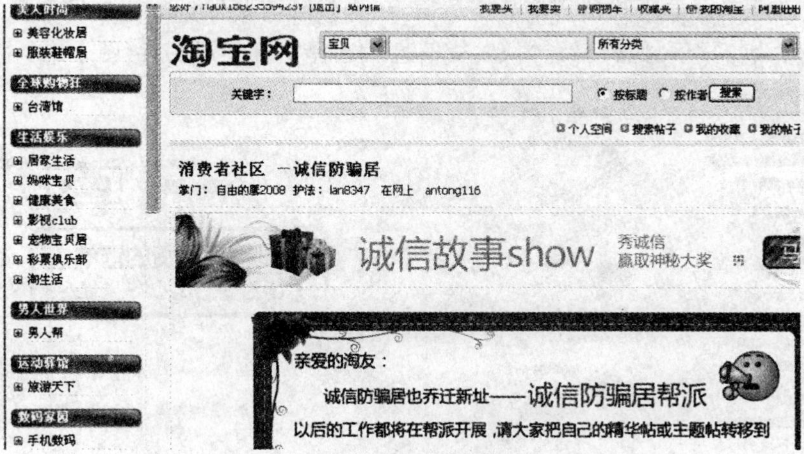

图 4-20　淘宝消费者社区—诚信防骗居

6. 网店推广

不要以为网店开张了就万事大吉，淘宝上有成千上万个店铺，不做推广，没人会知道你的小店，所以网店推广将是你小店下一步工作的核心。网店推广的方式很多，参见资源包——开店攻略。

7. 订单处理

经过网店推广以后，店铺会有订单，订单应该及时处理，登入淘宝在交易管理模块选择“已卖出去的宝贝”(图 4-21)进入订单页面。

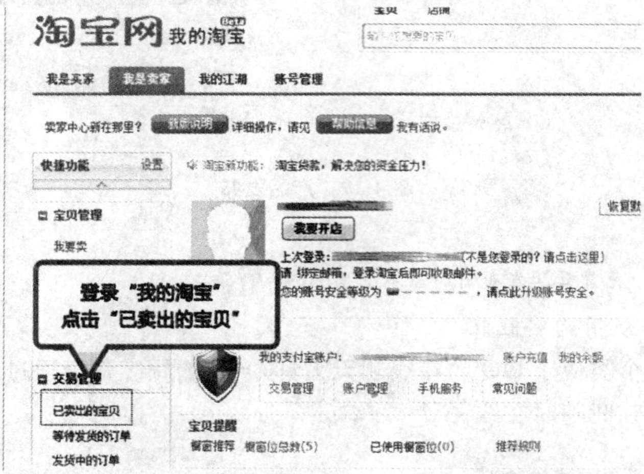

图 4-21 订单处理

进入订单页面后找到订单核实后确定，再找到需要发货的订单后选择发货(图 4-22)，确认收货信息、交易详情、发货信息后选择物流公司发货(图 4-23)。

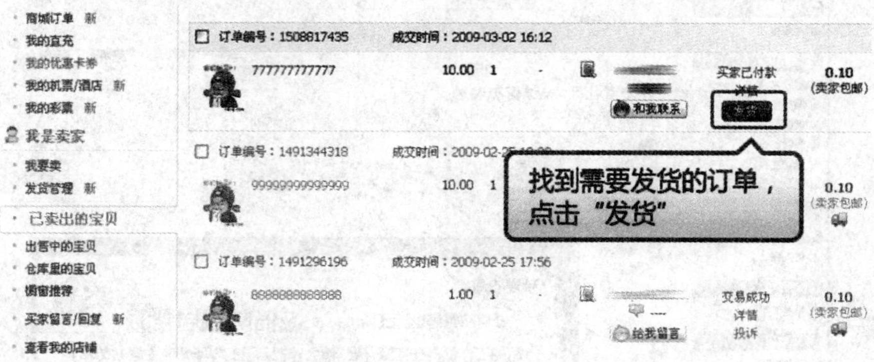

图 4-22 确认发货

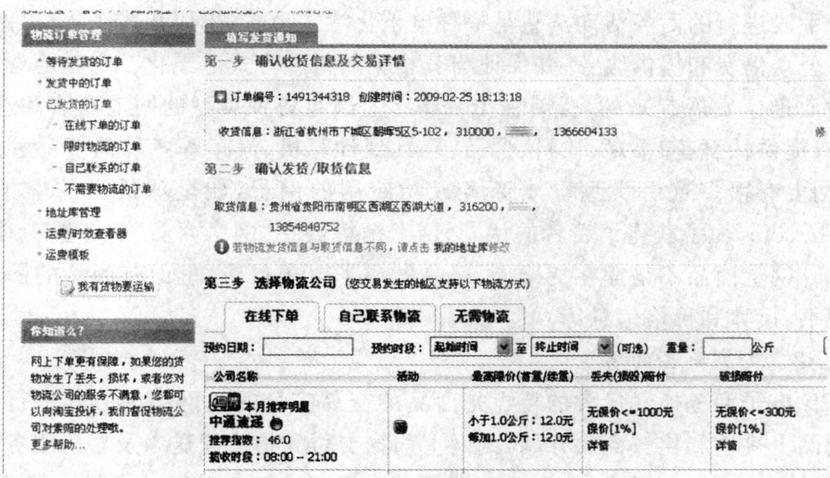

图 4-23　发货

学习任务 4-2　　B2C 交易处理

情景导入：小米和同学开的淘宝店经营过程中，小米发现淘宝店网址很难记，店铺的设置也有局限性，店铺没有自己的会员群，信息的发布量也有限。小米自从体验购物后，喜欢上了网购，在网购过程中她发现有一些独立的商城网站很不错。小米在网上商城买了一件商品，她觉得这种模式与淘宝网不同，她的淘宝店是在淘宝网这一平台上建立的，相当于在大集市租赁一个柜台卖产品，而像凡客诚品等网上商城则相当于自己独立开了一家商场。自主经营，更灵活。当然前期成本较高，但是发展空间相对大。小米已经学会了在淘宝网上开店，那么在网上建一个独立商城和淘宝网免费开店一样吗？怎么才能开一家网上商城？小米已经被这些精美的网上商城所吸引。她发誓自己一定要弄个明白。自己的淘宝店经营好了，有了资金，注册一个企业，自己也做个独立网上商城或入驻淘宝商城。或者直接把自己淘宝店的商品移植到商城上来卖。同学们如果你也有梦想就一起来学习吧。

理论学习

一、B2C 简介

B2C(Business to Customer)电子商务是指企业与消费者之间以 Internet 为主

要服务手段进行的商务活动。它是一种电子化零售模式，采用在线销售，以网络手段实现公众消费和提供服务，并保证与其相关的付款方式电子化。它是随着 www 的出现而迅速发展起来的，目前在 Internet 上遍布各种类型的网上商店和虚拟商业中心，提供从鲜花、书籍、饮料、食品、玩具到计算机、汽车等各种消费品和服务。www 网上有很多这一类型电子商务成功应用的例子，如全球最大的虚拟书店 Amazon. com，为了获得消费者的认同，网上销售商在“网络商店”的布置上往往煞费苦心。网上商品不是摆在货架上，而是做成了电子目录，里面有商品的图片、详细说明书、尺寸和价格信息等。

1. B2C 交易商品的特点

B2C 电子商务模式最大的特点是商品的交易完全通过网络的方式进行，从消费者到网上挑选和比较商品开始，到网上购物支付和物流配送以及售后服务，是一条龙通过网络为媒介完成的，企业和消费者之间不进行面对面的交易。因此，B2C 模式交易的商品有如下特点：

(1)适合在网上销售，这是 B2C 电子商务模式对产品的特殊要求。只有能通过电子传输的产品和服务，如电影、Flash、电子杂志等，才适合在网上销售，当然也不绝对，这样的产品被当作 B2C 电子商务最好的目标产品。在网上实施全天候服务，实时交易，商品传递速度快。

(2)商品的搜索成本低，因为适合做电子商务的商品大多是书、音乐和光盘等。

(3)具有标准化、不易变质、适合传递等特征，如小型数码产品适合做电子商务，这是因为在网上销售的商品受限较多，如没有库存，不能完全真实地感受信息及物流配送的特点等，一般要求网上商品要具有标准化、不易变质、适合传递等特征。

小资料 **适合在线营销的产品**

根据中国互联网信息中心(CNNIC)发布的中国互联网络发展状况统计报告，网上用户通过互联网购买过的产品或服务如表 4-1 所示。

表 4-1 网上用户通过互联网购买的产品或服务统计

图书、报纸、杂志及其他纸质出版物	47.2%
音像制品(包括 CD、DVD 等)	34.4%
电脑、电脑配件(如内存、硬盘)及电脑周边设备(如打印机、扫描仪等)	29.7%
服装	21.9%
手机	18.2%

续表 4-1

生活、家居用品及服务	17.8%
MP3 播放机	17.6%
网络游戏用品(含游戏卡、虚拟道具等)	17.4%
化妆用品	15.6%
电脑软件	15.3%
数码相机	11.2%
IP 电话卡、手机充值卡及其他点卡	10.6%
付费订阅与付费会员服务	10.1%
其他数码电子产品	9.4%
体育用品	8.4%
旅行票务与旅店预订服务	7.4%
教育学习服务(付费注册网上学校、培训班等)	7.0%
鲜花、蛋糕及其他礼品服务	5.7%
办公用品	5.4%
家电产品	5.1%
医药、医疗保健用品及服务	4.0%
食品	2.4%
理财、保险类产品及服务	2.2%
其他	3.4%

2. B2C 网站系统构成

具备在线交易功能的电子商务系统和普通企业网站相比,要复杂得多,通常包括前台系统和后台系统两个部分。前台系统就是直接面向客户的网站,用于发布商务信息、接受客户需求,其主要功能模块有用户注册、商品目录、商品信息发布、商品信息查询、组合检索、网上购物、购物车、支付处理、订单查询、售后服务等。其中,商品目录、购物车、支付处理构成了 B2C 网站的三大基本构架。

后台系统主要功能是受理客户订单,满足客户需求,其主要功能模块有用户管理、商品管理、订单管理、退换货管理、供应商管理、物流管理、网站经营管理、网站监控、消费商品统计与分析等。电子商务前台与后台是相互联系、相互支持的两个部分,企业在应用电子商务时,不仅要重视前台电子商务网站,更要重视后台系统的集成功能。

3. B2C 电子商务企业的赢利方式

(1)销售本行业产品或由主营业务衍生的产品。通过网络平台销售自己生产的产品或加盟厂商的相关产品。商品制造企业主要是通过这种模式扩大销售，从而获取更大的利润，如海尔电子商务网站；再如莎啦啦，除销售鲜花外，还销售健康美食和数字产品。

(2)会员会费。大多数电子商务企业都把收取会员费作为一项主要的盈利方式。

(3)广告费。为企业发布广告，目前广告收益也是电子商务企业的一项主要盈利来源。这种模式成功与否的关键是其网页能否吸引大量的广告，能否吸引广大消费者的注意。

(4)产品租赁。提供租赁服务，如太阳玩具开展玩具租赁业务。

(5)特许加盟。运用该模式，一方面可以迅速扩大规模，另一方面可以收取一定加盟费，如当当、莎啦啦、E康在线等。

(6)中介费用。如拍卖或作为销售平台接受客户订单，从中收取中介费用，如汉唐网为收藏者提供拍卖服务，九州通医药网为客户处理在线订单。

(7)其他服务费。为企业或客户提供信息发布、咨询等相关服务，如中华服装信息网、亚商在线、中药通网站等。

小提示　**网上购物安全忠告**

- 网上购物一般面临两方面的风险

购物网站的信用风险，即该网站是否真实经营？是否有欺骗性质？其能不能保证交货义务的履行。

购物网站的经营性风险，即该网站是真实诚信经营，但该网站经营不善，随着网络泡沫一起破灭，对购物本身并无影响，但对在其购买需保修的电器等产品的售后保修服务等，将无法进行，或其承诺的积分制、购物券等将无法实行。

- 网上购物的提醒、忠告

选择历史较长的网站购物。如经历较长一段时间仍一直健康发展下来的网站，这样的网站一般信用服务都较好。

选择访问量较高的网站购物。现有许多新网站，产品也较多，页面也较美观，看上去很像样，但一看他的访问量，就会发现，按其访问量，一天内可能都不会卖出一件商品，这样的网上商城如何正常经营呢？

在自销售式的购物网站购物。一些出租柜台式的购物网站，信用一般没问题，但其自己不销售，收取入住费、广告费，所以一般价格较高，并且服务不能整齐划一。

选择口碑好的网站购物。信用服务好的网站，一般都会在网民心中有较好口碑。如果对某家在线零售商并不了解，首先看看网站的大概情况，如果看起来不太专业，没有在显著的地方标明商品退换办法，或者没有注明销售商的地址，这些都是值得怀疑的地方。

选择可货到付款的网站购物，全国范围货到付款需要一定的实力规模，所以只有一定规模的正规网站才做得到，同时也可避免先付款的风险。在购买贵重物品的时候，最好是选择同城交易或货到付款的方式。

如果价格低得有些离谱，那八成就是假货！

不要害怕向销售公司提问题，就和在现实中的商品一样，购物者有权利知道一些具体的细节，如产品的生产日期、货物的配送方式等。

在每一次的购物之前都要进行仔细的对照和查询。应该意识到货比三家这种在传统零售业实用的策略在互联网上更加实用，利用搜索引擎可以在最短的时间之内，比较各种商品的零售价。

二、B2C 电子商务模式

可以从不同角度对 B2C 的商务模式进行分类。首先，从企业和消费者买卖关系的角度，B2C 的商务模式主要分为卖方企业——买方个人的电子商务，及买方企业——卖方个人的电子商务两种模式。其次，根据交易的客体，可把 B2C 电子商务分为无形商品和服务的电子商务模式及有形商品和服务的电子商务模式，前者可以完整地通过网络进行，而后者则不能完全在网上实现，要借助传统手段的配合才能完成。

（一）从企业和消费者买卖关系的角度分类

1. 卖方企业——买方个人的电子商务

这是商家出售商品和服务给消费者个人的电子商务模式。在这种模式中，商家首先在网站上开设网上商店，公布商品的品种、规格、价格、性能等，或者提供服务种类、价格和方式，由消费者个人选购、下订单、在线或离线付款，商家负责送货上门。这种网上购物方式可以使消费者获得更多的商品信息，虽足不出户却可货比千家，买到价格较低的商品，节省购物的时间。当然这种电子商务模式的发展需要高效率和低成本的物流体系的配合。

2. 买方企业——卖方个人的电子商务

这是企业在网上向个人求购商品或服务的一种电子商务模式。这种模式应用最多的就是企业用于网上招聘人才，在这种模式中，企业首先在网上发布需求信息，后由个人上网洽谈，这种方式为企业与个人之间建立起了联系平台，使得人力资源得以充分利用。

（二）根据交易的客体分类

1. 无形商品和服务的电子商务模式

计算机网络本身具有信息传输和信息处理功能，无形商品和服务（如电子信息、计算机软件、数字化视听娱乐产品等）一般可以通过网络直接提供给消费者。

无形商品和服务的电子商务模式主要有网上订阅模式、广告支持模式和网上赠予模式。

(1)网上订阅模式。消费者通过网络订阅企业提供的无形商品和服务,并在网上直接浏览或消费。这种模式主要被一些商业在线企业用来销售电子刊物、在线信息服务、在线娱乐游戏等。例如中国知网(www. cnki. net)、万方数据(www. wanfangdata. com. cn)大都是以专业出版的形式,以数据库方式盈利。图 4-24 为中国知网首页。

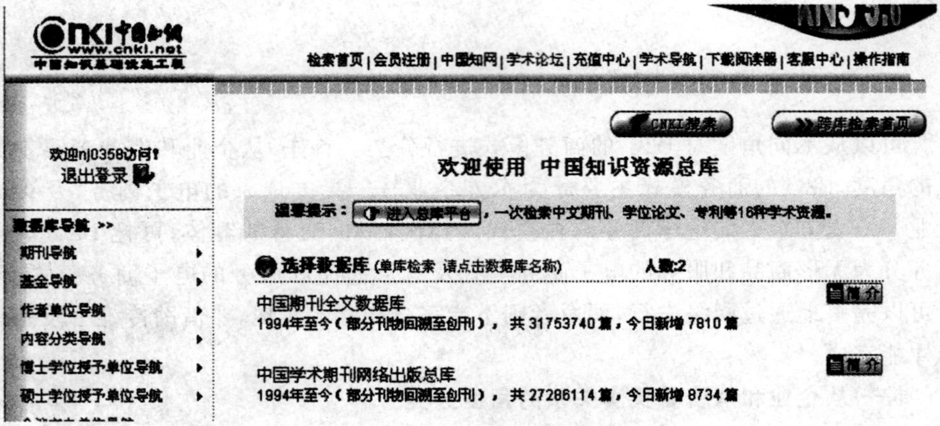

图 4-24 中国知网首页

(2)广告支持模式。在线服务商免费向消费者提供在线信息服务,其营业收入完全靠网站上的广告来获得。这种模式虽然不直接向消费者收费,但却是目前最成功的电子商务模式之一。如 Yahoo 等在线搜索服务网站,就是依靠广告收入来维持经营活动的。

(3)网上赠予模式。这种模式经常被软件公司用来赠送软件产品,以扩大其知名度和市场份额。一些软件公司将测试版软件通过 Internet 向用户免费发送,用户自行下载试用,也可以将意见或建议反馈给软件公司。用户对测试软件试用一段时间后,如果满意,则有可能购买正式版本的软件。采用这种模式,软件公司不仅可以降低成本,还可以扩大测试群体,改善测试效果,提高市场占有率。

2. 有形商品和服务的电子商务模式

有形商品是指传统的实物商品,采用这种模式,有形商品和服务的查询、订购、付款等活动在网上进行,但最终的交付不能通过网络实现,还是用传统的方法完成。这种电子商务模式也叫在线销售。

目前，企业实现在线销售主要有两种方式：一种是独立 B2C 网站模式；另一种是电子交易市场模式。

(1)独立 B2C 网站模式。独立 B2C 网站主要是由企业自行搭建的交易平台，企业拥有较强的资金和技术实力，能够自行完成电子商务平台的前台和后台系统的构建。其优势在于可以根据企业特点搭建更能满足个性化需求的网站平台，但由于缺乏规模效应，此类网站需要大力推广，否则难以吸引大量的用户访问，此类网上商店又可细分为新生网上商店、传统商店自办网上商店、进行在线直销业务的网上商店。

①新生网上商店。新生网上商店是完全的虚拟企业，无实体店，其典型代表是亚马逊(www. amazon. com)、当当网(www. dangdang. com)，图 4-25 为亚马逊网主页。新生网上商店主要经营产品包括书籍、软件、光盘、贺卡、报纸、在线服务、在线娱乐、在线出版、广告支持等。

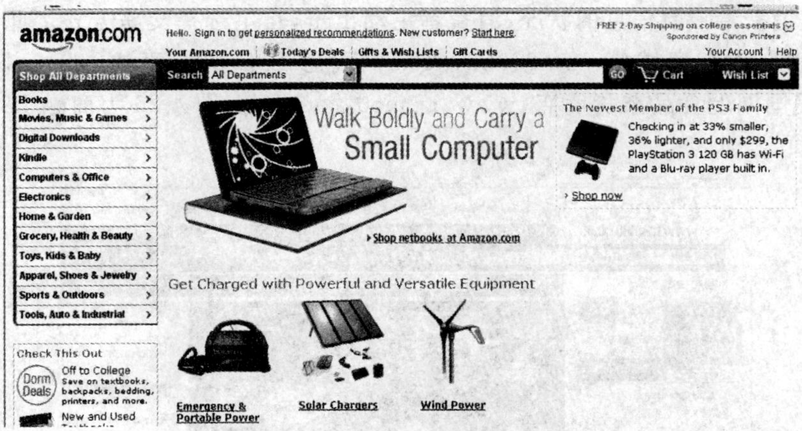

图 4-25　亚马逊网主页

②传统商店自办网上商店。互联网的迅猛发展，使得传统商店出于未来生存所迫，纷纷扩大经营范围，进行网上网下同时经营，如沃尔玛、梅林正广和等传统企业。由于网上和网下经营面临同一个消费市场，传统商店拥有实体店铺，这就可能出现网上网下销售冲突，目前多数企业采用的是互补性的经营策略。一方面，建立企业电子商务平台，树立企业形象、扩大企业产品宣传渠道，从而促进实体店销售；另一方面，采用"错位经营"的方式，使网上网下业务尽量不重合，通过网络平台提供售后服务和技术支持等。

③进行在线直销业务的网上商店。与前两者不同的是，此类网上商店是由生产制造商所开设的，实现的是最原始的直销方式，但是网络平台使传统直销模式注

人了更青春更鲜活的因素。典型的网站有 Dell、联想、海尔等，需要注意一点是，生产制造商的电子商务交易平台通常是 B2B、B2C 的混合模式，其业务既有面向终端客户的零售业务，也有面向上下游企业的电子采购、电子招投标、客户关系管理等业务。

(2)B2C 电子交易市场模式。电子交易市场，指的是在互联网的环境下利用通信技术、网络技术等手段把参与交易的买卖双方集成在一起的虚拟交易环境，可分为网上零售市场(B2C)和网上批发市场(B2B)，B2C 电子交易市场，也称为网上商厦(E-mall)。在传统交易环境中，消费者在通过零售商与企业进行交易时，二者的交易地位是不平等的，企业对产品的性能了解多、信息占有量大、可以动用的交易要素多，且能规定交易方式，而消费者只能被动接受信息，被动地选择交易方式。电子商场中，消费者可以利用搜索工具很方便地查找商品，具有更广泛的选择权，同时电子商场为消费者提供网上论坛等交流工具，以聚集同类消费者，促进相互沟通，改变消费者接收信息的状况，消费者主动出击，自主选择交易方式。此类模式典型代表有京东商城(www. 360buy. com)、商融 B2C 网上商城(www. b2c580. com)、美国网上食品杂货商店(www. peapod. com)等。图 4-26 为商融 B2C 网上商城主页。

图 4-26 商融 B2C 网上商城主页

三、B2C 电子商务交易的一般流程

B2C 电子商务的基本业务形式主要有商家进行网络商品直销和通过电子交易市场进行交易两种，其业务流程分别如下。

1. 网络商品直销的业务流程

网络商品直销是指消费者和生产者或商家，直接利用网络形式开展的买卖活动，其业务流程如图 4-27 所示。这种交易的最大特点是供需直接联系，减少中间环节，速度快，费用低，网络直销过程分为以下几个步骤：

(1)消费者注册并登录在线商店网站。

(2)消费者搜索选购商品，并下订单，通过购物对话框填写姓名、地址、商品品种、规格、数量、价格等订单信息。

(3)消费者选择支付方式，如信用卡(也可选用借记卡、电子货币或电子支票等)。

(4)在线商店的客户服务器检查支付方服务器、确认支付是否成功。

(5)确认付款成功后，通过物流中心配送发货给消费者。

(6)确认收货后，信用卡公司与厂家开户行之间完成资金转账，购物完成。

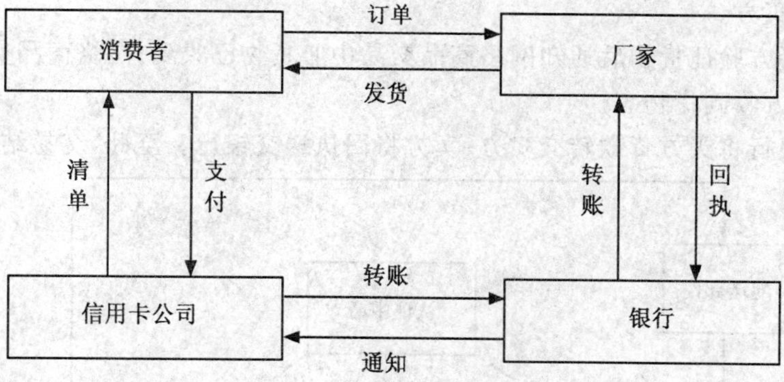

图 4-27　网络商品直销业务流程

为确保交易过程中的安全，需要权威认证机构在网络上对交易双方进行身份认证，一般由 CA 中心完成买卖双方的身份认证。

这种网络商品直销方式，有效减少了交易环节，降低了交易成本，从而降低消费者所购得的商品的最终价格，同时提高了厂家的销售利润，增强其产品在同类产品中的竞争力。当然，网络商品直销模式也有其不足之处，主要表现在产品实物与网络广告宣传的产品不符、交易安全等方面。

2. 通过电子交易市场进行的 B2C 交易的业务流程

电子交易市场，又称网络商品交易中心，以互联网为基础，利用先进的通信技术和计算机软件技术，将商品、消费者和银行紧密的联系起来，为消费者提供市场信息、商品交易、仓储配送、货款结算等服务。B2C 的电子交易市场交易，即通过电子交易市场，建立起产品生产厂商与消费者之间的购物平台，从产品的生产厂商处进货后，将产品直接销售给最终消费者。

由图 4-28 可以看出，通过网上电子交易市场所进行的交易流程如下：

(1)买卖双方将各自的供应和需求信息通过网络通知网络商品交易中心，网络商品交易中心通过信息发布服务，向参与者提供大量的、详细的交易数据和市场信息。

(2)买卖双方根据网络商品交易中心提供的信息，选择自己的贸易合作伙伴；网络商品交易中心，从中撮合促成双方交易。

(3)买方在网络商品交易中心按市场支持的支付方式办理支付手续；银行通知网络商品交易中心买方货款已到账。

(4)网络商品交易中心通知卖方将货物发送到离买方最近的配送部门；配送部门送货给买方。

(5)买方验证货物后通知网络商品交易中心货物已收到；网络商品交易中心通知银行买方收到货物。

(6)银行将买方货款转交卖方；卖方将回执送交银行。至此，交易结束。

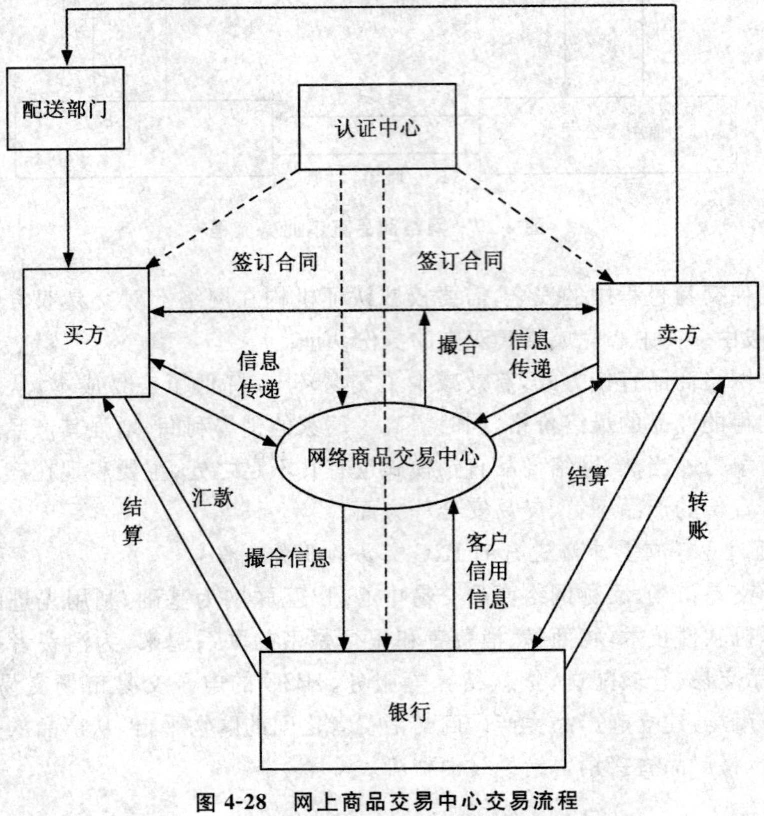

图 4-28 网上商品交易中心交易流程

实践演练

学习任务 4-2 实践任务书 1

任务目标	通过访问网上知名 B2C 商城，了解 B2C 商城网站构成，掌握网络交易流程。
环境需求	1. 互联网接入； 2. 计算机（每人 1 台）； 3. 任务考核表（教学包下载，电子方式上传）。
任务描述	任务一 1. 每名学生上网访问如下网站，并就以下问题进行讨论：①B2C 电子商务网站主要经营的商品可分为哪几类？②通过访问典型的 B2C 电子商务网站，总结 B2C 电子商务网站前台系统主要包括哪几个部分。③当前 B2C 电子商务的典型运作方式有哪些？ www. dangdang. com；www. amazon. cn；www. vancl. com；www. moonbasa. com；www. salala. com. cn；www. snda. com；www. cnki. net；www. 360buy. com；www. togj. com；www. qs30. cn；http://www. tmall. com 任务二 1. 利用百度搜索"B2C 网站排行"，对前 5 名进行研究，搜索他们的创业史及运营模式。 2. 体验 B2C 购物，针对自己需求，在知名 B2C 网站选购一件商品，体验 B2C 购物流程和服务，并对该网站做出自己的评价。
任务拓展	通过淘宝开店经营和你对网上商城的学习，总结淘宝店和独立网上商城有什么异同。

学习任务 4-2 考核单 1

姓名：　　　　　　　　　　学号：

序号	任务	分值	总结与归纳	成绩
1	B2C 网站主营商品是什么？	20 分		
2	B2C 网站前台系统主要包括哪几个部分？	20 分		
3	B2C 电子商务的典型运作模式有哪些？	20 分		
4	B2C 网站排行	20 分		
5	体验 B2C 购物	20 分		
合计				

学习任务 4-2 实践任务书 2

任务目标	通过实践使学生掌握淘宝商城和独立商城建立流程。
环境需求	1. 互联网接入； 2. 计算机(每人 1 台)； 3. B2C 商城源码； 4. 任务考核表(教学包下载，电子方式上传)。
任务描述	任务一 1. 登入淘宝商城 http://www.tmall.com，选择“新手帮助”，进入后选择“淘宝商城”，进入该模块，学习以下内容并进行归纳：①入驻标准；②入驻流程；③回到商城首页。选择“商家入驻”查看“商城介绍、淘宝商城简介、入驻商城指南”；商家入驻流程图(签约帮助示意图)、常见问题等。边学习边记录。 2. 登入几家品牌商品入驻商户店面，仔细查看，并与淘宝免费店铺比较。 任务二 资源包下载免费网上商城源码，进行安装，输入商城网址，进行商城管理模拟实训，要求自定义网站店名、风格、产品类别、产品信息。
任务拓展	淘宝商城与京东商城有区别吗?

学习任务 4-2 考核单 2

姓名：　　　　　　　　　　　　学号：

序号	任务	分值	总结与归纳	成绩
1	淘宝商城入驻资质	20 分		
2	淘宝商城入驻流程	20 分		
3	淘宝店与淘宝商城区别	20 分		
4	独立网上商城模拟体验	40 分		
合计				

注：请从资源包下载电子版填写并上传。

行动指南针

独立网上商城管理模拟

1. *模拟环境要求*

系统 winxp/win2000/以上，安装 iis，是否安装请用资源包环境检测工具检测，未安装请选择相应版本安装。

2. 工作程序

(1)资源包下载网上商城安装程序。双击 setup. exe 文件自动安装。

(2)安装完毕,到桌面找到新安装的商城快捷方式打开,进入商城首页,进行测试,包括会员注册和购物测试。

(3)IE 地址栏输入 http://本机 ip/shop/admin/ad_login. asp,进入登入界面,用户名与密码都是“admin”,进入商城后台管理页面。

①网站基本设置修改,根据自己需要修改相关信息(图 4-29)。

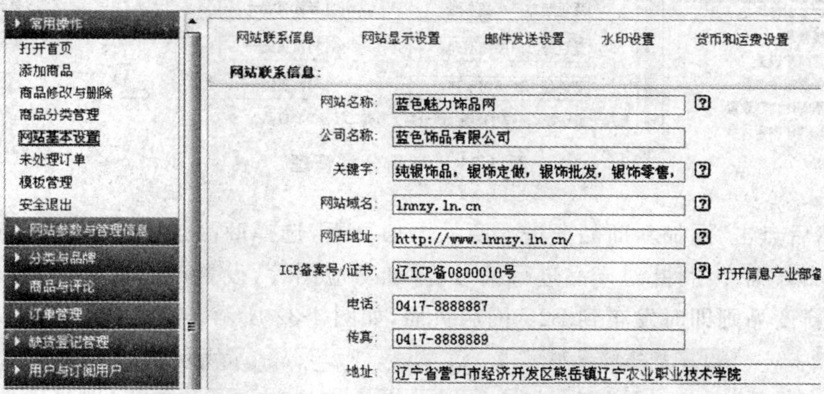

图 4-29　网站基本设置

②修改网站参数与管理信息(图 4-30)。

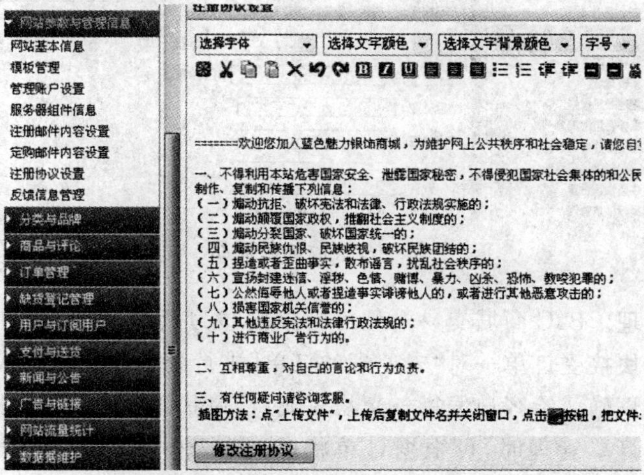

图 4-30　网站参数设置

③网站商品管理,用于发布商品到前台购物网站,并维护商品基本信息。

点击“商品分类管理”，添加或删除商品类别（图 4-31）。

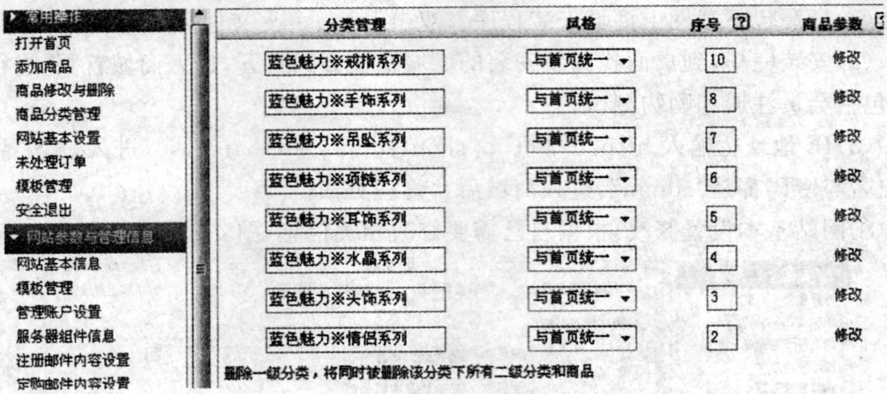

图 4-31 商品分类管理

然后点击“添加新商品”，进入商品添加页面，选择商品说书类别，输入产品名称、产品详细介绍，并对产品进行编号、添加对应图片，设置产品价格，内容填写完成后，新商品则即时发布到 B2C 网店页面，如图 4-32 所示。

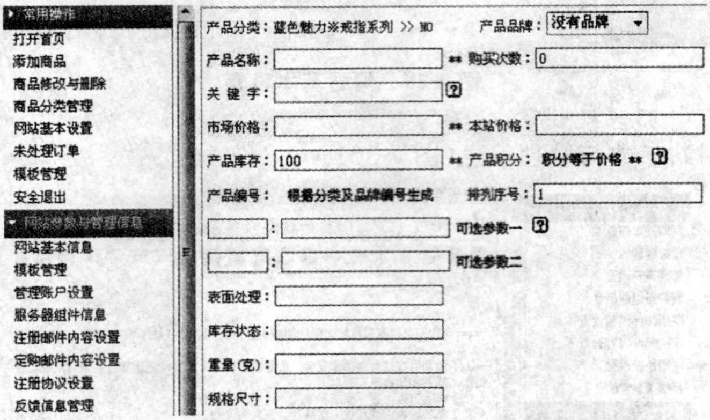

图 4-32 添加新商品

④订单管理。B2C 商城交易过程可简单描述为：客户前台购物下订单→商家在网上订单模块接受订单→对“未处理的订单”进行处理→商家确认订单→客户付款→商户经结算确认给客户发货→交易完成，订单状态变为“已处理的订单”。

商家进行订单管理时，可根据订单状态查询“未处理的订单”、“已处理的订单”、“今天的新订单”等，由此对产品的销售情况做出相应的分析或处理。图 4-33 为“未处理的订单”。

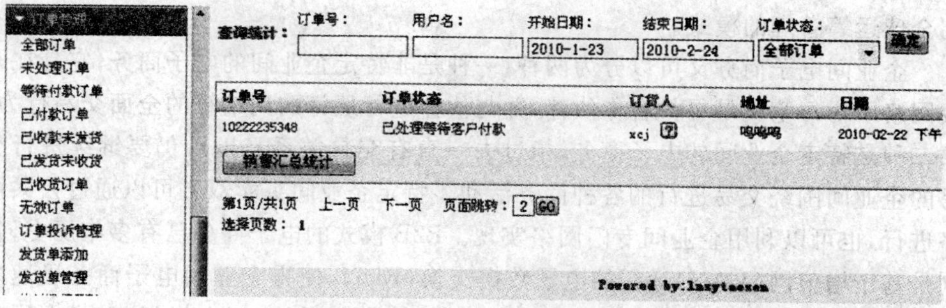

图 4-33　订单处理

⑤其他设置与管理。新闻、评论、广告等管理。

学习任务 4-3　B2B 交易处理

情景导入：小米学习了如何在网上建立商城，小米知道消费者和消费者可以在网上交易(C2C)，企业和消费者可以网上交易(B2C)，小米想：网上交易太方便了，那么企业和企业之间能不能在网上交易呢？如果能是怎么交易呢？小米和同学进入了更深入的学习。

理论学习

一、B2B 简介

B2B 电子商务是指以企业为主体，在企业之间通过专用网络或 Internet 进行的电子商务活动。它包括企业与其供应商之间的采购；物料管理人员与仓储、物流公司的业务协调；销售部门与其产品批发商、零售商之间的协调等。

企业与企业之间的电子商务是电子商务业务的主体，约占电子商务总交易量 90%。就目前来看，电子商务在供货、库存、运输、信息流通等方面大大地提高企业的效率、降低企业的运作成本、提高企业的市场竞争力，从而为企业带来更大的利益。B2B 不仅仅是建立一个网上的买卖者群体，它也为企业间的战略合作提供了基础。企业之间可以通过网络在市场、产品或经营等方面建立互补互惠的合作，形成水平或垂直形式的业务整合，以更大的规模、更强的实力、更经济的运作，真正达到全球运筹管理的模式。

企业间电子商务又可以分为两种：一种是非特定企业间的电子商务，它是在开放网络中对每笔交易寻找合作伙伴，并与伙伴进行从订购到结算的全面交易行为；第二种是特定企业间的电子商务，指过去一直有交易关系且以后仍要继续进行交易的企业间围绕交易进行的各种商务活动。特定企业间买卖双方可以通过公共网络进行，也可以利用企业间专门网络实现。B2B模式的电子商务已有多年历史，特别是基于增值网(VAN)运行的电子数据交换(EDI)，使得企业间电子商务迅速发展和扩大。公司间可以通过网络进行电子贸易、电子采购、网上招标、电子合同签订、电子资金转账(EFT)等电子化商业活动。

与传统商务相比，B2B电子商务的优势主要表现在以下几个方面：

(1)降低企业经营成本。传统的企业间的交易往往要耗费企业的大量资源和时间，无论是销售和分销还是采购都要占用产品成本。通过B2B的交易方式买卖双方能够在网上完成整个业务流程，从建立最初印象，到货比三家，再到讨价还价、签单和交货，最后到客户服务。B2B使企业之间的交易减少许多事务性的工作流程和管理费用，降低了企业经营成本。网络的便利及延伸性使企业扩大了活动范围，企业发展跨地区跨国界更方便，成本更低廉。

(2)优化库存管理。以信息技术为基础的电子商务，可以通过网络将市场需求信息即时、准确地传递给企业决策层和企业供货商，从而缩短了企业"订货—运输—付款"环节，降低库存成本，使企业库存维持在一个最适当的水平上。

(3)缩短企业生产销售周期。电子商务环境下，企业需要赢得市场，就要不断地为消费者提供更高质、高速的个性化服务，因此产品从设计、研发到生产、销售，都需要多个企业的相互协作。通过电子商务可以减少因信息交流手段落后而产生的信息滞后或差错现象，从而大大加快企业资金流和物流的流动，缩短企业的整个生产销售过程。例如，20世纪80年代初，设计制造一款新型汽车，从提出方案到批量生产，美国汽车制造公司一般需要4～6年。今天，汽车制造商通过EDI系统与其供应商交流生产计划与需求，整个生产过程仅需要8～10周，比以前的生产效率提高7～10倍。

(4)促进买卖双方信息交流。传统商务活动主要通过电话、电报或传真等工具进行信息交流，其形式单一、成本较高。而B2B电子商务通过互联网传递文本、图片、音频、视频、动画等多种形式信息，或以EDI标准报文传递订单、发票等重要商务文档信息。

二、B2B 电子商务交易平台的类型

当前，国内 B2B 电子商务交易平台主要分为三种类型：一类是企业自建的 B2B 电子商务平台；二是以阿里巴巴为代表的水平式 B2B 交易平台，或称作综合门户网站平台；三是垂直式 B2B 交易平台，或称作专业门户网站平台。按照平台的构建者来说，企业 B2B 平台的构建者是经营实体依托的企业（传统企业），而水平式和垂直式交易平台都属于纯粹的 B2B 网站，是网络企业。

1. 企业自建 B2B 电子商务交易平台

大型企业为了提高效率、减少库存、降低成本，建立企业 B2B 电子商务交易平台，以实现企业间电子商务。独立建站的典型企业有 Dell(www. dell. com)、Intel(www. intel. com)、Cisco(www. cisco. com)、联想(www. lenovo. com)、海尔(www. haier. com)等。企业 B2B 是几种 B2B 交易平台中最灵活的，企业可以根据运作流程随时改变交易平台的设计，例如 Dell 的网站就先后调整了几百次。另一方面，由于平台由企业控制，网站到 MIS 的连接不难，但由于各企业的信息系统的提供商不尽相同，跨企业的互联则存在一定的障碍，因此也对于合作伙伴间的信息系统提出了更高的要求。从企业建立网站，宣传企业形象，到将网站和内部信息系统相连，再到企业间高度互联互通，这也是企业 B2B 电子商务发展的三个阶段。

企业 B2B 平台，不仅能够宣传企业形象，同时利用现代化的信息网络，可以加大产品市场的推销力度，提高企业产品竞争力。以海尔集团为例，自 1996 年底开始建立海尔网站，经过多次改版，并不断推出新的业务，2000 年 4 月推出基于 WEB 的产品定制业务，到 2000 年 9 月底，海尔 B2C、B2B 交易总额已超过 12 亿元。图 4-34 为海尔集团首页。

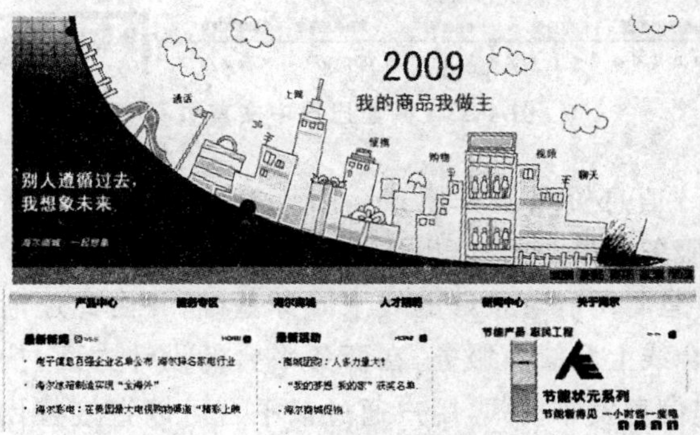

图 4-34　海尔集团首页

2. 水平式 B2B 交易平台

水平式 B2B 网站，可以将买方和卖方集中到一个市场上来进行信息交流、广告、拍卖竞标、交易、库存管理等。水平式 B2B 交易对参与企业没有特殊限制，行业范围广，也不以持续交易为前提，这种信息平台型的网站对企业的价值主要表现为：增加市场机会、比较供货渠道、促成单元合作、企业形象宣传等。此类网站的典型代表就是阿里巴巴全球贸易信息网（www. alibaba. com）、环球资源网（www. globalsources. com）和慧聪网（www. hc360. com）。

从电子商务的模式上来讲，阿里巴巴属于“交易平台服务模式”，图 4-35 为阿里巴巴中文首页。电子商务网站最基本的功能是提供商务平台，目前 B2B 电子商务从单纯的信息平台逐渐演变成真正的交易平台，平台的会员企业会被买家和卖家认为是有限交易的标准，具有 B2B 平台参与的交易过程被认为是风险降低的选择。独立网站浏览量统计机构 Alexa. com2006 年统计数字显示，阿里巴巴被列为电子商务及国际商贸领域中浏览量最高的全球性网站。每天逾 50 万人次访问阿里巴巴国际网站，其中大多数为有意在中国及其他主要生产国寻找卖家的国际买家及进口商。

图 4-35 阿里巴巴中文首页

而慧聪网属于“信息资讯服务模式”，图 4-36 为慧聪网首页。从信息资讯入手，通过信息资讯服务来聚集人气，以资讯平台来带动商务平台，这是 B2B 电子商务模式的第二类。慧聪网有着很好的线下服务基础，并由此逐渐扩展进而延伸到线上服务，然后融合线上和线下服务，在商务平台的设计方面，按照企业最为关心的要点信息组织起信息发布模式，用户通过该平台可以直接替代原有的采购数据库，极大地节省了资料搜集成本，慧聪网代表了资讯服务模式的成功。

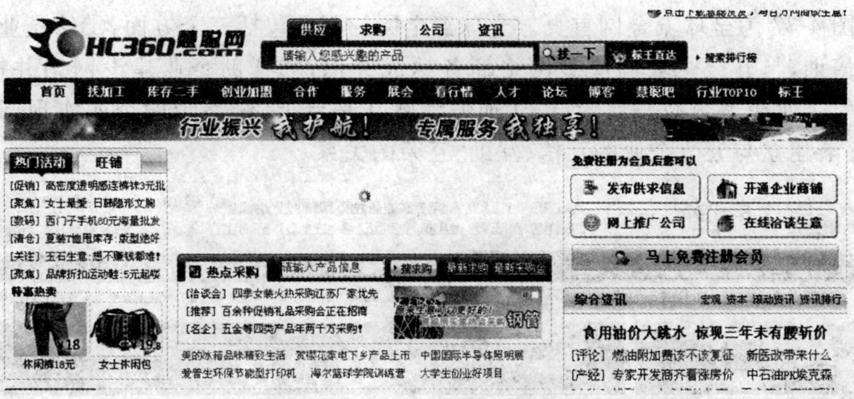

图 4-36　慧聪网首页

3. 垂直式 B2B 交易平台

相对于水平式 B2B 网站，垂直式 B2B 网站的特点是专业性强，容易吸引针对性较强的客户，并易于建立起忠实的客户群，此类网站的创办者大都是该行业的从业者，拥有丰富的行业背景资源，熟悉行业的细枝末节。垂直 B2B 电子商务又可以分为两个方向，即上游和下游。生产商可以与上游的供应商之间形成供货关系，如 Dell 电脑公司与上游芯片和主板制造商就是通过这种方式进行合作的；生产商与下游经销商之间可以形成销货关系，比如 Cisco 与其分销商之间进行的交易。

小提示　**企业内 B2B、B2C 并存**

在电子商务中，很多企业 B2B、B2C 并存，例如新浪、搜狐、网易等门户网站分别为企业或个人提供新闻、邮件、广告、短信、游戏等服务活动，门户网站通过 B2B 和 B2C 服务经营电子商务活动获得经济收入；工商银行等金融机构的在线银行通过网络为企业和个人提供金融服务，从事的是 B2B、B2C 电子商务活动；光大证券等证券机构的在线交易为企业和个人提供证券服务，从事的是 B2B、B2C 服务经营电子商务活动。

当前，国内 B2B 网站很大一部分是从事行业专业的网站，如中国钢铁网（www.yesteel.com）、中国建材网（www.bmlink.com）、中国化工网（china.chemnet.com）、全球五金网（www.wjw.cn）、中国钟表网（www.chinawatchnet.com）、中国粮油贸易网（www.cctn.net.cn）等，不同行业的 B2B 网站在功能上可能有一定的差别，但从 B2B 电子商务交易模式总体上来说，垂直式 B2B 交易平台都属于“行业专业服务模式”，提供的都是行业专业信息。例如全球五金网，它是五金类 B2B 网站的代表，专注于给五金企业提供网上咨询服务，从而带动商务平台的形成。图 4-37 为全球五金网首页。全球五金网的服务包括三个方面:①给企业中高层做培训,与五金企业高层就网络商务达成共识;②帮助企业建设网站并推广;③吸引企业成为交易平台会员,让他们活跃在平台上,最终帮助企业实现网络生存,逐渐建立与五金企业的互信、互助、互荣的关系。

图 4-37 全球五金网首页

三、B2B 电子商务的利润来源

(1)交易费用。多数拥有 B2B 电子交易市场的公司都对在其网站上达成的交易收取一定额度的交易费用,通常是交易额的百分比,无论是取自买方还是卖方,都是网站的一个主要收入来源。阿里巴巴是此类模式之代表。

(2)拍卖佣金。有买方主导、卖方主导两种形式,网站向卖方抽取提成,如国美电器采用的是买方主导,再如 paperexchange 向卖方抽取成交金额的 3%。该模式对卖方的好处在于,如果交易不成,则无须付费。

(3)软件许可费。此种赢利方式乃是大部分 B2B 平台软件商的主要利润来源。华军和 SKY 当属此类之代表。

(4)广告费。广告费目前是许多电子商务公司主要收费单元之一。电子商务公司可以对网上显示出来的一切有关商品、商家信息等进行收费,如网上拍卖市场对拍卖商品的信息展示进行收费。

(5)出售“内容”——信息费(数据库使用费)。收集整理厂商目录、客户信息、业界动态等。也是以 Alibaba 为代表,其模式是收集不同厂家的产品目录,然后添加搜索功能让买家使用更为方便。

(6)节省成本的回报。电子市场为买卖双方带来可观的成本缩减,在此模式当中，网站从商品差价中提成。好处在于将采用新交易模式的投资报酬纳入赢利渠道，如果成本不减反增，则无须付费。此种赢利方式在互联网咨询业中常见。

(7)出售网上店面。针对那些没有自建网站的企业，可以通过出售网上店面的方式使企业拥有一个在互联网上的虚拟公司，进行商品展示、供求互动等。

(8)其他服务费用。专门提供 B2B 所必需的资金流、物流或应用软件等方面的服务，分享利润。如信用卡公司提供的信用认证。如 corio 的 emarket 软件专为电子交易市场量身定做，用来集成市场的交易技能与公司的 ERP、CRM 及 SCM 等信息系统。

四、B2B 电子商务交易的一般流程

B2B 电子商务交易的一般流程如下：

第一步，商业客户向销售商订货，首先要发出“用户订单”，该订单应包括产品名称、数量等一系列有关产品问题。

第二步，销售商收到“用户订单”后，根据“用户订单”的要求向供货商查询产品情况，发出“订单查询”。

第三步，供货商在收到并审核完“订单查询”后，给销售商返回“订单查询”的回答。基本上是有无货物等情况。

第四步，销售商在确认供货商能够满足商业客户“用户订单”要求的情况下，向配送中心发出有关货物运输情况的“运输查询”。

第五步，配送中心在收到“运输查询”后，给销售商返回运输查询的回答。如有无能力完成运输，及有关运输的日期、线路、方式等要求。

第六步，在确认运输无问题后，销售商即刻给商业客户的“用户订单”一个满意的回答，同时要给配送中心发出“发货通知”，并通知配送中心运输。

第七步，配送中心接到“发货通知”后开始发货，接着商业客户向支付网关发出“付款通知”，支付网关和银行结算票据等。

第八步，支付网关向销售商发出交易成功的“转账通知”。

由于 B2B 交易一般支付金额较大，网上支付需要承担的风险也较大，另一方面，如果在签订电子合同后马上付款，就越过了验货这一环节，交易的风险也会提高，因此货到付款、验货付款已经成为多数 B2B 交易的惯例。

当然，也存在先付款后发货的情况，首先由商业客户支付货款，支付完成之后，供货商通知配送中心发货，配送中心完成捡货、分类包装、装运、发货等一系列任务。商业客户确认货物后，双方交易结束。当然，中间也可能出现配送中心货品不

足或者商业客户因货物质量问题要求退货等现象。这种情况的 B2B 交易流程可参见图 4-38。

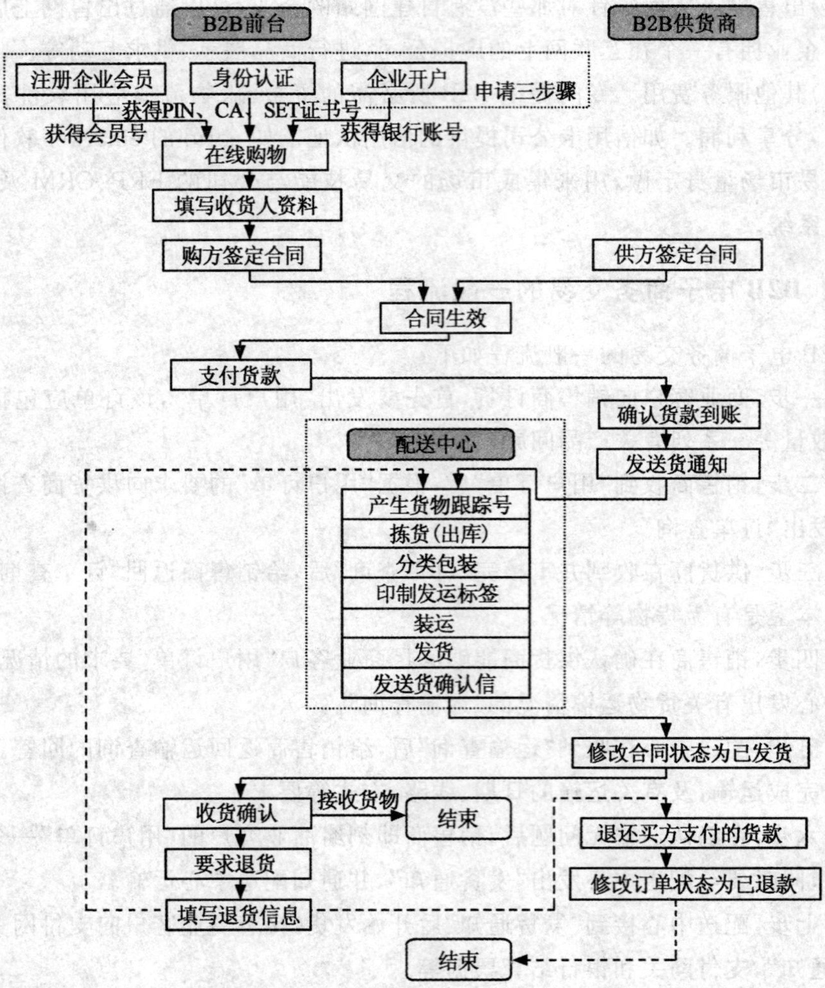

图 4-38 B2B 电子商务交易流程图

注:虚线代表实体之间无直接关系。

在有些 B2B 电子商务交易平台上,双方交易结束后,可能增加"双方互评"的功能,以促进买卖双方在电子商务交易平台上更好的合作,提高电子商务平台服务质量。

实践演练

学习任务 4-3 实践任务书 1

任务目标	通过访问典型 B2B 网站对 B2B 电子商务进一步深入了解。
环境需求	1. 互联网接入； 2. 计算机(每人 1 台)； 3. 任务考核表(教学包下载,电子方式上传)。
任务描述	1. 布置每名学生上网访问如下网站,并就以下问题进行讨论： www.dell.com www.intel.com www.cisco.com www.haier.com www.alibaba.com www.globalsources.com www.hc360.com www.yesteel.com www.wjw.cn www.chinawatchnet.com www.cctn.net.cn (1)通过访问上述电子商务网站,分析 B2B 电子商务能够为企业带来什么。 (2)总结上述 B2B 电子商务网站主要可以归为几类。
任务拓展	综合 B2B 电子商务网站说明如何盈利。

学习任务 4-3 考核单 1

姓名： 学号：

序号	任务	分值	总结与归纳	成绩
1	B2B 电子商务为企业带来什么？	30 分		
2	B2B 电子商务网站主要类型是什么？	30 分		
3	双方如何通过 B2B 平台交易？	40 分		
合计				

注：请从资源包下载电子版填写并上传。

学习任务 4-3 实践任务书 2

任务目标	通过亲自实践一下 B2B 是如何实现的，企业和企业之间在网上是如何交易的，深入了解 B2B 交易和运作。
环境需求	1. 互联网接入； 2. 计算机（每人 1 台）； 3. 任务考核表（教学包下载，电子方式上传）。
任务描述	任务一 1. 进入阿里巴巴中文网站（china.alibaba.com）注册成为阿里巴巴网站会员，体验免费发布供求信息。 2. 下载安装阿里旺旺。 任务二 资源包下载并安装仿阿里巴巴网站程序，体验阿里巴巴网站运营及企业建站流程与管理。
任务拓展	在慧聪网上注册，并进行相关操作。

学习任务 4-3 考核单 2

姓名：　　　　　　　　　　　　学号：

序号	任务	分值	总结与归纳	成绩
1	阿里巴巴注册信息	20 分		
2	阿里旺旺安装与使用	20 分		
3	仿阿里巴巴安装	60 分		
合计				

注：请从资源包下载电子版填写并上传。

行动指南针

一、B2B 电子商务网站交易管理实操（以阿里巴巴为例）

（一）会员注册程序

（1）进入 http://china.alibaba.com/主页，选择免费注册（图 4-39），注册成为阿里巴巴网站会员。

（2）进入注册页面填写信息提交完成注册（图 4-40）。

（3）发布产品供应信息（图 4-41）。

图 4-39　阿里巴巴首页

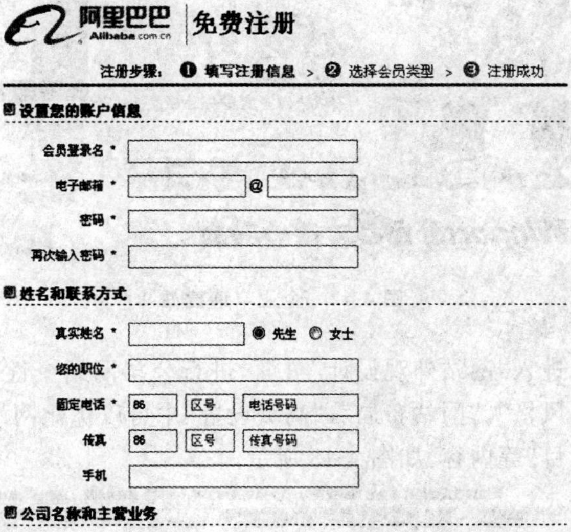

图 4-40　会员注册

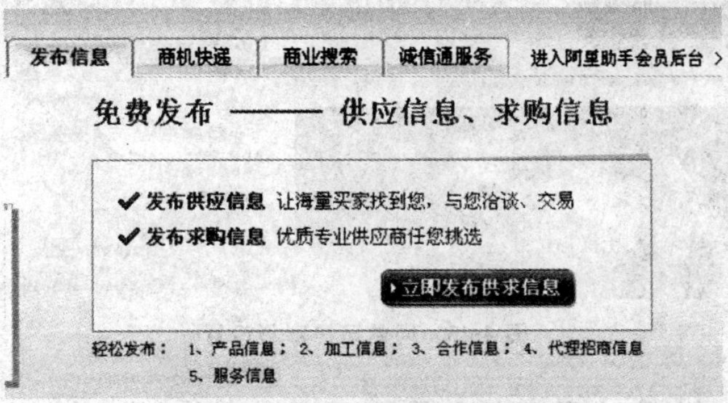

图 4-41　发布产品供应信息

(二)企业建站工作程序(由于学生没有企业,不能模拟,此为参考)

1. 企业建站初始化

登录阿里巴巴中文网主页,并点击“企业建站”,进入如图 4-42 所示页面,点击“立即申请旺铺”,为企业建站。

图 4-42 企业申请建站

申请成功后,进入“网站外观设计”页面,进行公司网站个性化风格设计,可以选择网站的“主题风格”、“网站布局”,“高级设置”中可以优化网站“形象首页”、“网站标志”、“显示栏目”等内容,如图 4-43 所示。

图 4-43 网站风格高级设置

网站风格设计完成后,点击“切换页面”,进一步完善公司网站初始化内容,包括“公司介绍”、“供应产品”、“相册”、“产品动态”、“联系方式”、“网站友情链接”等其他选项设置,也可直接进入“旺铺管理”页面(图 4-44),进行相关初始化设置。

当然，也可在网站后期运营过程中，不断修改或完善相关内容。

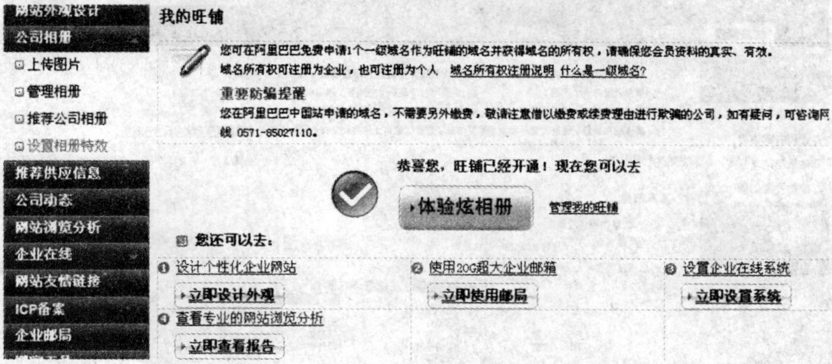

图 4-44 旺铺管理

2. 信息管理

完成初始化设置后，进入"信息管理"页面，进行供求信息的发布与管理，也可进行批量发布信息。

在"发布供求信息"页面(图 4-45)，可进行"产品信息"、"小额批发信息"、"加工信息"、"代理招商信息"、"服务信息"、"合作信息"、"招聘信息"等不同类型的信息发布。

图 4-45 选择发布供求信息类型

以"发布产品信息"为例，可设置相应的产品内容设置，包括"产品名称"、"产品所属类目"、"信息标题"、"信息有效期"以及产品属性的详细信息，如材质、规格、品种、形态、产地等(图 4-46)。

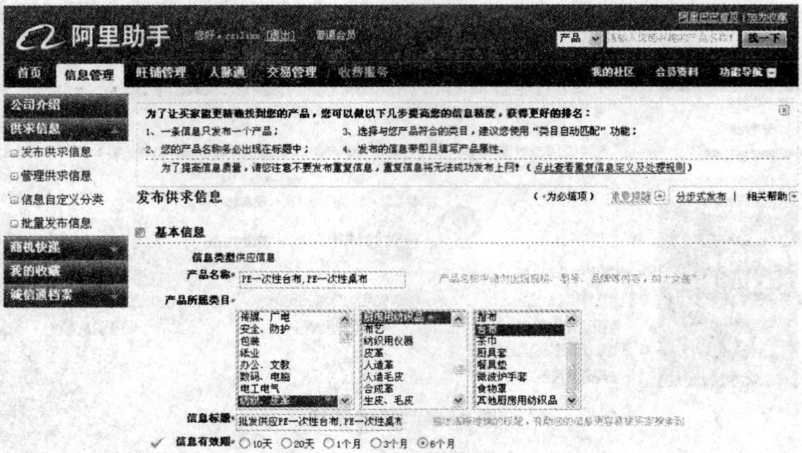

图 4-46　填写供求信息并发布

在“管理供求信息”页面，可对已发布的供求信息进行修改、完善或重发，可根据信息的类别进行筛选，查看信息发布的状态（已发布、审核中、审核未通过、已过期四种状态），同时可查看选中信息的访客记录，从而对已发布信息的浏览情况进行深入分析，进一步修改或完善。如图 4-47 所示。

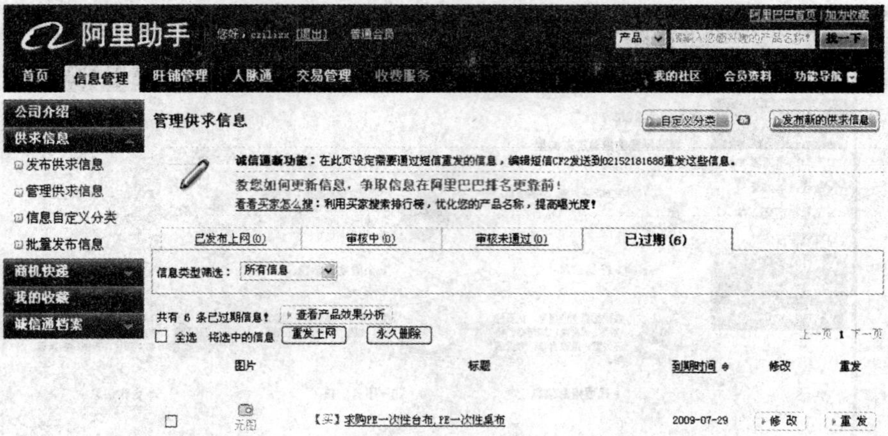

图 4-47　管理供求信息

此外，在管理信息页面，企业还可以进行“自定义分类”和“批量发布供求信息”等操作（图 4-48 和图 4-49）。

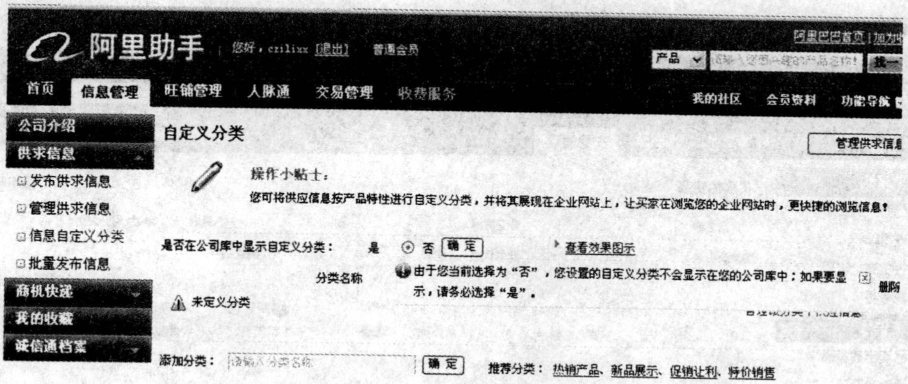

图 4-48　信息自定义分类

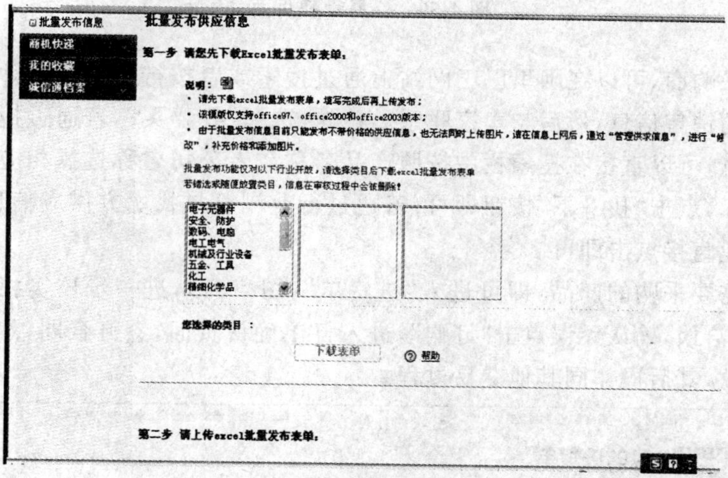

图 4-49　批量发布供求信息

小提示　“批量发布供求信息”注意事项

- 需先下载 excel 批量发布表单，填写完成后再上传发布；
- 该模版仅支持 office97、office2000 和 office2003 版本；
- 由于批量发布信息目前只能发布不带价格的供应信息，也无法同时上传图片，用户需要在信息上网后，通过“管理供求信息”进行修改、补充价格或添加图片。

除上述几项外，还可进行“订阅供求信息”、“订阅商业资讯”、“管理商业快递”、“我的收藏”等内容的管理和操作。

3. 交易管理之采购商

作为阿里巴巴的采购商，可以进入“交易管理”页面（图 4-50）进行采购管理，包括对“已买到货品”、“进货单”、“收货地址管理”、“我要买”等操作。

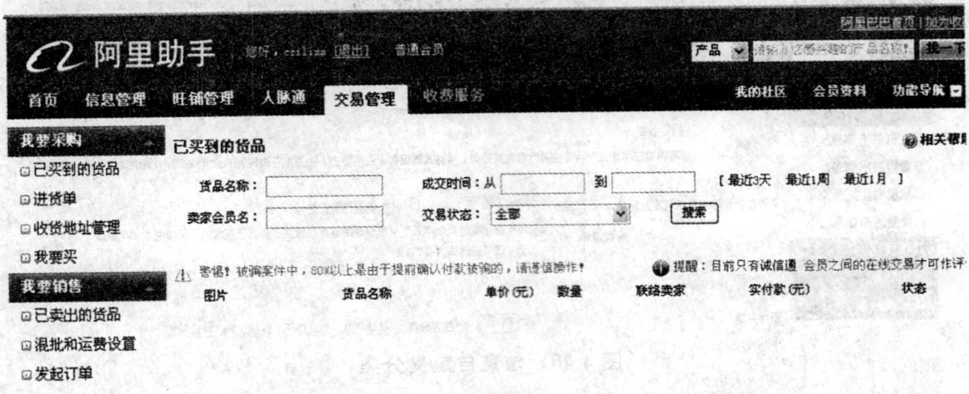

图 4-50 交易管理页面

作为采购商，可以在阿里巴巴网站上通过搜索或者按行业浏览两种方式寻找卖方发布的销售信息，然后与卖家联系。首先，选择“我要买”，若通过搜索寻找卖方供应信息，可以直接在搜索栏中按照产品名称或者公司名称选择相应的供应信息或公司库，点击“找一下”按钮即可；若通过行业浏览寻找卖方供应信息，只要选择相关行业直接点击即可。

找到需要采购的产品，即可进入“进货单”(图 4-51)，进一步核实相关订购信息，与卖方洽谈，确认无误点击“订购”，进入订单确认页面，签订合同，然后选择付款方式付款，其后操作同其他交易过程。

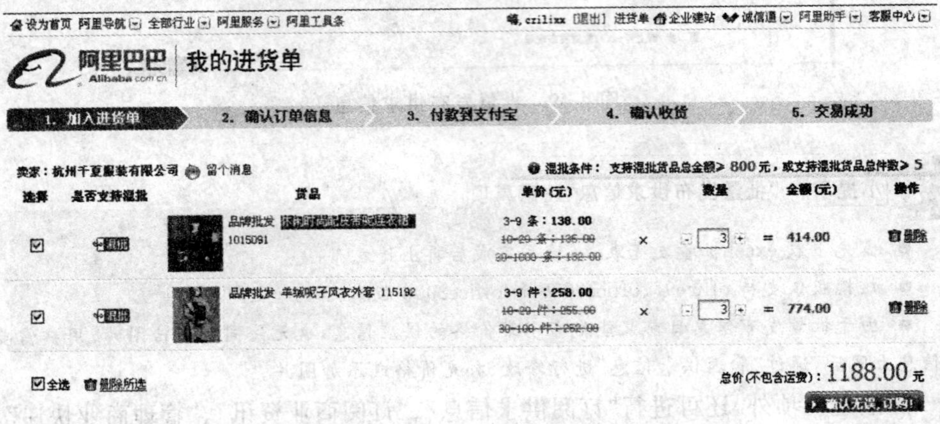

图 4-51 进货单

小提示　**B2B 的支付结算**

大额的 B2B 交易与小额的 B2C 或 C2C 交易不同，不能一味强调网上支付，有些 B2B 网站可能仅提供信息浏览、查询、认定和签约，而支付则网下进行，原因在于，网上支付需要承担较大风险，因此货到付款、验货付款成为 B2B 的一个惯例，如果网上签订合同后，马上付款交货，而越过验货这一环节，交易的风险就会增加，不验货即付款，也违反了一般的大宗交易的商务规则。

4. 交易管理之供应商

作为阿里巴巴的供应商即卖方，可以进入“交易管理”页面进行销售管理，包括对“已卖出的货品”、“混批和运费设置”、“发起订单”、“我要卖”等操作。

目前，阿里巴巴上发布的产品供求信息总量几百万条，每日更新量亦有几万条。作为销售商，可以在阿里巴巴上通过搜索或按行业浏览两种方式寻找买房发布的求购信息，找到后直接与买方联系。双方确认交易后可由买方制作“进货单”，如前述内容，也可由卖方“发起订单”(图 4-52)，然后确认买家信息，填写订单内容，双方签订合同，余下内容同“交易管理之采购商”中相关操作。

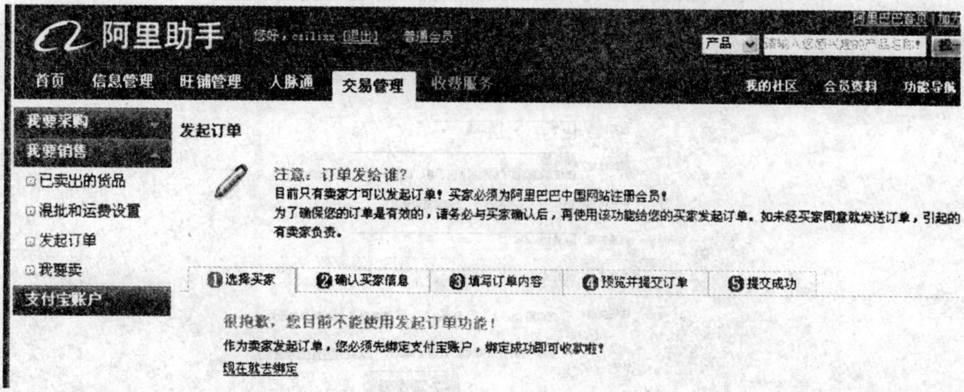

图 4-52　发起订单

或者“我要卖”，发布销售信息，将产品信息与联系方式发布在阿里巴巴网站上，等待买家搜索，类似前述的“发布产品信息”操作。

小提示　**发布销售信息要点**

- 销售主题应简洁明了，且引人注意；
- 对产品，可从产品性能、用途、包装、售后服务等方面来描述，帮助买家了解产品的详细信息；
- 所销售商品信息最好图文并茂，展示样品，并说明价格；
- 可充分利用“产品所属类目”组织产品信息。

二、B2B 网站平台模拟操作指南

1. 模拟环境要求

系统 winxp/win2000/以上，安装 iis，是否安装请用资源包环境检测工具检测，未安装请选择相应版本安装。

2. 工作程序

(1)资源包下载仿阿里巴巴 B2B 平台安装程序。双击 setup. exe 文件自动安装，注意不能修改安装路径和目录。

(2)安装完毕，到桌面找到新安装的“仿阿里巴巴网”快捷方式打开，进入首页，进行测试，首先会员注册，要求注册为企业 vip 会员，按要求填写(图 4-53)，提交后返回首页。

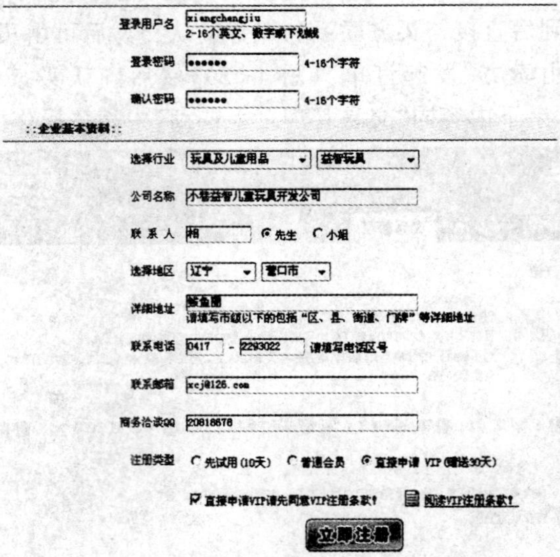

图 4-53 企业 vip 会员注册

(3)IE 地址栏输入 http://本机 ip/alibaba/admin，进入登入界面，用户名与密码都是“admin”，进入后台管理页面。选择“企业会员管理”—vip 会员“待审”，进入后(图 4-54)，选择“操作”，勾选“vip 会员”、“推荐”选项，提交(图 4-55)。

(4)返回选择会员管理下“vip 会员”，使刚才审批的 vip 会员在“管理”下为“开通”。完成 vip 会员审批与开通(图 4-56)。

(5)关闭后台管理，重新打开首页，在会员登入窗口填入刚才申请的账号与密码(图 4-57)，登入后进入“会员管理中心”进行各项信息的设置和自助建站(图 4-58)。设置完成后查看企业网站。

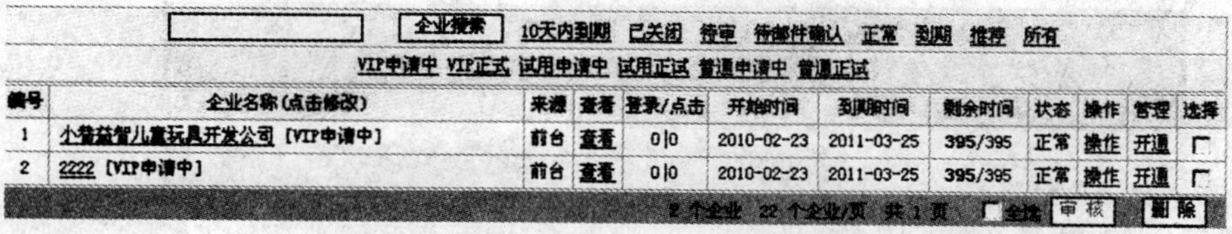

图 4-54　vip 会员待审

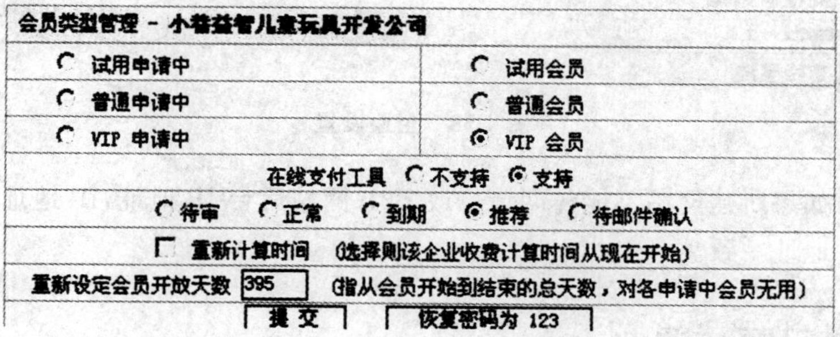

图 4-55　审批 vip 会员

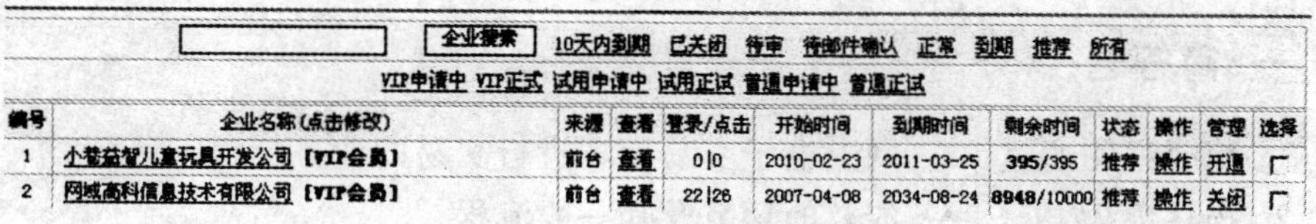

图 4-56　开通 vip 会员

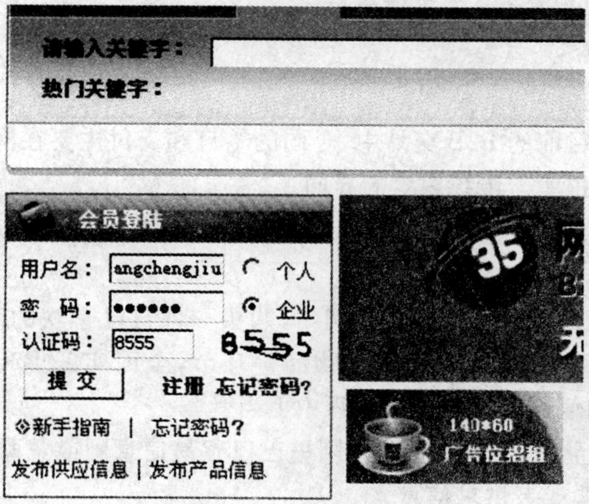

图 4-57　会员登入

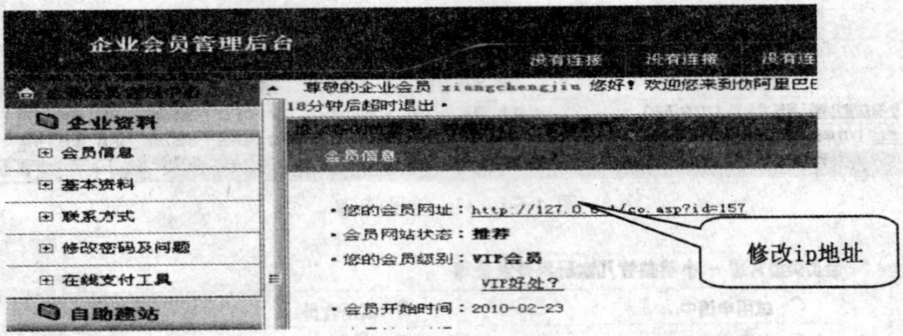

图 4-58 企业设置

注意：如果所建网站不能访问请修改 B2B 网站后台 IP 地址，IP 地址要与企业建站的 IP 地址一致。

习题与课业

一、简答题

1. 简要说明通过 B2C 网上电子交易市场进行交易的业务流程。
2. 描述 B2B 电子商务涉及的环节及其一般流程。
3. 简述无形商品和服务的电子商务模式有哪些。
4. 简述 C2C 电子商务的支付流程。

二、论述题

1. 为什么在目前的 B2B 交易中，合同的签订和支付主要在网下完成？
2. 论述网络拍卖与传统拍卖的异同。

三、拓展训练

1. 选择一个 B2C 电子商务零售网站，购买一件自己喜欢的商品，体验从网上查询信息、购物、网上支付、收到所购物品等环节，全面实践 B2C 交易的全过程。结合实践，谈谈如何避免网上购物过程中上当受骗。

2. 联系一家企业，帮助该企业在阿里巴巴贸易信息网或慧聪网等 B2B 电子商务平台上发布采购或者供求信息。

3. 联系附近商业街上卖服装或其他商品的商户，帮助其开建淘宝店。

第五单元　电子商务物流配送

单元介绍

近几年来电子商务作为一种新的商务模式给人类带来一次史无前例的产业革命，这场革命的结果是将人类真正带入信息社会。然而在电子商务的发展过程中人们发现，作为支持有形商品网上商务活动的物流不仅已成为有形商品网上商务活动的一个障碍，而且也已成为有形商品网上商务活动能否顺利进行的一个重要因素。因而物流已经成为电子商务的发展中亟待解决的问题。

本单元主要通过电子商务与物流、现代电子商务物流模式、电子商务物流解决方案三个学习任务完成，通过实例分析、课堂讨论和实践实训等形式，帮助学生由浅入深地理解并掌握电子商务物流解决方案。

引导案例

UPS——物流业的巨头

一、公司概况

UPS于1907年作为一家信使公司成立于美国，总部位于加州亚特兰大市，是全球最大的速递机构，全球最大的包裹递送公司，同时也是世界上一家主要的专业运输和物流服务提供商。2008年营业收入515亿美元，全年递送39亿件包裹与文件，遍及全球220多个国家和地区，公司网站的每天点击次数达1.45亿次，每天有1 000万次在线跟踪请求。全球有1 500个营业店，1 000个服务中心，授权服务点1.7万个，投递箱4万个。投入的各类机动运输车辆9万多辆，拥有284架运输飞机，同时还租赁了300多架运输飞机。该公司已经建立规模庞大、可信度高的全球运输基础设施，开发出全面、富有竞争力并且有担保的服务组合，并不断利用先进技术支持这些服务。UPS已经成为世界上最大的快递承运商与包裹递送公司。

二、公司的主要业务

1. 运输服务

UPS可提供满足各种需要的运输服务。递送范围覆盖全球220多个国家和地区，其服务承诺是：按照您要求的地点、需要的方式和希望的时间，帮助您获得您的货件。服务类别有特快加急服务、全球特快服务、全球速快服务和全球快捷服务。

2. UPS Trade Ability

Trade Ability通过一套建立在信息基础之上的服务，使客户能够以更加符合规定、及时高效的方式有效管理跨国货运。具体服务有查找协调关税代码，估算国际货件的到岸成本(包括适用的关税、手续费、税款和运费)，搜索受限贸易方，确认进口货件是否符合特定国家或地区的贸易管制、规程、关税、法律及行政管理规定等。

3. UPS World Ease

UPS World Ease是一种全球集中式清关服务，它可使客户将目的地为一个国家或地区的多个货件分组为一个货件。这就可以使用一个进口商记录进行集中式海关清关。

4. 供应链解决方案

(1)同步货物、资金与信息的流动。

(2)运输和货运。无论空运、海运还是陆运，UPS均能管理每条主要贸易线的运输和货运服务。

(3)设计和规划。从重新设计配送中心到提供客户支持与呼叫中心，可为客户定制SCM解决方案。

(4)物流与配送。可以按客户要求的时间将物品配送到指定位置。

(5)售后支持。UPS还能够提供灵活的现场支持服务、退货与维修管理以及全球备件物流，帮助客户降低售后服务成本。

5. 可见服务

使用“UPS追踪”，客户可在任何时间查寻物品的最新状态。最多可一次追踪25件物品，既可通过电子邮件追踪、在线追踪、无线WAP追踪、无线SMS追踪，客户还可利用Quantum View接收正在收发包裹的最新信息，使客户能够完全看到所有运输活动。

6. 在线“邮寄”

用户注册、登录UPS网站可自主完成包裹托运。

(摘自互联网)

思考：

1. 访问UPS中国(http://www.ups.com.cn/content/cn/zh/index.jsx)，简述UPS的业务，它对我国发展物流业有什么启发？从中体会电子商务与物流有什么关系？

2. 访问UPS中国，描述UPS包裹跟踪流程。它提供了哪些跟踪策略？

3. 你个人认为中国最大的第三方物流公司是谁？它的竞争优势有哪些？还存在哪些问题？是否适合我国电子商务的发展？你认为制约我国物流业发展的主要障碍有哪些？

学习任务5-1 电子商务与物流

情景导入：小米和同学们开的网店有了订单，对方询问什么时候能到货，小米和同学们很高兴有了生意，可是他们遇到困难了，怎么发货啊，小米以前从未接触过物流行业，以前只是邮寄过包裹，小米想要做好电子商务，物流配送很关键，对此小米和同学们对物流行业展开了研究与学习。

理论学习

电子商务与现代物流业是一种互为条件、互为动力、相互制约的关系。关系处理得当，采取的措施得力，二者可以相互促进，共同加快发展；反之也可能互相牵制。

一、现代物流是电子商务发展的必备条件

1. 现代物流技术为电子商务快速推广创造条件

电子商务是各参与方之间以电子方式完成的业务交易。通常，每笔成功的电子商务交易都会涉及四方面：商品所有权的转移、货币的支付、有关信息的获取与应用、商品本身的转交，即商流、资金流、信息流、物流。其中商流是本质，物流是基础，信息是桥梁，资金是目的。每天在全球范围内发生着数以百万计的商业交易，每一笔商业交易的背后都伴随着物流和信息流，贸易伙伴需要这些信息以便对产品进行发送、跟踪、分拣、接收、存储、提货以及包装等。在信息化高度发展的电子商务时代，物流与信息流的相互配合变得越来越重要，在供应链管理中必然要用到越来越多的现代物流技术。

物流技术是指与物流要素活动有关的所有专业技术的总称，包括各种操作方法、管理技能等，如流通加工技术、物品包装技术、物品标识技术、物品实时跟踪技术等。物流技术还包括物流规划、物流评价、物流设计、物流策略等。当计算机网络技术的应用普及后，物流技术中综合了许多现代技术，如 GIS（地理信息系统）、GPS（全球卫星定位）、EDI（电子数据交换）、BAR CODE（条码）等。物流业在采用某些现代信息技术方面的成功经验和规范集成，为电子商务的推广普及铺平了道路。

由于电子商务的发展还处于成长期，人们对电子商务中物流的作用还有待进一步认识，但可以基本明确物流对电子商务可以起到如下作用：

（1）集成电子商务中的商流、信息流与资金流，提高电子商务的效率与效益；

（2）扩大电子商务的市场范围；

（3）协调企业电子商务发展目标，优化资源组合，实现基于电子商务的供应链集成；

（4）支持电子商务的快速发展，使电子商务成为 21 世纪最具竞争力的商务形式。

2. 物流配送体系是电子商务的支持系统

现代物流配送可以为电子商务用户提供多方面的服务，根据电子商务的特点，

对整个物流配送体系实行统一的信息化管理，按照用户网上输入的订货要求，物流配送企业在物流基地进行理货、配货作业，并根据计算机选择的最优送货路线将配好的货物送交收货人。先进的配送方式对物流企业提高服务质量、降低物流成本、优化社会库存配置，从而提高企业的经济效益及社会效益具有重要意义。现代配送作为物流的一种有效的组织方式，代表了现代市场营销的发展方向，是传统物流方式的革命。

3. 物流配送系统提高了社会经济运行效率

物流配送企业采用网络化的计算机技术和现代化的硬件设备、软件系统及先进的管理手段，严格按用户的订货要求进行分类、编配、整理、分工、配货等一系列理货工作，定时、定点、定量地交给各类用户，满足其对商品的需求。物流配送以一种全新的面貌，成为流通领域革新的先锋，代表了现代市场营销的主方向。新型物流配送比传统物流方式更容易实现信息化、自动化、现代化、社会化、智能化、简单化，使货畅其流，物尽其用，既减少生产企业库存，加速资金周转，提高物流效率，降低物流成本，又刺激了社会需求，促进经济的健康发展。

二、电子商务为物流企业提高效率和效益提供了技术条件和市场环境

电子商务的兴起，为物流产业带来了更为广阔的增值空间，网络技术为物流企业建立高效、节省的物流信息网提供了最佳手段。当然，目前物流业因不能适应电子商务快速发展而暴露出种种不尽如人意之处，但这恰恰是现代物流服务产业无限商机的源泉。物流产业在电子商务时代将获得前所未有的发展机会，前景十分乐观。电子商务对配送需求的多样性与分散性，为物流企业整合系统内资源提供了内在动力与外在需求，同时为物流功能集成化、物流服务系列化和增值化提供了运作空间。

1. 电子商务为物流功能集成创造了有利条件

电子商务的发展必将加剧物流业的竞争，竞争的主要方面不是硬件而是软件，是高新技术支持下的服务。电子商务可以表现为很多技术的应用，但只有通过技术和业务的相互促进，才能实现形式与内容的统一。电子商务公司希望物流企业提供的配送不仅仅是送货，而是最终成为电子商务公司的客户服务商，协助电子商务公司完成售后服务，提供更多增值服务内容，如跟踪产品订单、提供销售统计、代买卖双方结算货款、进行市场调查与预测，提供采购信息及咨询服务等系列化服务，增加电子商务公司的核心服务价值。

2. 电子商务为物流企业实现网络化与规模化经营创造了有利条件

电子商务为物流企业实施网络化与规模化经营搭建了理想的业务平台，便于物流企业建立自己的营销网、信息网、配送网。当然网络化经营的运作方式不一定

全部要由物流企业自己来完成，第三方物流企业更多的应是集成商，通过对现有资源的整合来完善自己的网络，实现物流功能的集成化。现在越来越多的企业认识到物流是获得竞争优势的重要手段，把“价值链”的概念引入物流管理，形成了“供应链”的概念，把物流称为一体化供应链，物流系统的竞争优势主要取决于它的一体化即功能整合与集成的程度。

3. 电子商务促进物流基础设施的改善和物流管理水平的提高

(1)电子商务促进物流基础设施的改善。电子商务高效率和全球性的特点，要求物流也必须达到这一目标。而物流要达到这一目标，良好的交通运输网络、通信网络等基础设施则是最基本的保证。

(2)电子商务促进物流技术进步。物流技术主要包括物流硬技术和软技术，物流硬技术是指在组织物流过程中所需的各种材料、机械和设施等；物流软技术是指组织高效率的物流所需的计划、管理、评价等方面的技术和管理方法。从物流环节来考察，物流技术包括运输技术、保管技术、装卸技术、包装技术等。物流技术水平的高低是决定物流效率高低的基本因素，要建立一个适应电子商务运作的物流系统，提高物流的软硬件技术水平是必不可少的。

(3)电子商务的虚拟技术为提高物流经营管理水平提供了工具。物流管理水平的高低直接决定和影响着物流效率的高低，也影响着电子商务高效率优势的实现。只有提高物流的管理水平，建立科学合理的管理制度，将科学的管理手段和方法应用于物流管理当中，才能确保物流的畅通进行，实现物流的合理化和高效化，促进电子商务的发展。

4. 电子商务影响和改变着物流运作形态

(1)电子商务可使物流企业实现网络实时控制。传统的物流活动在其运作过程中，不管其是以生产为中心，还是以成本或利润为中心，其实质都是以商流为中心，从属于商流活动，因而物流的运动方式是紧紧伴随着商流来运动。而在电子商务下，物流的运作是以信息为中心的，信息不仅决定了物流的运动方向，而且也决定着物流的运作方式。在实际运作过程中，通过网络上的信息传递，可以有效地实现对物流的实时控制，实现物流的合理化。

网络对物流的实时控制是以整体化物流为基础的。在传统的物流活动中，虽然也有依靠计算机对物流实时控制，但这种控制都是以单个的运作方式来进行的。比如，在实施计算机管理的物流中心或仓储企业中，所实施的计算机管理信息系统，大都是以企业自身为中心来管理物流的。而在电子商务时代，网络全球化的特点可使物流在全球范围内实现整体的、系统的实时控制。

(2)电子商务改变着物流企业对物流的组织和管理。在传统经济条件下，物流往往是从某一企业出发来进行组织和管理的，而电子商务则要求物流从社会的角度来实行系统的组织和管理，以打破传统物流分散的状态。这就要求企业在组织物流的过程中，不仅要考虑本企业的物流组织和管理，也要考虑全社会的整体系统。

(3)电子商务改变着物流企业的竞争状态。在传统经济活动中，物流企业之间存在激烈的竞争，这种竞争往往是依靠本企业提供优质服务、降低物流费用等方面来进行的。在电子商务时代，这些竞争内容虽然依然存在，但重要性却降低了，原因在于电子商务需要全球性、综合性的物流系统来保证商品实体的合理流动。对于单个企业来说，即使它的规模再大，也难以达到这一要求。这使得企业之间出现了竞争与合作的双重需要，要求物流企业形成一种协同竞争的状态，以实现物流高效化、合理化、系统化。

由于竞争方式的变化，电子商务环境对物流人才也提出了更高要求。电子商务不仅要求物流管理人员具有较高的物流管理水平，而且要具有较充分的电子商务知识，并能在实际的运作过程中将二者有机地结合在一起。

5. 电子商务环境要求物流企业创新客户服务模式

电子商务的即时性要求物流企业创新其客户响应模式，建立良好的信息处理系统和传输系统，构建供应链系统的信息平台。当经济的原动力已从实物的传递转向大规模的信息电子化传递时，提供专业化的物流服务不但要求物流硬件网络的建设，同时要求信息网络的建设和物流管理水平不断升级，因此要注重积极开发物流信息技术，增加企业管理中的信息科技含量，建立物流管理信息系统。在大型的国际配送公司里，都建立有ECR(effective customer response，有效客户反应)系统，以便对客户要求在第一时间作出反应。随着互联网的普及，市场竞争的优势不再取决于企业拥有的物质资源的多少，而在于它能调动、协调，以及最终能整合多少社会资源来增加自己的市场竞争力。因此，企业的竞争将是以物流系统为依托的信息联盟或知识联盟的竞争。在电子商务条件下，速度已上升为物流企业最主要的竞争手段。所以在物流体系内采用电子数据交换(EDI)技术成为重要趋势，EDI实际上是在供应链的基础上发展增值网(VAN)。通过管理交易、翻译通信标准和减少通信连接数目来使供应链增值，从而在物流联盟企业之间建立稳定的信息沟通渠道。

知识链接 **什么是有效客户反应?**

有效客户反应(Efficient Customer Response，ECR)，以满足顾客要求和最大限度降低物流过程费用为原则，能及时做出准确反应，使提供的物品供应或服务流程最佳化的一种供应链管理战略。

6. 电子商务推动着物流社会化

信息技术和电子商务的发展，推动着传统物流向现代社会化物流的方向发展。Internet 在这一转变过程中起了关键作用，Internet 在物流领域的应用使物流效率极大的提高，加快了对客户需求的反应速度，削弱了行业和地区界限，减少物流环节，简化了物流过程，提高了客户服务水平，合理降低了实物库存水平，并且不降低供货服务水平。

7. 电子商务推动着物流国际化

电子商务代表未来国际贸易的发展方向，电子商务具有跨时空的特点，任何一个企业和商家都可以利用全球资源，开拓国际市场，参与全球竞争，在这个过程中，作为实现电子商务的重要环节之一的物流，也必须能适应全球竞争，物流业的国际化是不可逆转的历史潮流。

三、电子商务对物流配送的要求

(1)提高信息化程度。物流配送信息化表现为：物流信息收集的数据库化和代码化、物流信息处理的电子化和计算机化、信息传递的标准化和实时化、物流信息存储的数字化等。因此，条码技术、数据库技术、电子订货系统、电子数据交换、射频技术、管理信息系统、企业资源计划等先进的管理策略，应在我国的物流配送企业大力推广运用。信息化是一切现代技术和管理手段的基础，只有实现物流配送信息化，才能承担起电子商务时代赋予物流配送业的历史任务。

(2)完善物流管理系统功能，提高售后服务质量。针对网上购物出现的送货时间过长以及迟迟没有货源的现象，作为电子商务公司为了能更好地服务于顾客，应加强顾客和供货商之间信息的交流与反馈。这样既可以给用户节约订单处理费用，又可以节约用户的时间，逐渐提高人们对网上购物的信任感，使得电子商务良性稳步发展。

(3)降低配送服务价格。我国发展电子商务实现大规模的网上购物一直困难重重，物流配送费用偏高，特别是零售型的网上交易，为每个客户实现送货上门是高成本的，必须努力降低成本，解决电子商务公司与物流配送企业之间在配送服务价格方面的矛盾。

(4)完善法律政策。针对电子商务物流配送出现的种种问题，政府有关部门应该积极研究电子商务的特点，迅速制定有针对性地法律、法规和政策，以规范电子商务活动，增加企业和广大消费者对电子商务的信任感。

(5)积极发展第三方物流企业。“第三方物流”一般在物流管理经验、人才、技术、理念等方面都具有一定的优势，对电子商务交易中供求双方的所有物流活动进行全权代理，同时第三方物流资金雄厚，可以充分利用现代物流技术，具有建立在现代信息网络技术基础上的物流管理软件，保证客户在任何时间、任何地点查看货物及提供配套的服务，参与电子商务交易的双方可以把物流委托给专业物流企业，专心于电子市场的开拓和商务效率的提高。

(6)建立全国物流公共信息平台，发展第四方物流。第四方物流能提供综合的供应链解决方案，以整合社会物流资源，提高我国物流产业的综合协同能力。

四、我国物流的发展现状

相对于发达国家的物流产业而言，中国的物流产业尚处于起步发展阶段，其发展的主要特点是：

(1)物流基础设施和装备发展初具规模。经过多年发展，目前我国已经在交通运输、仓储设施、信息通讯、货物包装与搬运等物流基础设施和装备方面取得了长足的发展，为物流产业的发展奠定了必要的物质基础。

(2)企业物流仍然是全社会物流活动的重点，专业化物流服务需求快速增长。近年来，随着买方市场的形成，企业对物流领域中存在的“第三利润源泉”开始有了比较深刻的认识，“优化企业内部物流管理，降低物流成本”成为目前多数国内企业最为强烈的愿望和要求。与此同时，专业化的物流服务需求已经出现且发展势头极为迅速。其一是跨国公司在中国从事生产经营活动、销售分拨活动以及采购活动过程中，对高效率、专业化物流服务的巨大需求，这是带动我国物流产业发展的一个十分重要的市场基础。其二是国内优势企业对专业化物流服务的需求。目前，我国一批颇具竞争实力的优势企业如海尔集团、青岛啤酒、上海宝钢等，在市场扩张的过程中，在不断优化企业内部物流系统的基础上，已开始尝试和利用专业化物流服务。其三是在一些新兴的经济领域中如私营企业、快递服务行业及电子商务领域等，也产生和存在着一定规模的物流服务需求。

(3)专业化物流企业开始涌现，多样化物流服务有一定程度的发展。近年来，我国经济中出现的许多物流企业，主要由三部分构成：一是国际物流企业，如联邦快递公司(Fedex)、马士基船运公司(Maersk/A. P. Moeller Maersk Sealand)、联合包裹(UPS)等；二是由传统运输、储运及批发贸易企业转变形成的物流企业，如中外运所属天津空运公司等；三是新兴的专业化物流企业，如广州的宝供物流公司、北京华运通物流公司等。在物流企业不断涌现并快速发展的同时，多样化的物流服务形式也有了一定程度的发展。一方面是围绕货运代理、商业配送、多式联运、社会化储运服务、流通加工等物流职能和环节的专业化物流服务发展比较迅速；另一方面系统化物流服务或全程物流服务正在起步。

小资料　**世界物流企业100强排行榜名单**

1. USPS 美国邮政服务公司 USA Mail, express
2. DPWN (DHL)德国邮政-敦豪丹莎海空 Germany Mail, express, logistics, finance
3. UPS 联合包裹服务 USA Express, logistics
4. Maersk 马士基 Denmark Shipping, freight forwarding, logistics
5. FedEx 联邦快递 USA Express
6. La Poste 法国邮政 France Mail, Express
7. Cosco 中国远洋 China Shipping
8. Japan Post 日本邮政 Japan Mail
9. Nippon Express 日通 Japan Freight forwarding, logistics
10. Royal Mail 英国皇家邮政 UK Mail, Express

其余名单请到伊梅名录资源查询。

（资料来源：伊梅名录资源 http://www.emagecompany.com）

(4)物流产业发展正在引起各级政府的高度重视。目前，深圳、北京、天津、上海、广州、山东等地的政府极为重视本地区物流产业的发展，并开始着手研究和制定地区物流发展的规划和有关促进政策。其中，北京市就物流产业发展所需要的物流设施系统进行了比较全面的研究和规划，要建设三大物流园区及17个物流专业配送区，2010年建成为亚太地区重要的物流枢纽城市；深圳市已把现代物流产业与高新技术、金融并列为新世纪经济发展三大支柱产业，并初步制定了物流产业发展的政策。中央政府有关部门如国家经贸委、国家计委、交通部、商务部等，也从不同角度关注着我国物流产业的发展，并积极地研究促进物流产业发展的有关政策。

(5)为电子商务提供服务的物流企业有了发展。电子商务是指通过计算机和计算机网络来完成商品交易等一系列商业活动的一种商品流通方式。随着计算机网络的普及，电子商务将会迅速发展，这必将需要完美的物流配送系统为之服务。为了适应这一要求，目前，我国已经出现了为电子商务服务的以高科技信息技术为基础的第三方物流企业，它们充分利用互联网、无线通信、条形码等现代信息技术，以代理的形式对物流系统实行统一管理，建立了全国性的、快速的、以信息技术为基础的、专门服务于电子商务的物流服务系统，如上海正广和网上购物有限公司建成的85818物流配送体系。

(6)物流研究和技术开发工作取得了一定进展。随着我国物流的发展，从20世纪90年代以来，我国物流理论界不仅将国外先进的物流理论和经验，进行了大量介绍，同时借鉴国外物流理论研究成果，结合我国的实际，在物流系统建设、物流规划方法、物流企业的发展战略方面都取得了丰硕的成果，对我国物流发展起到了有益的作用。与此同时我国物流技术研究也取得了长足进步。

实践演练

学习任务 5-1 实践任务书

任务目标	通过几个案例的学习，对物流行业发展进行讨论，进一步了解电子商务对物流的需求。
环境需求	1. 互联网接入； 2. 计算机(每人 1 台)； 3. 全班 5～8 人一组，分成若干小组； 4. 任务考核表(教学包下载，电子方式上传)。
任务描述	任务一 每名学生到资源包下载如下 4 个案例进行学习 1. 戴尔直销体系电子商务物流系统研究案例 2. 物流成就“亚马逊神话” 3. 成功地利用业务电子化盈利的物流配送公司 4. 物流自控的高手——海尔 任务二 小组内就如下问题进行讨论，各组把讨论结果填入任务单上交，粘贴在展示板上，教师针对各组意见进行总结。 (1)你认为电子商务与物流是什么关系？ (2)目前的电子商务发展需要什么样的物流？
任务拓展	设计你们小组淘宝网店物流配送方案。

学习任务 5-1 考核单

小组名称：

<table>
<tr><td colspan="5">组长：
组员：</td></tr>
<tr><td>序号</td><td>任务</td><td>分值</td><td>总结与归纳</td><td>成绩</td></tr>
<tr><td>1</td><td>电子商务与物流关系</td><td>50 分</td><td></td><td></td></tr>
<tr><td>2</td><td>电子商务对物流配送的要求</td><td>50 分</td><td></td><td></td></tr>
<tr><td colspan="4">合计</td><td></td></tr>
</table>

注：请从资源包下载电子版填写并上传。

学习任务 5-2　现代电子商务物流模式

情景导入：小米通过学习知道物流对于电子商务的发展至关重要，那么什么是物流呢？它都有哪些类型呢？对于电子商务而言目前有哪些物流模式？对此小米和同学们展开学习。

理论学习

一、物流的含义

物流源于美国。美国的早期物流含义，是实物配送（Physical Distribution，PD）。一战期间，英国有位勋爵成立“即时送货股份有限公司”。二战期间，美国军事需要，首先采用了 Logistics Management（后勤管理）这一概念，对军火的运输、补给、调配等进行全面管理，对战争胜利起了保障作用。其中所提出的“后勤”是指战时的物资生产、采购、运输、配给等活动。后来“后勤”在商业活动中得到了广泛应用，包含了生产过程和流通过程的物流，形成了范围更广泛的概念。这里所说的后勤供销服务是一种以“供应链理论”、“虚拟工厂理论”等为背景的新型物流服务模式，是供销环节与运输环节有机结合的产物和物流理论的新的升华。现在欧美国家更多地把物流称作 Logistics 而不是 Physical Distribution。20 世纪 50 年代日本派团考察美国的物流技术，引进了“物流”的概念，日本的物流概念是直接从英文的 Physical Distribution 翻译过去的，到了 70 年代日本已成为世界上物流最发达的国家之一。80 年代初，我国从日本直接引入“物流”概念至今。

物流的定义有很多，目前在国内、国际普遍采用的有以下几种：

（1）我国国家标准《物流术语》（GB/T 18354—2001）中对现代物流的定义为：物品从供应地向接收地的实体流动过程，根据实际需要，将运输、储存、装卸、搬运、包装、流通加工、配送、信息处理等基本功能实施有机结合。

（2）美国物流管理协会的定义：物流是供应链流程的一部分。物流是为满足消费者需求而进行的对货物、服务及相关信息从起始地到消费地的有效率与效益的流动与储存的计划、实施与控制的过程。

（3）联合国物流委员会对物流作了新的界定：物流是为了满足消费者需要而进行的从起点到终点的原材料、中间过程库存、最终产品和相关信息有效流动和储存的计划、实现和控制管理的过程。

从物流的定义可知，物流过程一方面包含了运输、存货、管理、仓储、包装、物料搬运及其他相关活动，另一方面包含效率与效益两方面，其最终目的是满足客户的需求与企业营利目标。

知识链接 **物流的7R原则**

物流的7R原则，把物流定义成保证恰当的商品，以恰当的数量和恰当的质量，在恰当的地点、恰当的时间，以恰当的价格(成本)送到顾客手中，给顾客留下优良的印象。

恰当的数量(Right Quantity)

恰当的时间(Right Time)

恰当的商品(Right Commodity)

恰当的质量(Right Quality)

恰当的地点(Right Place)

恰当的价格(Right Price)

优良的印象(Right Impression)

二、物流的功能

物流的功能是物流系统所具有的基本能力，这些基本能力有效地结合就能合理地实现物流的总目标。其功能是通过信息、运输、仓储等的协调以及材料搬运、包装、流通加工、配送等活动来实现的。

(1)运输。运输的任务是对物品进行较长距离的空间移动。运输的主要方式有火车运输、汽车运输、船舶运输、航空运输和管道运输。运输应选择经济、便捷的运输方式和运输路线，已达到安全、迅速、及时和经济的管理要求。

(2)储存。储存功能包括堆存、保管、保养、维护等活动。物流系统需要仓储设备保证市场分销活动，同时要以始终与最低的总成本相一致的最低限度的存货来实现所期望的顾客服务。

(3)包装。包装是在商品输送和保管过程中，为保证商品的价值和形态而从事的流通活动。包括产品的出厂包装、生产过程中制品和半成品的包装以及在物流过程中换装、分装和再包装等活动。从机能上来看，包装可以分为保持商品的品质而进行的工业包装；为使商品顺利抵达消费者手中，提高商品价值，传递信息等以促进销售为目的进行的商业包装等两类。

(4)装卸。装卸包括对运输、储存、包装、流通加工等物流活动进行的衔接的活动，以及在储存等活动中为进行检验、维护和保养所进行的装卸活动。安全、方便的装卸活动，可以加快商品在物流过程中的流通速度。

(5)流通加工。流通加工是在物流过程中进行的辅助加工活动。它既存在于社会流通过程中,也存在于企业内部的流通过程中,用来弥补生产过程中加工的不足。如今流通加工作为提高商品附加价值、促进商品差别化的重要手段,其重要性越来越强。

(6)配送。配送是物流进入最后阶段,以配货、送货形式最终完成物流的活动。配送是一种短距离、少量的输送,在电子商务物流中的作用非常突出,它已不是简单的送货,而是集经营、服务、社会集中库存于一身的重要物流环节。

(7)信息处理。信息包括进行与上述各项活动有关的各项活动的计划、预测以及对物流动态信息及其有关的费用、生产、市场信息的收集、加工、整理和提炼等活动。不准确的信息会削弱物流工作,信息质量和及时性是物流工作的关键因素。

除了传统的物流功能外,现代物流还具有增值性的服务功能。增值性的物流服务包括以下几种:①增加便利性的服务;②加快反应速度的服务;③降低成本的服务;④延伸服务。

在以上物流功能中,前 7 项功能需要经验和实力,后 4 项增值功能则需要智慧和远见。

三、物流的分类

1. 按照物流业务活动的范围分类

社会物流:企业外部物流的总称。包括企业向社会的分销物流、购进物流、回收物流、废弃物物流等,也称为大物流或宏观物流。

行业物流:在一个行业内部发生的物流活动被称为行业物流。在一般情况下,同一个行业的各个企业往往在经营上是竞争对手,但为了共同的利益,在物流领域中却又常常互相协作,共同促进行业物流系统的合理化。

企业物流:企业内部的物品实体流动。企业内部物流主要是企业内部的生产经营工作和生活中所发生的加工、检验、搬运、储存、包装、装卸、配送等物流活动。

2. 按照物流的作用分类

供应物流(Supply Logistics):为生产企业提供原材料、零部件或其他物品时,物品在提供者与需求者之间的实体流动。包括原材料等一切生产资料的采购、进货、运输、仓储、库存管理和用料管理。

生产物流(Production Logistics):生产过程中,原材料、在制品、半成品、产成品等在企业内部的实体流动。包括生产计划与控制、厂内运输(搬运)、在制品仓储与管理等活动。

销售物流(Distribution Logistics):生产企业、流通企业出售商品时,物品在提供方与需求方之间的实体流动。包括产成品的库存管理、仓储发货运输、订货处理与顾客服务等活动。

回收物流(Returned Logistics):包括不合格物品的返修、退货以及周转使用的包装容器从需求方返回到供给方所形成的物品实体流动。

废弃物物流(Waste Material Logistics):将经济活动中失去原有使用价值的物品,根据实际需要进行收集、分类、包装、搬运、储存,并分送到专门处理场所时所形成的物品实体流动。

3. 按照物流活动的空间分类

地区物流:是指在某一区域内发生的物流活动,物流活动的空间范围局限在一定地区内。对地区的划分,可以按不同的目的进行,比如按涉及行政区域划分;按一定的经济圈划分。对地区物流的研究应根据所在地区的特点,从本地区的利益出发组织好相应的物流活动,并充分考虑到利弊两方面的问题,要与地区和城市的建设规划相统一和妥善安排。

国内物流:是指在一个国家内发生的物流活动,物流活动的空间范围局限在一个国家内。

国际物流:是不同国家之间的物流,是随着世界各国之间进行国际贸易而发生的商品实体从一个国家流转到另一个国家的物流活动。

4. 按物流的内容分类

一般物流:是指物流活动的共同点和一般性,物流活动的一个重要特点是涉及全社会的广泛性,因此物流系统的建立及物流活动的开展必须有普遍的适用性。

特殊物流:是指在遵循一般物流规律基础上,带有制约因素的特殊应用领域、特殊管理方式、特殊劳动对象、特殊机械装备特点的物流。

四、物流的作用

(1)保证生产的顺利进行。生产的顺利进行需要各类物流支持。生产的全过程从原材料的采购开始,便要求有相应的供应物流活动,使所采购的材料到位;在生产的各工艺流程之间,需要原材料、半成品的物流过程,即生产物流,以实现生产的流动性;部分余料、可重复利用的物资的回收,就需要回收物流;废弃物的处理需要废弃物物流。可见,物流贯穿整个生产的全过程,生产过程实际上就是系列化的物流活动。合理化、现代化的物流,通过降低成本、优化库存结构、减少资金占用、缩短生产周期,保障现代化生产的高效进行。

(2)满足居民的生活消费需求。物流是指物品从供应地向接收地的实体流动过程。通过物流商品很快就可以从生产企业到达消费者手中，满足居民日常生活消费。例如在北京可以买到世界各国的新鲜水果，全国各地的水果也长年不断。

(3)调节产需，平衡供求。物流主要是通过仓储和运输来调节产需，平衡供求的。例如南方产的香蕉全国各大城市一年四季都能买到；新疆的哈密瓜、宁夏的白兰瓜、东北大米等都不分季节地供应市场。

(4)促进竞争。在新经济时代，企业之间的竞争越来越激烈。在同样的经济环境下，制造企业比如家电生产企业，相互之间的竞争主要表现在价格、质量、功能、款式、售后服务的竞争上，而在工业科技如此进步的今天，质量、功能、款式及售后服务，各企业的水平已经没有太大的差别，唯一可比的地方往往是价格，降价是近几年家电行业企业之间主要的竞争手段。而降价竞争的后盾是企业总成本的降低。当功能、质量、款式和售后服务等成本趋于相同时，企业开始认识到可以通过物流来控制企业的总成本。搞好物流可以实现零库存、零距离和零流动资金占用，是提高为用户服务、构筑企业供应链、增加企业核心竞争力的重要途径。在经济全球化、信息全球化和资本全球化的21世纪，企业只有建立现代物流结构，才能在激烈的竞争中求得生存和发展。

(5)价值增值。关于物流可以使商品价值增值，主要表现在流通加工方面，如木材、钢板的切割，产品的装配、包装、贴商标等，从职能上看，这些活动都属于生产系统，但现在已经转为流通过程中，这些产品的价值经流通加工后会在原来的基础上有了增加值。

五、电子商务物流

目前国际上对电子商务物流并没有明确的定义，我们在此阐述的电子商务物流指的是服务于电子商务活动的物流。在本质上，它从属于现代物流，是现代物流的重要组成部分。与其他物流不同的是，他更强调物流的电子化、第三方物流、第四方物流以及物流配送。

(一)第三方物流

第三方物流(Third Party Logistics，TPL/3PL)是指由物流劳务的供方、需方之外的第三方去完成物流服务的物流运作模式。所谓的第一方的物流是指销售方的物流，第二方的物流是指采购方的物流，那么第三方的物流就是针对第一方和第二方而言的，是指物流交易双方的部分或全部物流功能的外部服务提供者。它本身不拥有商品，而是通过签订合作协定或结成合作联盟，在特定的时间段内按照特定的价格向客户提供个性化的物流代理服务，具体内容包括商品运输、储存配送以及附加的增值服务等。

小资料 **我国第三方物流企业基本形式**

一是传统运输与仓储企业转型的物流企业,如中远物流、中铁物流等;

二是中外合资与外商独资物流企业,如佐川急便、联邦快递、DHL等;

三是民营物流企业,如北京宅急送、顺丰物流、申通物流等;

四是制造企业建立的物流公司,如海尔物流、安得物流等。

国内十大快递公司名单

1. 上海申通快递 http://www.sto.cn
2. 深圳顺丰速运 http://www.sf-express.com
3. 上海圆通速递 http://www.yto.net.cn
4. 上海天天快递 http://www.ttkdex.com
5. 上海韵达快运 http://www.yundaex.com
6. 上海宅急送快递 http://www.zjs.com.cn
7. 上海中通速递 http://www.zto.cn
8. 上海EMS邮政特快 http://www.ems.com.cn
9. 上海希伊艾斯快递 http://www.zoc.net.cn
10. 上海汇通快递 http://www.htky365.com

(二)第四方物流

第四方物流(Fourth Party Logistics,4PL)的概念是由美国安盛咨询公司率先提出的,将其定义为"一个调配和管理组织自身的及具有互补性的服务提供商的资源、能力与技术,来提供全面的供应链解决方案的供应链集成商"。它实际上是一种虚拟物流,是依靠业内最优秀的第三方物流供应商、技术供应商、管理咨询顾问和其他增值服务商,整合社会资源,通过整个供应链的影响力,为用户提供独特的供应链解决方案,为顾客带来更大的价值。

同第三方物流相比,第四方物流服务的内容更多,覆盖的地区更广,对从事货运物流服务的公司要求更高,要求它们必须开拓新的服务领域,提供更多的增值服务,即迅速、高效、低成本和人性化服务等。例如UPS、Fedex等全球知名物流公司都开始利用自己的物流优势为企业提供供应链管理解决方案。

(三)绿色物流

随着环境资源恶化程度的加深,对人类生存和发展的威胁越来越大,因此人们对环境的利用和环境的保护越来越重视,现代物流的发展必须优先考虑环境问题。从一定的程度上来说,我国的物流发展也是以环境为代价的,短期的环境牺牲为经济发展带来了些许的好处,但毕竟不是长久之计。实施绿色物流越来越成为一种必要的选择。

绿色物流(Environmental Logistics)是指在物流过程中抑制物流对环境造成危害的同时,实现对物流环境的净化,使物流资源得到最充分利用。这就需要从环境角度对物流体系进行改进，即需要形成一个环境共生型的物流管理系统。这种物流管理系统建立在维护全球环境和可持续发展基础上，在抑制物流对环境造成危害的同时，采取与环境和谐相处的态度和全新理念，设计和建立一个环形的、循环的物流系统，达到使传统物流末端的废旧物质能回流到正常的物流过程中来，形成一种能促进经济与消费健康发展的物流系统，即向绿色物流转变。因此，现代绿色物流管理强调全局和长远的利益，强调全方位对环境的关注，体现了企业绿色形象，是一种新的物流管理趋势。

（四）电子物流

电子物流是利用电子化的手段，尤其是利用互联网的技术来完成物流全过程的协调、控制和管理，实现从网络前端到最终客户端的所有中间过程服务，最显著的特点是各种软件与物流服务的融合应用。

（五）配送

1. 配送的含义

配送是指在经济合理区域范围内，根据客户要求对物品进行拣选、加工、包装、分割、组配等作业，并按时送达指定地点的物流活动。

配送是物流中一种特殊的、综合的活动形式，是商流与物流紧密结合，包含了商流活动和物流活动，也包含了物流中若干功能要素的一种形式。

2. 配送的要素

(1)集货。即将分散的或小批量的物品集中起来，以便进行运输、配送的作业。集货是配送的重要环节，为了满足特定客户的配送要求，有时需要把从几家甚至数十家供应商处预订的物品集中，并将要求的物品分配到指定容器和场所。

(2)分拣。即将物品按品种、出入库先后顺序进行分门别类堆放的作业。分拣是配送不同于其他物流形式的功能要素，也是配送成败的一项重要支持性工作。它是完善送货、支持送货准备性工作，是不同配送企业在送货时进行竞争和提高自身经济效益的必然延伸。所以，也可以说分拣是送货向高级形式发展的必然要求。有了分拣，就会大大提高送货服务水平。

(3)配货。即使用各种拣选取设备和传输装置，将存放的物品按客户要求分拣出来，配备齐全，送入指定发货地点。

(4)配装。在单个客户配送数量不能达到车辆的有效运载负荷时，就存在如何集中不同客户的配送货物，进行搭配装载以充分利用运能、运力的问题，这就需要配装。跟一般送货不同之处在于，通过配装送货可以大大提高送货水平及降低送货成本，所以配装也是配送系统中有现代特点的功能要素，也是现代配送不同于以往送货的重要区别之一。

(5)配送运输。将装配好的货物利用运输工具进行运输，实现物品空间转移。

(6)送达服务。将配好的货运输到客户处,还不算配送工作的结束,这是因为送达货和客户接货往往还会出现不协调,使配送前功尽弃。因此,要圆满地实现运到之货的移交,并有效地、方便地处理相关手续并完成结算,还应讲究卸货地点、卸货方式等。送达服务也是配送独具的特殊性。

(7)配送加工。即按照配送客户的要求所进行的流通加工。在配送中,配送加工这一功能要素不具有普遍性,但往往是有重要作用的功能要素。这是因为通过配送加工,可以大大提高客户的满意程度。配送加工是流通加工的一种,但配送加工有它不同于流通加工的特点,即配送加工一般只取决于客户要求,其加工的目的较为单一。

实践演练

学习任务 5-2 实践任务书

任务目标	通过访问知名物流网站,使学生进一步加深对物流的感性认识。
环境需求	1. 互联网接入; 2. 计算机(每人1台); 3. 任务考核表(教学包下载,电子方式上传)。
任务描述	任务一 布置每名学生上网访问如下网站,查看网站提供的物流行业新闻,查看提供的物流服务单元。 1. 锦程物流 www.jctrans.com 2. 海尔物流 www.ihaier.com 3. 中国物流网 www.china-logisticsnet.com 4. 中国物流中心网 www.lnet.com.cn 5. 深圳顺丰速运 www.sf-express.com 6. 中国邮政 www.ems.com.cn 7. 中远集团 www.cosco.com/cn 8. UPS www.ups.com/cn 任务二 就以下问题进行讨论: (1)什么是物流?物流有哪些功能和作用? (2)什么是电子商务物流?如何理解?电子商务物流与传统物流有什么关系? (3)哪种物流模式最适合网上销售?
任务拓展	到当地调查物流行业发展情况,调查当地都有哪些快递公司,经营状况如何。

学习任务 5-2 考核单

姓名：　　　　　　　　学号：

序号	任务	分值	总结与归纳	成绩
1	物流的含义、功能和作用	30 分		
2	电子商务物流的含义和内容	30 分		
3	电子商务物流与传统物流的关系	20 分		
4	你认为哪种物流模式最适合网上销售？	20 分		
合计				

注：请从资源包下载电子版填写并上传。

学习任务 5-3　电子商务物流解决方案

情景导入：小米通过学习了解电子商务物流模式，可是小米想，不同的企业选择的物流模式不会一样，那怎么才能选择适合自己需要的物流配送呢？小米的网店现在正面临这一问题，为此小米和同学一道进行调研，通过学习其他做得比较好的网店物流解决方案，小米和同学设计出了自己网店的物流配送方案。

理论学习

一、电子商务企业物流配送方案选择

国内外一些企业组建电子商务公司时解决物流和配送系统问题的办法主要有以下三种。

1. 借助传统流通渠道

对于已经开展传统商务的企业，可以建立基于网络的电子商务销售系统，同时也可以利用原有的物流渠道承担电子商务的物流业务。传统流通渠道在电子商务环境下依然有其不可替代的优势，首先是传统商业历史悠久，有良好的顾客基础，已经形成的品牌效应在很大程度上是配送信用的保证。其次是那些具有一定规模的连锁、加盟经营店使得准确及时在全国范围内成为可能。另外，由于传统渠道本身也存在商品配送的任务，如果网站把商品配送任务交给传统流通渠道解决，那么可以充分利用一些闲置的仓储、运输资源，相对于使用全新的系统，成本降低了。

目前从事传统销售业务的企业主要包括制造商、批发商、零售商等。制造商进行销售的倾向在20世纪90年代表现得比较明显，从专业分工的角度看，制造商的核心业务是商品开发、设计和制造，但越来越多的制造商不仅有庞大的销售网络，而且还有覆盖整个销售区域的物流、配送网，国内大型制造商的生产人员可能只有3 000～4 000人，但营销人员却有1万多人，制造企业的物流设施普遍要比专业流通企业的物流设施先进，这些制造企业完全可能利用原有的物流网络和设施支持电子商务业务，开展电子商务不需新增物流、配送投资，对这些企业来讲，比投资更为重要的是物流系统的设计、物流资源的合理规划。和制造商相比，批发商和零售商具有组织物流的优势，因为它们的主业就是流通，在美国如Wal-Mart、Kmart、Sears等；在国内像北京的翠微大厦、西单商场等都开展了电子商务业务，其物流业务都与其一般销售的物流业务一起安排。

2. 企业自营物流

电子商务企业自身开展经营的物流，称为自营物流。电子商务公司自身组织商品配送，可以说是自己掌握了交易的最后环节，有利于控制交易时间。特别是在本城市内的配送上，网站组织自己的配送队伍可以减少向其他配送公司下达配送要求的手续，在网上接受订购之后可以立即进行简单的分区处理然后立即配送，这样往往使得当日配送、限时送达成为可能。有些网站提出的本城区1小时内送达也是建立在自身有一支随时出动的配送队伍的基础上的。

但是对于企业来说，如果采取这种方式投资应十分慎重，因为电子商务的业务与物流业务是截然不同的两种业务，企业必须对跨行业经营产生的风险进行严格的评估，其中成本控制和程序管理是最大麻烦。对于任何一个公司而言，拥有一支自己的配送队伍都将会是一笔庞大的开支。出于对成本的考虑，配送队伍的规模必须与公司的业务量相适应。另外，如何保持适当的库存规模、如何制定恰当的配送路线、如何选择合适的物流工具、如何确定合理的送达时间都是需要严格管理的。不是所有的电子商务公司都有必要、有能力自己组织商品配送的。

3. 外包给专业物流公司

将物流外包(Outsourcing)给第三方物流公司是跨国公司管理物流的通行作法。按照供应链的理论，将不是自己核心业务的业务外包给从事该业务的专业公司去做，这样从原材料供应到生产，再到产品的销售等各个环节的各种职能，都是由在某一领域具有专长或核心竞争力的专业公司互相协调和配合来完成，这样所形成的供应链具有最大的竞争力。因此，Compaq和Dell分别将物流外包给Exel和FedEx，Amazon在美国国内的电子商务物流业务由自己承担，但对于美国市场以外的业务则外包给UPS等专业物流公司。在中国境内的跨国公司在从事电子商务业务时，物流业务一般都外包给中国当地的第三方物流服务商。可以认为，将物流、配送业务外包给第三方物流服务商是电子商务经营者组织物流的可行方案。但中国的第三方物流经营者要适应电子商务的需求变化还需要进行大量的努力，因为这一行业比较落后，中国加入 WTO 后，发达国家的物流公司很快就会进入中国为电子商务提供物流服务，这一方面加剧了国内物流行业的竞争，但同时对促进电子商务的发展大有好处。

小资料

表 5-1 国际及国内第三方物流公司比较

FedEx	主要业务包括速递业务、包装与地面送货服务、高速运输投递服务、综合性的物流、技术和运输服务。	一家环球运输、物流、电子商务和供应链管理服务供应商。该公司通过各子公司的独立网络，向客户提供一体化的业务解决方案。在 21 千克以上的大货 FedEx 的价格等于是 DHL、UPS 的一半，运输速度却是一样的。
日通	主要业务是汽车运输、空运、仓库等。	日通是日本最大的代理，与日本大企业有广泛的紧密的业务联系。作为日通在中国的业务延伸，jl 和 nh 是日通主要合作的航空公司，在两家航空公司北京天宇的舱位和价格都有一般代理无可比拟的优势。
马士基	出口物流、仓储、分拨、空运、海运代理、报关代理和拖车服务。	服务网络将继续扩展到中国的沿海、内陆各个地区以及香港和台湾，强大的集团资产支持。
中外运	综合物流板块业务包括海、陆、空货运代理，船务代理，供应链物流，快递，仓码，零担运输等。航运板块业务包括船舶管理、海运干散货运输、国际及国内集装箱班轮运输、国际原油运输、国际及沿海汽车船运输等。	中外运集团在物流网络上有较强的优势，在干散货方面，中外运的优势比较明显。
宝供	业务范围包括物流咨询规划、物流运作管理以及有关物流运作信息的处理分析等一系列专业物流服务。	经营优势、专业化优势、知识人才优势和个性化服务优势，有效地为客户节省投资和费用，减少库存、降低风险，提供增值服务。

续表 5-1

宅急送	主要经营范围为中国国内快递业务，负责各种包裹的寄递、门到门的零散家政服务。	收、派快捷迅速；快件实时跟踪；充分的快件安全保证；免费包装；学生、教师、现役军人搬家、行李托运实行九折优惠。
顺风	主要经营国际、国内快递业务及报关、报检等业务。	服务网络已经涵盖了香港及内地大部分省市，对货物从下单到派送的全程监控、跟踪及查询，并采用机械化操作，优化货物的流程管理。
申通	主要承接非信函、样品、大小物件的速递业务。	价格策略上比较灵活，资费也比较低廉，在当地快递市场很有竞争力，国内业务的优势区域主要集中在上海全境、江苏全境、浙江部分、安徽部分、广州、深圳、北京、天津、沧州、大连、西安等地。国际业务的优势区域主要集中在日本东京等地。

二、电子商务企业选择物流模式应考虑的主要因素

电子商务企业在进行物流决策时，应根据自己的需要和资源条件，综合考虑以下主要因素，慎重选择物流模式，以提高企业的市场竞争力。

(1)物流对企业成功的影响度和企业对物流的管理能力。物流对企业成功的重要度高，企业处理物流的能力相对较低，则采用第三方物流；物流对企业成功的重要度较低，同时企业处理物流的能力也低，则外购物流服务；物流对企业成功重要度很高，且企业处理物流能力也高，则自营物流。

(2)企业对物流控制力要求。越是竞争激烈的产业，企业越是要强化对供应和分销渠道的控制，此时企业应该自营物流。一般来说，主机厂或最终产品制造商对渠道或供应链过程的控制力比较强，往往选择自营物流，即作为龙头企业来组织全过程的物流活动和制定物流服务标准。

(3)企业产品自身的物流特点。对于大宗工业品原料的回运或鲜活产品的分销，则应利用相对固定的专业物流服务供应商和短渠道物流；对全球市场的分销，宜采用地区性的专业物流公司提供支援；对产品线单一的或为主机厂做配套的企

业，则应在龙头企业统一下自营物流；对于技术性较强的物流服务如口岸物流服务，企业应采用委托代理的方式；对非标准设备的制造商来说，企业自营虽有利可图，但还是应该交给专业物流服务公司去做。

(4)企业规模和实力。一般说来，大中型企业由于实力较雄厚，有能力建立自己的物流系统，制订合适的物流需求计划，保证物流服务的质量。另外，还可以利用过剩的物流网络资源拓展外部业务(为别的企业提供物流服务)。而小企业则受人员、资金和管理的限制，物流管理效率难以提高。此时，企业为把资源用于主要的核心的业务上，就适宜把物流管理交给第三方专业物流代理公司。

(5)物流系统总成本。在选择物流模式时，必须弄清不同的模式物流系统总成本的情况。计算公式为：

物流系统总成本＝总运输成本＋库存维持费用＋批量成本＋总固定仓储费用＋总变动仓储费用＋订单处理和信息费用＋顾客服务费用

这些成本之间存在着二律背反现象：减少仓库数量时，可降低保管费用，但会带来运输距离和次数的增加而导致运输费用增加。如果运输费用的增加部分超过了保管费用的减少部分，总的物流成本反而增大。所以，在选择和设计物流系统时，要对物流系统的总成本加以论证，最后选择成本最小的物流系统。

(6)第三方物流的客户服务能力。在选择物流模式时，考虑成本尽管很重要，但第三方物流为本企业及企业顾客提供服务的能力是选择物流服务至关重要的。也就是说，第三方物流在满足你对原材料及时需求的能力和可靠性，他对你的零售商和最终顾客不断变化的需求的反应能力等方面应该作为首要的因素来考虑。

三、网店交易物流配送的选择

近年来，网上购物迅速发展，越来越多的消费者选择上网购物，越来越多的商家看好了商机也选择在网上开店。对于商家来说，物流是网上开店的一个重要环节，是卖家与买家之间物品流通的渠道，如果不重视物流问题，往往会出现各种各样的物流纠纷：收件发件延时；包裹被调包；邮件寄丢；邮寄过程导致商品破损；快递公司拒绝赔偿等等，为此商家要付出很大的代价。因此，物流服务的选择无疑是网商的一门必修课。

网店交易可以把物流分为邮局平邮、快递和货运三种物流。

(一)邮局平邮

1. 邮局平邮的特点

价格便宜、经济实惠,但是邮寄的时间较长,一般适用于非紧急邮件。

2. 邮局平邮费用的计算方法

收费规则:实行分区计费方式。按照寄递里程分区核定,具体标准详见现行《国内包裹资费表》(注:此资费表在网上查不到,官方网站上也没有,需要到当地邮局去咨询)。

每件包裹资费=包裹每千克资费×包裹重量+挂号费(3.00元)+包装费(按实际收取)+保价费(说明:其中保价费由客户自愿选择,保价费为订单产品价值的1%。客户选择不保价,则保价费=0)。

包裹重量不满500 g的,按500 g计费。包裹按毛重重量计费,不以净重重量计费。

3. 邮局平邮邮寄东西的基本程序

卖家亲自到附近邮局办理邮寄事宜。普通包裹用的是绿色邮单,寄达时间需7～15天(邮寄所需时间视两地距离而定),货到买家所在地的附近邮政网点后,邮局工作人员通知买家携带身份证亲自到邮局办理提货事宜。

(二)快递

1. 快递的特点

方便快捷、邮寄时间短,但价格比较高,一般适用于紧急邮件。

2. 快递邮寄东西的基本程序

卖家可以电话通知快递公司收件员上门收件,也可以网上下单,快递公司自行安排工作人员上门收件。以国内快递为例,邮寄一般只需要3天左右(但快递公司不同,两地距离的远近不同,时间也会有变化),货到买家所在地的快递公司网点之后,快递公司安排工作人员送件上门。

3. 快递的类型

(1)邮局快递。邮局快递包裹与特快专递EMS不同,与普通包裹大致相同。首重1 000克,1 001克以上每500克为一个计费单位,一般以500克起的最低价就得要7元左右。邮局快递的费用一般是邮局平邮的2～2.5倍,邮局快递不上门取货,要我们拿着需要邮寄的物品到邮局填写包裹单,进行邮寄。在许多地区能够做到送货上门,送货时间一般是5～7天。邮局快递包裹单为黄色。

小资料

表 5-2　邮局快递资费表

	运距	首重 1 000 克	5 000 克以内续重每 500 克	5 001 克以上续重 500 克
快递包裹（仅供参考，具体标准参见“国内快递包裹资例一”）	500 千米及 500 千米以内	5	2	1
	500 千米以上至 1 000 千米	6	2.5	1.3
	1 000 千米以上至 1 500 千米	7	3	1.6
	1 500 千米以上至 2 000 千米	8	3.5	1.9
	2 000 千米以上至 2 500 千米	9	4	2.2
	2 500 千米以上至 3 000 千米	10	4.5	2.5
	3 000 千米以上至 4 000 千米	12	5.5	3.1
	4 000 千米以上至 5 000 千米	14	6.5	3.7
	5 000 千米以上至 6 000 千米	16	7.5	4.3
	6 000 千米以上	20	9	6
	每件挂号费	3		
保价费	每保 1 元（不足 1 元按 1 元计算）	0.01		
	每件最低保价费	1		
存局候领手续费	函件每件	1		
	包裹每件	3		
撤回邮件或更改收件人名址手续费	每件	3		
使用电报（传真）办理查询、撤回、更改收件人名址电报费	每件加收	2		

(2)邮局 EMS。EMS 到达时间为 3 天左右，到货方式为送货上门。

小资料

表 5-3　国内资费标准

起重资费	续重资费		
起重 500 克及以内	续重每 500 克或其零数		
20 元	一区	二区	三区
	6 元	9 元	15 元
备注：具体分区方式，请寄件人拨打电话或到当地邮局营业窗口咨询，客服电话 11185。			

国外资费标准和注意事项请登录中国邮政网查询。

(3)快递公司。近年来,我国涌现出了一大批快递公司,国外一些知名的快递公司也纷纷进入中国市场。这些快递公司一般是私有的性质,速度比较快,价位不等,要了解具体情况,最好是登录其官方网站进行查询。

小资料　快递公司网站

1. 邮政 EMS 网址 1:http://www.ems.com.cn

2. 邮政 EMS 网址 2:http://www.shenzhenpost.com.cn/services/ems(这个地址只能查从深圳发出和发往深圳的 EMS 包裹)

3. 顺丰速运:http://www.sf-express.com/

4. 申通快递:http://www.sto.cn

5. 圆通速递:http://www.yto.net.cn/

6. 韵达货运:http://www.yundaex.com/

7. 天天快递:http://www.ttkdex.com

8. 宅急送:http://www.zjs.com.cn

9. 中通速递:http://www.zto.cn/

10. 希伊艾斯快递:http://www.cces.com.cn

11. 汇通快递:http://www.htky365.com

12. 全一快运:http://www.apex100.com

13. 中铁快运:http://www.cre.cn

14. 民航快递:http://www.cae.com.cn/

15. 亚风快递:http://www.airfex.net/

16. 龙邦物流:http://lbex.com.cn

17. 长发速递:http://www.yud.com.cn

18. 大田快运:http://www.dtw.com.cn

19. 勤诚快递:http://www.qc-dds.net

20. 华宇物流集团:http://www.hoau.net/

21. 中通速递:http://www.zto.cn/

22. 中诚快递:http://www.zoc.net.cn/

23. 全日通快运:http://www.at-express.com/

24. 安信达快递:http://www.anxinda.com/

25. 飞天达快递:http://www.98933.net/

26. 小红马快递:http://www.ponyex.com.cn/chxun.htm

27. 汇通快递:http://www.htky365.com

28. 北京东方直通速递：http://bjdfzt.zgc56.cn/

29. 佳吉快运：http://www.jiaji.com/

30. 驱达国际快递公司：http://www.fardar.com/cn/news.html

31. UPS：http://www.ups.com/content/cn/zh/index.jsx

32. 联邦快递：http://www.fedex.com/cn/

33. DHL快递（中外运敦豪）：http://www.cn.dhl.com/

34. 佐川急便：http://www.dz-sagawa-exp.com/

35. OCS（欧西爱斯）：http://www.ocssino.com/

36. TNT快递：http://www.tnt.com/express/zh_cn/site/home.html

37. DPEX：http://www.dpex.com/cn/index.asp

38. ZMS—威鹏达：http://www.zms.com.cn/gb/html/homepage.htm

39. AAE（美亚快递）：http://cn.aaeweb.com/

小提示　**你选择快递公司的十大理由**

1. 尽量选择通过总公司开设分公司的方式来拓展网络的快递公司。

2. 尽量选择本地经过正规注册的规模较大的快递公司。

3. 尽量选择业内口碑比较好的快递公司。

4. 尽量选择网点比较多的快递公司。

5. 尽量根据不同的情况选择不同的快递公司（要考虑地点、费用、时间、物品性质等）。

6. 尽量使用有胶袋包着快递单或快递单最后一联是不干胶的快递公司。

7. 尽量使用快递单用纸质量比较好的快递公司。

8. 尽量选择赔偿金额或倍数高而且保价率低的快递公司。

9. 尽量使用开着货车去你那里取件的快递公司。

10. 尽量使用快递单上条形码的印刷质量比较好的快递公司。

（三）货运

1. 货运物流的特点

价格便宜，经济实惠，但邮寄时间比较长，且不能送货上门，跟邮局平邮很类似，但是价格比邮局便宜好多，一般要邮寄体积比较大，或者物品比较重，又或者数量比较多，才会选择货运物流，适合邮寄不是很紧急的大宗物品。

2. 货运邮寄东西的基本程序

货运物流可以上门收货，也可以亲自将货送到货运公司，价钱当然不同。货运所需时间大约为1个星期（视两地距离和交通而定）。货运物流一般不会送货上门，需要收件人自行到本地货运公司网点去提取。

实践演练

学习任务 5-3 实践任务书

任务目标	通过了解实践中电子商务企业物流方式选择，掌握电子商务物流配送方案的制订。
环境需求	1. 互联网接入； 2. 计算机(每人 1 台)； 3. 任务考核表(教学包下载，电子方式上传)。
任务描述	任务一 每名学生上网访问如下电子商务企业网站和一些个人网店，查看其物流配送方式，有的需要下定单才能看到，可以到选择物流配送后取消订单。归纳网上销售一般都采用哪些物流配送方式，电子商务企业如何选择物流方案。 1. www.dell.com.cn 2. www.amazon.cn 3. www.ourdashang.com 4. www.taobao.com 5. www.paipai.com 6. www.dangdang.com 7. www.vancl.com 8. www.360buy.com 任务二 资源包下载资料 1-5，认真阅读，结合上一模块任务拓展结果——当地都有哪些物流配送企业，小组内讨论并设计本小组淘宝店物流配送方案。 打印资源包快递单据练习填写并上交。
任务拓展	利用业余时间小组和当地快递公司协商配送合作事宜。

学习任务 5-3 考核单

姓名：　　　　　　　　　　学号：

序号	任务	分值	总结与归纳	成绩
1	电子商务企业都有哪些物流方案？	30 分		
2	电子商务企业如何选择物流方案？	30 分		
3	本小组网店物流方案	40 分		
	合计			

注：请从资源包下载电子版填写并上传。

行动指南针

快递单据的填写工作程序

1. 寄件人

寄件人姓名、电话：请详细填写寄件人姓名、有效的联系电话。

寄件人单位名称：请详细填写寄件人的单位名称，如是个人地址，则无须填写。

寄件人地址：请详细填写寄件人单位或个人地址、邮政编码，如有用户代码，请填写（为邮件安全及迅速传递，请详细、准确填写）。

2. 内装何物及数量

内件分类：请注明邮件的内件性质。

内件品名：请注明内装物品的具体名称。

数量：请注明内装物品的具体数量。

3. 保价栏

如需保价，请选择此项并注明需保价的金额，最高不应超过10万元人民币。

4. 交寄人签名

请交寄人确认所填写内容，认可详情单背面使用须知后签名。

5. 收件人

收件人姓名、电话：请详细填写收件人姓名、有效的联系电话。

收件人单位名称：请详细填写收件人的单位名称，如寄往收件人个人地址，则无须填写。

收件人地址：请详细填写收件人的单位或个人地址、邮政编码及相应的城市名（为邮件安全及迅速传递，请详细、准确填写）。

收件人签名：收到邮件时请签名（章）确认并填写具体收到邮件的日期、时间。若是他人代签收，签名（章）后，还需注明有效证件名称、号码和代收关系。

6. 如需说明情况，请在此栏填写

详情单上其他单元由邮政速递工作人员填写，如有与实际情况不符，请当即指出。

习题与课业

一、简答题

1. 电子商务与物流有什么关系？
2. 我国物流发展现状如何？
3. 物流的“7R 原则”是什么？
4. 电子商务物流包括哪些新型的物流？
5. 电子商务对物流配送的要求是什么？

二、论述题

试述电子商务公司解决物流和配送系统问题的办法。

三、案例分析题

作为传统的专业物流企业，中国邮政积极发展现代物流服务，目前中国邮政已经拥有一个覆盖全国、较为完善的物流配送网络，全国各省都普遍开展了邮政物流配送业务。为了适应电子商务的发展，中华人民共和国邮政又开通了 http://www.183.com.cn/中国邮政电子商务网。

1. 中国邮政物流属于哪种物流模式？
2. 中国邮政发展电子商务物流有什么优势？
3. 中国邮政发展电子商务物流又存在哪些不足？

四、拓展训练

假使你的淘宝店经营过程中，你的客户因为物流问题向你投诉，你应该如何解决？如何避免此类问题发生？

第六单元　电子商务交易安全保障

单元介绍

电子商务安全，就是保护电子商务系统里的企业或个人资产不受未经授权的访问、使用、篡改或破坏。电子商务安全覆盖整个电子商务链的各个环节：由客户端到通信传输，再到服务器端，包括相关企业的后台信息系统、网上银行系统等。

本单元主要通过电子商务安全现状调查与分析、网络安全技术保障、网上交易安全防范三个学习任务完成，借助互联网资源和教学资源包提供的资料展开学习。通过模拟、实操、网上调研等学习形式，使学生充分认识电子商务交易中存在的威胁与安全隐患，对电子商务安全引起重视，能够在今后的工作中注意并解决好这一问题。

引导案例

谁批准了这些网络支付？

2006年2月，李先生发现自己的网上银行账户上的1万元钱被盗用。李先生说，因为网络银行盗取的钱没法转走，更不能提现，所以只能消费。据悉，盗窃李先生账户的诈骗者分两天盗取了共1万元人民币，每天消费5千块钱，将钱转到自己的账户。诈骗者首先在腾讯官方网站购买了4 000元的Q币，招商银行查到了购买Q币的订单号，是6位QQ号码。但是腾讯的答复是，6位的订单，订单号码太短，没法查询。导致线索无法继续追查下去。剩下的6 000元人民币，诈骗者在淘宝网站进行了消费。公安机关通过淘宝网查询了交易买家、卖家的淘宝账号，并查到诈骗者登录的IP地址。公安机关传讯了买家、卖家的账户主人，证实与本案无关。后来淘宝网证实，买、卖家的账户都是诈骗者通过盗用获得，买家、卖家的登录地址一样。由于腾讯的Q币作为一种虚拟网络货币可以控制，只要公安机关查证交易属于盗窃他人账号购买，腾讯公司作为交易平台和虚拟货币的监控者应该归还受害者李先生损失的4 000元。所以从这方面分析，李先生经过合法的手续即可追回一部分损失，腾讯公司也已经答应处理此事：取消偷盗者使用QQ的虚拟Q币，退还李先生4 000元现金。但是，经过在淘宝网上真实货物的交易，李先生被失窃的6 000元已经被盗贼“套现”，而且淘宝网、买家和卖家都不愿承担责任，在公安机关未破案之前李先生看来只能独吞苦果，因为“钱被偷了，首先是你自己没保管好。”

一位姓薛的淘宝用户说，2006年1月8日下午要给家里打钱7 000元，发现账户里的7 000

多元被盗走了，从工行打印出来的个人进出账明细表看，收款人的姓名是“东莞 杨加远”，另外一个收款公司是“金华市婺城区盟众网络服务部”。无独有偶，另一位受害的淘宝网用户也是被“金华婺城网络服务公司”划去了现金，该用户 2005 年 12 月中旬查询网银余额时发现的，在明细查询里还有记录这笔钱是被“金华婺城网络服务公司”划走的。“我 1 号开通的网上银行，在我没在网上买东西之前并没有被盗，当我买了第一样商品后，第二天我的钱就被划走了。”通过搜索引擎查找“金华婺城网络服务公司”，发现近期的多起工商银行网上银行被盗事件都与此公司有关，经查询，这些均被转到 5173.com 中国网络游戏服务网（原金华市婺城区盟众网络服务部）的账户上。而这些网友与 5173.com 中国网络游戏服务网没有任何交易关系，甚至没有上过 5173.com 中国网络游戏服务网站。

这些钱是怎么跑到 5173.com 中国网络游戏服务网站账户上的呢？据悉，在第一起利用金华婺城网络服务公司交易平台诈骗的案件发生之后，该公司即核对了事情的整个过程，发现被盗用账户的几位用户都在未联系金华市婺城区盟众网络服务部（5173 网站）的前提下被他人转账到 5173 的 B2C 账户上，在所绑定的清单上写了汇款人的 QQ 号码，并且将钱汇到后联系客服的 QQ 进行交易或者退款。也就是说，这只网络黑手在获取他人的账户和密码后，通过网上银行汇款到金华婺城网络服务公司账户，然后和 5173 客服联系退款到盗卡人账户。因为清单是汇款人填写的，在无人通知异常情况下，5173 网站默认清单上的买家为汇款人。钱就这样通过网络支付平台被转移出来了。

这只套取赃款的黑手到底从哪里伸出来呢？毫无疑问，支付平台被盗窃者利用了。以上的两起网络窃案，作案者都是通过网站提供的第三方支付平台将盗取的钱款通过合法途径转入自己的账户，达到套取赃款的目的。第三方支付平台已经越来越多地被诈骗者利用，成为其套取网上银行存款的工具。第三方支付平台的低门槛也使得诈骗者利用其套取赃款时，更加便利、更加低风险。以腾讯公司的 Q 币购买系统为例，购买者只要输入支付卡的密码与卡号，就可以轻易完成交易。而许多网民对自己网上银行的账号及密码并没有设置保护，因此很容易被盗取密码进行网上支付。而诸如淘宝网等其他 C2C 或 B2C 网站的支付平台，也并未对支付者进行更多的身份验证限制。但是值得注意的是，诈骗者多是通过支付卡等方式进行支付，而各网上银行的专业版支付方式，因为需要用户提供银行电子证书，因此很难被盗用。因此，第三方平台为窃贼提供了便利。

如何解决和规避电子支付风险？

当谈到目前电子支付的瓶颈时，YeePay 的唐彬认为：“有三座大山必须推翻，一个是互联互通的基础设施的建设，现在基本成型了，是非常好的物理基础。第二是明确合理的利益分配价值链，现在正在形成，还在初级阶段，在线支付价值链只有银行、银联、第三方支付网关和商家，但现在利益分配还不是很合理。第三就是社会的诚信，现在中国还不是诚信的社会。这三点如果解决的话，那么真正意义上的电子支付、电子商务都会得到质的飞跃。”

（摘自计世网）

思考：当前电子商务交易过程中所面临的风险有哪些？如何有效避免？

学习任务 6-1　电子商务安全现状调查与分析

情景导入：小米和同学们的网店经营得还很顺利，无意中小米听说外系一同学QQ上网时被偷了，很郁闷。小米想QQ号能被偷，那网银或者支付宝账号也有被偷的危险啊！小米想到这紧张起来，小米到网上一搜索吓一跳，网络安全事件层出不穷啊，那么怎么才能保障自己账号和交易的安全呢？你能告诉小米吗？

理论学习

一、电子商务的安全需求

由于电子商务是在开放的网上进行的，支付信息、订单信息、谈判信息、机密的商务往来文件等大量的商务信息将在计算机系统中存放、传输和处理，因此其安全问题显得尤为重要。IP欺骗、计算机病毒等造成商业信息窃取、篡改、破坏和伪造，以及机器出错、程序出错、误操作、传输错误造成的失误和失效，都严重地危害到电子商务系统的安全，因此保证商务信息的安全是进行电子商务的前提。

电子商务安全是一个复杂的系统问题，它不仅与其支持平台有关，还与电子商务的应用环境、交易模式、人员素质、电子商务安全立法和社会因素等诸多因素有关。有关电子商务的安全要求主要体现在以下几个方面：

(1)保密性。电子商务依托的是一个开放的网络环境，因此商业信息的保密是电子商务应用全面推广的重要保障。所谓保密性，是指信息在传输过程或存储过程中不被他人窃取。交易中的商务信息具有保密的要求，如信用卡的账号信息、订单信息、致富信息等，因此在电子商务的信息传播过程中一般均有加密的要求，以防止信息泄露。

(2)完整性。完整性指的是数据在存储和传输过程中，要求能保证数据的一致性，防止数据被非授权建立、修改和破坏。数据在存储、传输过程中，可能由于数据输入时的意外差错或欺诈行为，或数据传输过程中信息的丢失、信息重复或信息传送的次序差异甚至被篡改等不确定因素导致贸易各方信息的差异，从而影响贸易各方的交易和经营策略。因此，保证贸易各方信息的完整性是电子商务应用的基础。

(3)不可否认性。商情千变万化，当贸易一方发现交易行为对自己不利时，就有可能否认交易的行为，这样必然造成另一方利益受损。在传统贸易中，双方通过在合同、契约等书面文件上手写签名或加盖印章来约束交易双方，防止抵赖行为的发生，在电子交易中，通过对发送信息进行数字签名，来实现交易的不可抵赖性（包括发送方在发送后不能抵赖，接收方在接收信息后也不能抵赖）。

（4）可靠性。可靠性指的是电子商务系统的可靠程度。任何一个电子商务系统在运作过程中都会受到计算机失效、程序出错、传输出错、硬件故障、系统软件故障、计算机病毒和自然灾害等潜在威胁。如何采取一系列的控制和预防措施来防止数据信息资源不受破坏，决定了电子商务系统的可靠程度。

二、我国电子商务中的安全隐患

从安全和信任的角度来看，传统的买卖双方是面对面的，因此很容易保证交易过程的安全性和建立起信任关系。但在电子商务过程中，买卖双方是通过网络来联系，由于双方的不可见性，因而建立交易双方的信任关系比较困难。电子商务交易双方都面临着不同的安全隐患。

1. 从卖方角度看存在的安全隐患

（1）系统中心安全性易被破坏。入侵者假冒成合法用户来改变用户数据（如商品送达地址）、解除用户订单或生成虚假订单。

（2）竞争者的威胁。恶意竞争者以他人的名义来订购商品，从而了解有关商品的递送状况和货物的库存情况。

（3）商业机密的安全。客户资料被竞争者获悉。

（4）假冒的威胁。不诚实的人建立与销售者服务器名字相同的另一个 www 服务器来假冒销售者；虚假订单；获取他人的机密数据，比如某人想要了解另一人在销售商处的信誉时，他以另一人的名字向销售商订购昂贵的商品，然后观察销售商的行动，假如销售商认可该订单，则说明被观察者的信誉高，否则则说明被观察者的信誉不高。

（5）信用的威胁。买方提交订单后不付款。

2. 从买方角度看存在的安全隐患

（1）虚假订单。一个冒名者可能会以客户的名字来订购商品，而且有可能收到商品，而此时客户却被要求付款或返还商品。

（2）付款后不能收到商品。在要求客户付款后，销售商中的内部人员不将订单和钱转发给执行部门，因而使客户不能收到商品。

（3）货不对板。顾客在付款后，收到的货与所订的货在颜色、货号、质量等方面存在差异。

(4)机密性丧失。客户有可能将秘密的个人数据或自己的身份数据(如 PIN、口令等)发送给冒充销售商的机构,这些信息也可能会在传递过程中被窃听。

(5)拒绝服务。攻击者可能向销售商的服务器发送大量的虚假订单来挤占它的资源,从而使合法用户不能得到正常的服务。

3. 黑客攻击电子商务系统的手段

买卖双方从事网上交易时所面临的安全隐患,常常成为黑客攻击的目标。从买卖双方的情况分析,黑客们攻击电子商务系统的手段可以大致归纳为以下 4 种:

(1)中断(攻击系统的可用性)。破坏系统中的硬件、硬盘、线路、文件系统等,使系统不能正常工作。

(2)窃听(攻击系统的机密性)。通过搭线与电磁泄漏等手段造成泄密,或对业务流量进行分析,获取有用情报。

(3)窜改(攻击系统的完整性)。窜改系统中数据内容,修正消息次序、时间(延时和重放)。

(4)伪造(攻击系统的真实性)。将伪造的假消息注入系统、假冒合法人介入系统、重放截获的合法消息实现非法目的、否认消息的接入和发送等。

实践演练

学习任务 6-1 实践任务书

任务目标	学生通过搜索近几年网络安全上发生的典型事件,真实地感受到网络安全的威胁,从而进一步强化对电子商务安全防范的意识。
环境需求	1. 互联网接入; 2. 计算机(每人 1 台); 3. 任务考核表(教学包下载,电子方式上传)。
任务描述	任务一 布置学生搜索如下几个案例,认识电子商务安全的存在: 1. 2000 年 2 月 8 日到 10 日,雅虎、美国有线新闻 CNN、ebay、Amazon、澳大利亚的“比蒂有限公司”五个最热门的网站所受的黑客攻击。 2. 2004 年 2 月,日本最大的宽带网接入服务提供商软银公司所遭受的团伙敲诈。 3. 2006 年 12 月初,我国互联网上大规模暴发“熊猫烧香”病毒及其变种事件。 4. 2007 年 1 月,国内最大的反病毒服务商北京江民公司发布的调查报告中,网络银行病毒的 6 种常见攻击。 5. 截至 2008 年 12 月 10 日,中国反钓鱼网站联盟处累计收到反钓鱼网站投诉案例。

续

	任务二 搜索电子商务安全类问题并进行总结:①结合以上案例总结,当前,电子商务交易各方所面临的威胁;②目前,无论是电子商务交易,还是电子商务网站本身,都存在大量的不安全因素,假定某公司怀疑自己的电子商务网站会受到不怀好意的人的攻击,从技术人员的角度讨论该电子商务服务器可能会受到哪些安全威胁,并对此给出相应的防范策略;③面对如此多的黑客、病毒和蓄意破坏者的攻击,作为网上消费者的我们应如何进行防范?④电子商务安全中技术安全与人文安全,哪个更重要?
任务拓展	分析网络安全和电子商务安全的关系。

学习任务6-1考核单

姓名:　　　　　　　　　　　　学号:

序号	任务	分值	总结与归纳	成绩
1	电子商务交易所面临的威胁	30分		
2	电子商务服务器所面临的威胁	20分		
3	电子商务网站如何应对各种攻击?	30分		
4	电子商务安全管理包括几个方面?	20分		
合计				

注:请从资源包下载电子版填写并上传。

学习任务6-2　网络安全技术保障

情景导入:小米认识到电子商务安全的严峻性,小米知道电子商务是基于网络和计算机的商务模式,如果网络和网络中的计算机存在安全隐患,电子商务交易则无安全可言,势必给个人和企业带来不可估量的损失。那么目前有哪些技术可以在一定程度上阻止和防范这些隐患呢?同学们和小米一起来学习吧。

理论学习

一、防病毒木马技术

(一)计算机病毒

计算机病毒(Computer Virus)在《中华人民共和国计算机信息系统安全保护

条例》中被明确定义，病毒指"编制或者在计算机程序中插入的破坏计算机功能或者破坏数据，影响计算机使用并且能够自我复制的一组计算机指令或者程序代码"。计算机病毒本身具有隐蔽性、传染性、触发性、破坏性和不可预见性的特点，目前，计算机病毒几乎都是由三个部分组成：引导模块、传染模块和表现模块。

1. 计算机病毒的种类

(1)引导型病毒。20 世纪 90 年代中期，最为流行的计算机病毒是引导型病毒，主要通过软盘在 DOS 环境下传播。引导型病毒会感染软盘内的引导区及硬盘，而且也能够感染用户硬盘内的主引导区(MBR)。一旦计算机中毒，每一个经感染计算机读取过的软盘都会受到感染。

引导型病毒的传播方法：隐藏在磁盘内，在系统文件启动以前计算机病毒已驻留在内存内。这样一来，计算机病毒就可完全控制 DOS 中断功能，以便进行病毒传播和破坏活动。设计在 DOS 或 Windows3.1 上执行的引导区病毒是不能够在新的计算机操作系统上传播的，所以这类的计算机病毒目前已经比较罕见了。

(2)文件型病毒。又称寄生病毒，通常感染执行文件(.exe 或.com)，但是也有些会感染其他可执行文件，如 DLL、SCR 等。每次执行受感染的文件时，计算机病毒便会发作：计算机病毒会将自己复制到其他可执行文件，并且继续执行原有的程序，以免被用户所察觉。

(3)复合型病毒。复合型病毒具有引导型病毒和文件型病毒的双重特点。

(4)宏病毒。宏病毒专门针对特定的应用软件，可感染依附于某些应用软件内的宏指令，它可以很容易通过电子邮件附件、软盘、文件下载和群组软件等多种方式进行传播，如 Microsoft Word 和 Excel。宏病毒采用程序语言撰写，例如 VisualBasic 或 CorelDraw，而这些又是易于掌握的程序语言。宏病毒最先在 1995 年被发现，在不久后已成为最普遍的计算机病毒。

(5)蠕虫病毒。蠕虫是另一种能自行复制和经由网络扩散的程序。它跟计算机病毒有些不同，计算机病毒通常会专注于感染其他程序，但蠕虫是专注于利用网络去扩散。从定义上，计算机病毒和蠕虫不可并存。随着互联网的普及，蠕虫利用电子邮件系统实现自身复制，例如把自己隐藏于附件并于短时间内通过电子邮件发给多个用户。有些蠕虫(如 CodeRed)更会利用软件上的漏洞去扩散和进行破坏。

2. 病毒的检测与防范

(1)计算机中病毒症状

①经常死机。病毒打开了许多文件或占用了大量内存。

②系统无法启动。病毒修改了硬盘的引导信息，或删除了某些启动文件，如引

导型病毒引导文件损坏。

③文件打不开。病毒修改了文件格式、病毒修改了文件链接位置。

④经常报告内存不够。病毒非法占用了大量内存；或提示硬盘空间不够：病毒复制了大量的病毒文件，一安装软件就提示硬盘空间不够。

⑤系统运行速度慢。病毒占用了内存和CPU资源，在后台运行了大量非法操作。

⑥软盘等设备未访问时出读写信号。病毒感染。

⑦出现大量来历不明的文件。病毒复制文件。

⑧启动黑屏。病毒感染如CIH病毒开机到了Windows画面就死机了。

⑨数据丢失。病毒删除了文件。

⑩键盘或鼠标无端地锁死。病毒作怪，特别要留意"木马"；系统自动执行操作；病毒在后台执行非法操作。

(2)计算机病毒的防范。计算机病毒主要是通过写读文件、网络传播的。但这些操作又是不可缺少的，因此必须根据其传播途径采取适当措施加以防范。

①避免多人共用1台计算机。在多人共用的计算机上，由于使用者较多，各自的病毒防范意识不一样，软件使用频繁，且来源复杂，从而大大增加了病毒传染的机会。

②杜绝使用来源不明或盗版软件。不要把他人的光盘或U盘等存储介质放进自己的计算机，也不要把软盘随便借给他人使用，更不能使用盗版的软件(文件、程序、游戏)，因为它们极可能携带病毒。

③网上下载要到知名大网站。近年来，计算机病毒通过网络散发已成为主流，网络也使病毒的传播达到前所未有的疯狂的程度。因此，网上下载要谨慎，一定要到安全可靠的知名网站、大型网站，不要选择一些小型网站。使用网上下载的东西之前最好先做病毒扫描，确保安全无毒。

④管好、用好电子邮件(E-mail)系统。

⑤安装品质优良的正版杀毒软件，开启防病毒防火墙。目前常见杀毒软件有Norton AntiVirus、江民、金山毒霸、瑞星、卡巴斯基、熊猫卫士、ESET NOD32、BitDefender等。奇虎360推出一款永久免费杀毒软件360杀毒，因其使用简单、功能强大深受网友喜爱，建议免费使用(网址www.360.cn)。

安装上杀毒软件后，不要以为万事大吉。要正确使用杀毒软件，很好地设置杀毒软件的相关功能，比如开启实时防护功能，及时升级病毒库，经常查杀病毒，将整个系统置于随时的监控之下。

(二)黑客与木马防范

1. 黑客、木马的含义

黑客也就是英文 hacker 的音译，hacker 这个单词源于动词 hack，这个词在英语中有“乱砍、劈、砍”之意，还有一个意思是指“受雇于从事艰苦乏味的工作的文人”。hack 的一个引申的意思是指“干了一件非常漂亮的事”。在早期的麻省理工学院里，“hacker”有“恶作剧”的意思，尤指那些手法巧妙、技术高明的恶作剧，可见，至少是在早期，黑客这个称谓并无贬义。

“骇客”是“cracker”的音译，就是“破坏者”的意思。这些人做的事情更多的是破解商业软件、恶意入侵别人的网站并造成损失。

骇客具有与黑客同样的本领，只不过在行事上有些差别而已，这也是人们常常很难分清黑客与骇客的原因之一。其实，黑客也好、骇客也好，名称只是一种代号而已，应该说他们之间并无绝对的界限，黑客和骇客都是非法入侵者，既然是非法入侵，再去区分什么善意和恶意也没有什么意义，这里要提醒大家的是：无论是善意还是恶意的入侵，都有可能给被入侵者造成一定的损失。

“木马”全称是“特洛伊木马(Trojan Horse)”，木马的名称来源于古希腊的特洛伊木马的故事，希腊人围攻特洛伊城，很多年不能得手后想出了木马的计策，他们把士兵藏匿于巨大的木马中。在敌人将其作为战利品拖入城内后，木马内的士兵爬出来，与城外的部队里应外合而攻下了特洛伊城。

计算机木马的设计者套用了同样的思路，把木马程序插入正常的软件、邮件等宿主中。在受害者执行这些软件的时候，木马就可以悄悄地进入系统，向黑客开放进入计算机的途径。

如果你的机器有时死机，有时又重新启动；在没有执行什么操作的时候，却在拼命读写硬盘；系统莫明其妙地对软驱进行搜索；没有运行大的程序，而系统的速度越来越慢，系统资源占用很多；用任务管理器调出任务表，发现有多个名字相同的程序在运行，而且可能会随时间的增加而增多，这时你就应该查一查你的系统，是不是有木马在你的计算机里安家落户了。

2. 黑客、木马的防范与查杀

目前黑客获取非法信息主要通过木马程序来实现，因此对于木马的防范不能疏忽。我们在检测清除木马的同时，还要注意对木马的预防，做到防患于未然。可以从以下几个方面着手：

(1)不随意打开来历不明的邮件；

(2)不随意下载来历不明的软件；

(3)及时修补漏洞和关闭可疑的端口；

(4)尽量少用共享文件夹；

(5)安装反黑客防火墙和木马及恶意软件防控程序，实时监控；

(6)经常升级系统和更新病毒库，定期对电脑全面查杀。

360 安全卫士是一款免费的集木马查杀、恶意软件清除、漏洞修补、arp 防火墙、ie 修复等多功能为一体的软件，建议个人用户安装使用。

二、防火墙技术

在古代，人们总是在房子之间垒一道砖墙，当火灾发生时可以防止火势蔓延，从而达到防火的目的，这道墙就被称为防火墙。这一概念应用到网络安全中，指的是如果一个内部网络与 Internet 相连，用户就可以与外部网络通信，同样外部网络也可以访问内部网络并与之交互，为了安全考虑，一般在内部网络与 Internet 之间放一个中介系统，竖起一道安全屏障，用以阻止外部的非法访问和侵入，使所有的外流和内流信息都通过这道屏障的审核，这种中介系统就叫做“防火墙”，如图 6-1 所示。

图 6-1　防火墙示意图

(一)防火墙的工作原理

防火墙是在内部网和互联网之间构筑的一道屏障，是在内外有别及在需要区分处设置有条件的隔离设备，用以保护内部网中的信息、资源等不受来自互联网中非法用户的侵犯。具体来说，防火墙是一类硬件及软件。

防火墙按照事先规定好的配置和规则，检测并过滤所有通向外部网和从外部网传来的信息，只允许授权的数据(即防火墙系统中安全策略允许的数据)通过，防火墙还应该能够记录有关的连接来源、服务器提供的通信量以及试图闯入者的任何企图，以方便管理员检测和跟踪，并且防火墙本身也必须能够免于各种攻击的影响。简单地说，防火墙成为一个进入内部网的信息都必须经过的限制点，它只允许授权信息通过，而其本身不能被渗透。如果把局域网比做一个要塞，那防火墙就是保护要塞的城墙。

防火墙是一种综合性的技术,涉及计算机网络技术、密码技术、安全技术、软件技术、安全协议、网络标准化组织(ISO)的安全规范以及安全操作系统等多方面。防火墙技术是目前发展最快、应用最广、技术较为规范的网络信息安全手段。

(二)防火墙形式的选择

常见的防火墙体系结构主要有四种类型:包过滤防火墙、双宿网关防火墙、屏蔽主机防火墙、屏蔽子网防火墙。实际应用中,根据用户对防火墙的规则要求、安全策略以及预算等问题,确定合适的防火墙体系机构。

1. 包过滤防火墙

包过滤防火墙主要有两种形式:基于路由器的防火墙和基于独立软件的防火墙,下面主要介绍基于路由器的防火墙。

基于路由器的防火墙通过一台过滤路由器来实现,对所接收的每个数据包做允许或拒绝的决定。此时,路由器审查每个数据包以便确定其是否与某一条包过滤规则匹配。过滤规则基于可以提供给 IP 转发过程的包头信息。

包头信息中包括 IP 源地址、IP 目的地址、封装协议(ICP、UDP、ICMP、或 IP Tunnel)、TCP/UDP 目的端口、ICMP 消息类型、TCP 包头中的 ACK 位等。如果规则允许该数据包通过,且数据包的进出接口相匹配,则该数据包就会按照路由表中的信息被转发。如果规则拒绝该数据包,则即便出入接口匹配,该数据包也会被丢弃。如果没有匹配规则,则包过滤路由器会根据用户配置的缺省参数会决定,是转发还是丢弃该数据包。

知识链接 **包的概念**

包,是网络上信息流动的单位。在网络上传输的文件一般是在发出端被划分成一串数据包,通过网上的中间站点,最终传到目的地,然后这些包中的数据又重新组成原来的文件。每个包有两个部分:数据部分和包头,包头中含有源地址、目的地址等信息。

根据包过滤路由器的规则与服务的关系,它具有两种形式的过滤:与服务有关的过滤和与服务无关的过滤,包过滤路由器能够根据特定的服务允许或拒绝流经的数据。由于大多数的服务监听者都在已知的 TCP/UDP 端口号上。例如,Telnet 服务器在 TCP 的 23 号端口上监听远程连接请求,而 SMTP 服务器在 TCP 的 25 号端口上监听连接。如果要拒绝所有进入的 Telnet 连接,路由器只需简单的丢弃所有 TCP 端口号等于 23 的数据包。为了将进来的 Telnet 连接限制到内部的数台机器上,路由器必须拒绝所有 TCP 端口号等于 23 并且目标 IP 地址不等于允许主机的 IP 地址的数据包。图 6-2 为包过滤防火墙示意图。

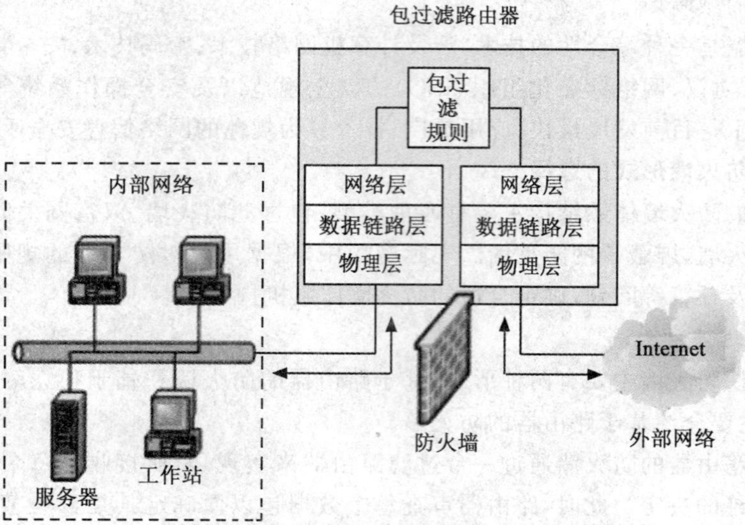

图 6-2 包过滤防火墙示意图

包过滤防火墙一般用在下列场合：

(1)机构是非集中化管理；

(2)机构没有强大的集中安全策略；

(3)网络的主机数量非常少；

(4)主要依赖于主机安全来防止入侵，但是当主机数增加到一定的程度的时候，仅靠主机安全是不够的；

(5)没有使用 DHCP 这样的动态 IP 地址分配协议。

2. 双宿网关防火墙

双宿网关防火墙又称为双重宿主主机防火墙。双宿网关是一种拥有两个连接到不同网络上的网络接口的防火墙。例如，一个网络接口连到外部的不可信任的网络上，另一个网络接口连接到内部的可信任的网络上。这种防火墙的最大特点是 IP 层的通信是被阻止的，两个网络之间的通信可通过应用层数据共享或应用层代理服务来完成。一般情况下，人们采用代理服务的方法，因为这种方法为用户提供了更为方便的访问手段。也可以通过应用层数据共享来实现对外网的访问。图 6-3 为双宿网关防火墙。

双重宿主主机用两种方式来提供服务，一种是用户直接登录到双重宿主主机上来提供服务，另一种是在双重宿主主机上运行代理服务器。第一种方式需要在双重宿主主机上开许多账号，这是很危险的。第一，用户账号的存在会给入侵者提

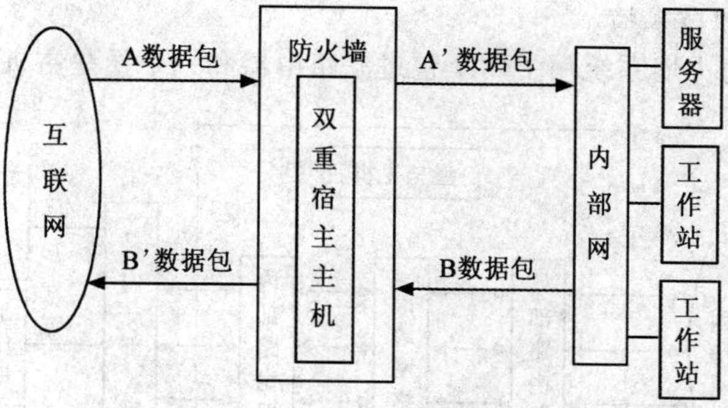

图 6-3　双宿网关防火墙示意图

供相对容易的入侵通道，每一个账号通常有一个可重复使用口令（即通常用的口令，和一次性口令相对），这样很容易被入侵者破解。破解密码可用的方法很多，有字典破解、强行搜索或通过网络窃听来获得。第二，如果双重宿主主机上有很多账号，管理员维护起来是很费劲的。第三，支持用户账号会降低机器本身的稳定性和可靠性。第四，因为用户的行为是不可预知的，如双重宿主主机上有很多用户账号，这会给入侵检测带来很大的麻烦。

代理的问题相对要少得多，而且一些服务器本身的特点就是“存储转发”型的，如 HTTP、SMTP 和 NNTP，这些服务器很适合于进行代理。在双重宿主主机上，运行各种各样的代理服务器，当要访问外部站点时，必须先经过代服务器认证，然后才可以通过代理服务器访问因特网。

3. 屏蔽主机防火墙

屏蔽主机防火墙，强迫所有的外部主机与一个堡垒主机相连接，而不让它们直接与内部主机相连。屏蔽主机防火墙由包过滤路由器和堡垒主机组成。这个防火墙系统提供的安全等级比包过滤防火墙系统要高，因为它实现了网络层安全（包过滤）和应用层安全（代理服务）。所以入侵者在破坏内部网络的安全性之前，必须首先渗透两种不同的安全系统。堡垒主机配置在内部网络上，而包过滤路由器则放置在内部网络和因特网之间。在路由器上进行规则配置，使得外部系统只能访问堡垒主机，去往内部系统上其他主机的信息全部被阻塞。由于内部主机与堡垒主机处于同一个网络，内部系统是否允许直接访问因特网，或者是要求使用堡垒主机上的代理服务来访问 Internet 由机构的安全策略来决定。对路由器的过滤规则进行配置，使得其只接受来自堡垒主机的内部数据包，就可以强制内部用户使用代理服务。

4. 屏蔽子网防火墙

屏蔽子网防火墙系统用了两个包过滤路由器和一个堡垒主机，如图 6-4 所示。

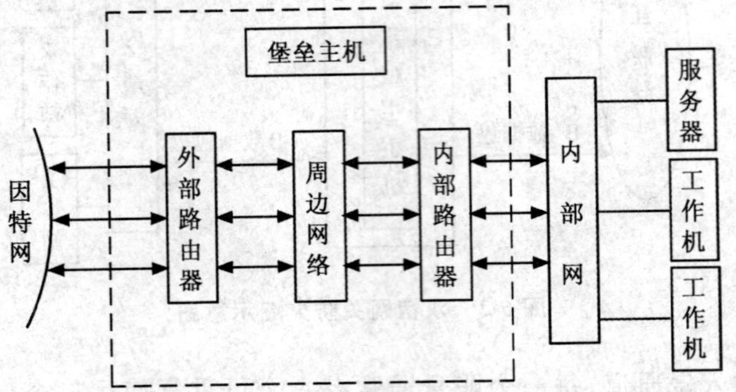

图 6-4 屏蔽子网防火墙示意图

这个防火墙系统建立的是最安全的防火墙系统，因为在定义了“非军事区(DMZ)”网络后，它支持网络层和应用层安全功能。网络管理员将堡垒主机、信息服务器、Modem 组以及其他公用服务器放在 DMZ 网络中。DMZ 网络很小，处于外部网络和内部网络之间。在一般情况下对 DMZ 配置成使用因特网和内部网络系统能够访问 DMZ 网络上数目有限的系统，而通过 DMZ 网络直接进行信息传输是严格禁止的。

知识链接 **DMZ**

DMZ(Demilitarized Zone)，即俗称的非军事区，与军事区和信任区相对应，作用是把 WEB、E-mail 等允许外部访问的服务器单独接在该区端口，使整个需要保护的内部网络接在信任区端口后，不允许任何访问，实现内外网分离，达到用户需求。

三、虚拟专用网(VPN)

1. VPN 工作原理

虚拟专用网是一种连接，从表面上看它类似一种专用连接，但实际上是在共享网络上实现的。它常使用一种被称作“隧道”的技术，数据包在公共网络上的专用“隧道”内传输，专用“隧道”用于建立点对点的连接。来自不同数据源的网络业务经由不同的隧道在相同的体系结构上传输，并允许网络协议穿越不兼容的体系结构，还可区分来自不同数据源的业务，因而可将该业务发往指定的目的地，并接受指定等级的服务。

隧道的组成:①一个隧道启动器;②一个路由网络(Internet);③一个可选的隧道交换机;④一个或多个隧道终结器。

隧道启动和终止可由许多网络设备和软件来实现。例如,一个隧道可以由一台位于ISP服务点的适用于虚拟专用网的接入集中器建立,亦可由一台企业分支机构或办公室局域网的防火墙建立,该防火墙也需要适用于虚拟专用网。或者还可由一台带有模拟的PC调制解调卡和装有适用于虚拟专用网的拨号软件的便携机来建立。一个通道可由ISP的网络接入路由器的虚拟专用网网关终止,或者由隧道终结器或企业网的交换机终止。

此外,通常还需要一台或多台安全服务器,虚拟专用网除了具备常规的防火墙和地址转换功能,还应具有数据加密、鉴别和授权的功能。安全服务器通常也提供带宽和隧道终端节点信息,在某些情况下还可提供网络规则信息和服务等级信息。

要建立隧道,现在所用的安全协议主要是PPTP/L2TP协议或IPSec协议。

虚拟专用网的工作原理:在远程访问虚拟专用网的情况下,远程访问客户需要向远程访问服务器发送点对点协议(PPP)数据包。同样,在采用局域网对局域网的虚拟租用线路(VLL)的情况下,一个局域网上的路由器需向另一局域网的路由器发送PPP数据包。

不同的是,客户机对服务器的情况下,PPP数据包不是通过专用线路传送,而是通过共享网络的隧道进行传送。虚拟专用网的作用就如同在广域网上拉一条串行电缆。PPP协议经过协商,在远程用户和隧道终止设备之间建立一条直接连接。创建符合标准的虚拟专用网隧道经常采用下列方法:将网络协议(IP、IPX、AppleTalk等)封装到PPP协议中,典型的隧道协议是IP协议,但也可是ATM协议或帧中继协议。由于传送的是第二层协议,故该方法被称为“第二层隧道”。另一种选择是:将网络协议直接封装进隧道协议中,例如虚拟隧道协议(VTP)中。由于传送是第三层协议,故该方法被称为“第三层隧道”。

隧道启动器在隧道内封装的是在TCP/IP包中封装原生包,例如IPX包。包括控制信息在内的整个IPX包都将成为TCP/IP包的负载,然后它通过Internet传输。另一端隧道终结器的软件打开包并将其发送给原来的协议进行常规处理。

2. VPN的应用

(1)通过Internet实现安全远程用户访问。一个系统配备了IP安全协议的最终用户,可以通过调用本地ISP来获得对一个公司网络的安全访问,这为在外出差的雇员或远程工作者减少了长途通信费用。

(2)通过Internet实现网络互连。通过Internet实现两个相互信任的内部网络的安全连接,可以采用两种方式使用VPN技术来连接远程局域网:一是使用专线连接分支机构和网络局域网;二是使用拨号线路连接分支机构和企业局域网。

(3)连接企业内部网络计算机。在企业的内部网络中,某些部门可能存有重要数据,为确保数据的安全性,传统的方式只能是把这些部门同整个企业网络断开。这种方式虽然保护了部门重要信息,同时也与其他部门的用户无法连接,造成通信困难。采用VPN方案,通过使用一台VPN服务器,既能实现与整个企业网络的连接,又可以保护敏感数据的安全性;企业网络管理人员可以设置用户访问VPN服务器和获得敏感数据的权限。

实践演练

学习任务6-2 实践任务书

任务目标	通过实践了解安全防护软硬件情况,掌握计算机安全防护方法手段。
环境需求	1. 互联网接入; 2. 计算机(每人1台); 3. 任务考核表(教学包下载,电子方式上传)。
任务描述	任务一 1. 百度搜索"防火墙解决方案",了解各类防火墙类型、实物形态、特性与优点。 2. 到中关村在线 www.zol.com.cn 或太平洋电脑 www.pconline.com"产品报价"栏目下"防火墙、utm、vpn",查看各类防火墙价格,分析各防火墙性能指标及网上评论,以高、中、低三个档次各推荐一款防火墙产品。 3. 百度搜索"防火墙 免费版"关键词,下载天网等任意一款软件防火墙并进行安装与设置。查看防火墙日志,复制提交。 任务二 1. 到 www.360.cn 网站下载360免费杀毒软件,进行安装、设置和升级,之后对本人使用的计算机进行病毒查杀,将查杀结果报告提交。 2. 到 www.360.cn 网站下载360安全卫士最新版进行安装和设置,之后进行电脑体检、清理插件、修复漏洞、木马查杀。将结果填入考核表相应栏目。
任务间歇	小游戏:测试你的杀毒软件(资源包提供——杀软测试.txt)。
小调查	1. 你用过哪些杀毒软件?你觉得哪款好? 2. 你的个人电脑安装反黑客防火墙了吗?
任务拓展	你都知道哪些杀毒软件和防火墙? 登入瑞星、江民、金山毒霸网站查看相关安全咨询。

学习任务 6-2 考核单

姓名：　　　　　　　　　　　学号：

序号	任务	分值	总结与归纳	成绩
1	病毒查杀报告	20 分		
2	电脑体检、清理插件、修复漏洞、木马查杀报告	20 分		
3	防火墙日志	20 分		
4	你推荐的防火墙价格及特性	20 分		
5	防火墙类型	20 分		
合计				

注：请从资源包下载电子版填写并上传。

学习任务 6-3　网上交易安全防范

情景导入：小米和同学们对网络上的安全防范有了初步的了解，小米知道尽管自己的计算机安全，但是黑客技术也不断提高，世界上没有无懈可击的网络，监听、窃取、仿冒现在还是层出不穷，那么如何在一定程度上防止自己的资料泄漏、被窃取或删除？如何保障通信与交易安全？你能教一教小米吗？

理论学习

一、加密技术

加密技术是电子商务采取的主要安全措施，交易双方可根据需要在交换信息时采用不同的加密技术。目前，加密技术分为两类，即对称加密和非对称加密。任何一个加密系统至少包括下面四个组成部分：①未加密的报文，也称明文；②加密后的报文，也称密文；③加密与解密设备或算法；④加密与解密的密钥。

加解密的基本过程可以简单描述为：发送方用加密密钥，通过加密设备或算法，将信息加密后发送出去。接收方在收到密文后，用解密密钥将密文解密，恢复为明文。明文文件经过处理后变成不可读的代码即密文，密文只有在输入相应的密钥后才能显示出文件的本来内容，通过这种途径来达到保护数据不被非法窃取、阅读的目的。

根据密码算法使用的加密密钥和解密密钥是否相同，将密码体制分为对称和非对称两种，前者又称作私有密钥体制，后者称为公开密钥体制。

(一)对称加密技术

在对称加密方法中，对信息的加密和解密都使用相同的密钥，或者一个密钥可由另一个导出。图 6-5 为运用对称加密算法进行信息传递的过程。

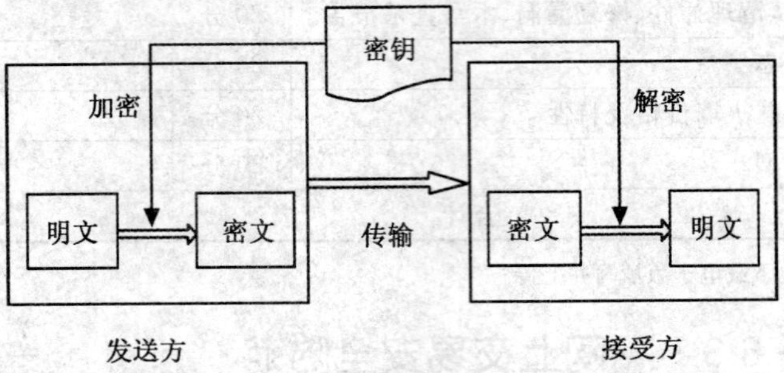

图 6-5 运用对称加密算法传递信息

使用对称加密方法将简化加密处理过程，贸易方不必彼此研究和交换专用的加密算法，而是采用相同的加密算法并只交换共享的专用密钥。常用的对称加密算法有 DES、IDEA、AES、RC2、RC4 等。数据加密标准(DES)由美国国家标准局提出，是目前广泛采用的对称加密方式之一，主要应用于银行业中的电子资金转账(EFT)领域。DES 的密钥长度为 56 位。三重 DES 是 DES 的一种变形。这种方法使用两个独立的 56 位密钥对交换的信息(如 EDI 数据)进行 3 次加密，从而使其有效密钥长度达到 112 位。国际数据加密算法(IDEA)较 DES 的加密性好，而且对计算机功能需求也没有那么高。IDEA 加密标准主要用于 PGP(Pretty Good Privacy)系统。RC2 和 RC4 方法是 RSA 数据安全公司的对称加密专利算法。RC2 和 RC4 不同于 DES，它们采用可变密钥长度的算法。通过规定不同的密钥长度，RC2 和 RC4 能够提高或降低安全的程度。

对称加密算法使用起来简单快捷，密钥较短，且破译困难，但在实际交易过程中也存在一些问题，比如：①需求提供一条安全的渠道使通讯双方在首次通讯时协商一个一起的密钥。直接的面对面协商可能是不现实而且难于实施的，所以双方可能需要借助于邮件和电话等其他相对不够安全的手段来进行协商。②密钥的数目难于管理。因为对于每一个合作者都需要使用不同的密钥，非常难适应开放社会中大量的信息交流。③对称加密算法一般不能提供信息完整性的鉴别。④对称密钥的管理和分发工作是一件具有潜在危险的和繁琐的过程。对称加密是基于交易双方共同保守秘密来实现的，采用对称加密技术的贸易双方必须确保采用的是相同的密钥，确保彼此密钥的交换是安全可靠的，同时还要设定防止密钥泄密和更改密钥的程式。

(二)非对称加密技术

为解决信息公开传送和密钥管理问题,1976 年,美国学者 Dime 和 Henman 提出一种新的密钥交换协议,允许在不安全的媒体上的通讯双方交换信息且安全地达成传递任务的密钥,这就是"公开密钥系统"。相对于"对称加密算法",这种方法也叫做"非对称加密算法"。图 6-6 为运用非对称加密算法传递信息的过程。

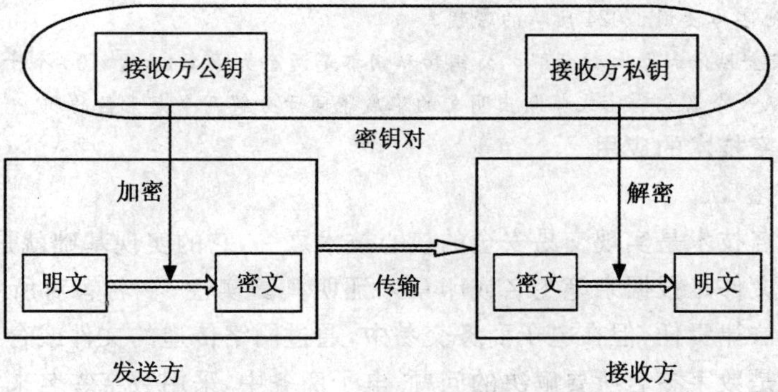

图 6-6　运用非对称加密算法传递信息

过程描述如下:接收方生成一对密钥并将其中的一把作为公开密钥向其他方公开;得到该公开密钥的发送方使用该密钥对机密信息(明文)进行加密后(生成密文)再发送给接收方;接收方再用自己保存的另一把私有密钥对加密后的信息进行解密。

和对称加密算法不同,非对称加密算法需要两个密钥:公开密钥(public-key)和私有密钥(private-key)。公开密钥和私有密钥是一对,如果用公开密钥对数据进行加密,只有用对应的私有密钥才能解密;相反,如果用私有密钥对数据进行加密,那么只有用对应的公开密钥才能解密。非对称加密方式可以使通信双方无须事先交换密钥就可以建立安全通信,广泛应用于身份认证、数字签名等信息交换领域。最具有代表性的非对称加密算法是 RSA,此外常用的公钥加密算法还有 MD5、LUC、椭圆曲线等算法。

非对称加密算法的保密性比较好,他消除了最终用户交换密钥的需要,但加密和解密速度慢、耗时长,不适合于对大量文件加密。

小资料　**RSA 算法简介**

RSA 算法产生于 1978 年,它是第一个既能用于数据加密也能用于数字签名的算法。算法的名字以发明者的名字命名:Ron Rivest, AdiShamir 和 Leonard Adleman。RSA 从提出到现在已近 20 年,经历了各种攻击的考验,逐渐为人们所接受,普遍认为是目前最优秀的公钥方案之一。RSA 的安全性依赖于大数的因子分解，但并没有从理论上证明破译 RSA 的难度与大数分解难度等价。

RSA 的缺点主要有：

- 产生密钥很麻烦，受到素数产生技术的限制，因而难以做到一次一密。
- 分组长度太大，为保证安全性，n 至少也要 600 比特以上，使运算代价很高，尤其是速度较慢，较对称密码算法慢几个数量级；且随着大数分解技术的发展，这个长度还在增加，不利于数据格式的标准化。目前，SET(Secure Electronic Transaction)协议中要求 CA 采用 2 048 比特长的密钥，其他实体使用 1 024 比特的密钥。

RSA 的安全性依赖于大数分解。公钥和私钥都是两个大素数(大于 100 个十进制位)的函数。据猜测，从一个密钥和密文推断出明文的难度等同于分解两个大素数的积。

(三)加密技术的应用

1. 数字签名

数字签名技术是实现交易安全的核心技术之一，它的实现基础就是加密技术。传统书信或文件是根据亲笔签名或印章来证明其真实性，签名者对所签署的文件负有相应的法律责任，但在电子商务交易中，通过网络传递的文件或合同又如何盖章呢？这就是数字签名所要解决的问题，电子商务中，采用数字签名来实现上述功能。在电子商务安全保密系统中，数字签名技术有着特别重要的地位，在电子商务安全服务中的源鉴别、完整性鉴别、不可否认服务中，都需要用到数字签名技术。

采用数字签名，能确认以下两点：

(1)信息是由签名者发送的，接收者能够核实发送者对报文的签名，发送者事后不能抵赖对报文的签名；

(2)信息从签发后到收到为止未曾做过任何修改，接收者不能伪造对报文的签名。

因此，数字签名可以用来防止电子信息因易被修改而有人作伪，或冒用他人名义发送信息，或发送(收到)信息后又加以否认等情况发生。

图 6-7 和图 6-8 分别描述了数字签名的生成和验证过程。发送方运用 HASH 函数将源信息(明文)加密，生成信息摘要，然后再用自己的私钥再对该摘要加密，形成数字签名，与明文一起发送给接收者。接收方接收到该“明文＋签名”后，用发送方的公钥解密被加密的摘要，然后用 HASH 函数对收到的明文信息在计算出一个摘要，比较再次生成的摘要与解密得到的摘要，如果二者相同，说明收到的信息是完整的，即在传输过程中信息未被修改过，否则表示所收到的信息并非发送方要发送的明文信息。

另一方面，由于只有发送方拥有签名所用的私钥，所以其无法否认该电子文件非由他所发送。

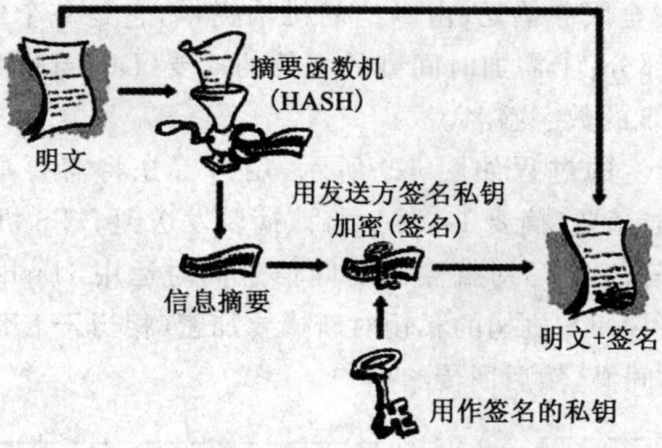

图 6-7　数字签名的生成

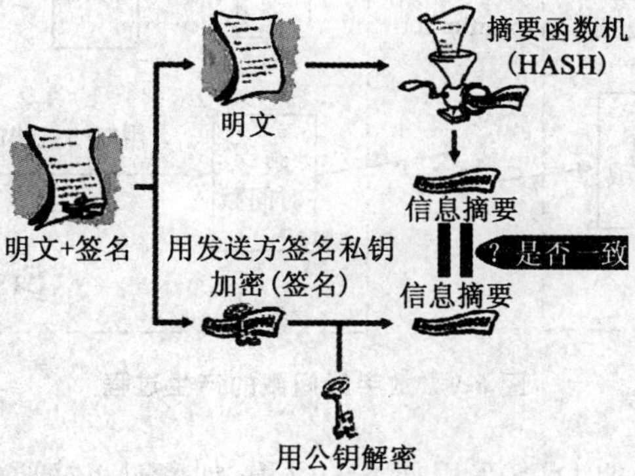

图 6-8　数字签名的验证

数字签名同传统的手写签名相比有许多不同之处：首先，数字签名中的签名同信息是分开的，需要用一种方法将签名与信息联系在一起，而在传统的手写签名中，签名与所签署的信息文件是一个整体。其次，在签名验证的方法上，数字签名利用一种公开的方法对签名进行验证，任何人都可以对之进行检验。而传统的手写签名的验证，是由经验丰富的接收者通过同预留的签名样本相比较而做出判断的。最后，在数字签名中，有效签名的复制同样是有效的签名，而在传统的手写签名中，签名的复制是无效的。

2. 数字时间戳

在各种政务和商务文件中，时间是十分重要的信息。在书面合同中，文件签署的日期和签名一样均是十分重要的防止文件被伪造和篡改的关键性内容。在电子文件中，同样需对文件的日期和时间信息采取安全措施，而数字时间戳服务(Digital Time-stamp Service，DTS)就是用来为电子文件发表的时间提供安全保护的。

DTS是网上安全服务单元,由专门的机构提供,它是一个经加密后形成的凭证文档,包括三个部分:①需加时间戳的文件的摘要(Digest);②DTS收到文件的日期和时间;③DTS的数字签名。

数字时间戳产生的过程如图6-9所示,用户首先将需要加时间戳的文件用Hash编码加密形成摘要(摘要1),然后将该摘要发送到DTS机构,DTS收到摘要后,对其加入时间信息,然后对摘要和时间信息同时运用Hash编码计算,形成新的摘要,然后再运用DTS机构的私钥对新摘要加密(相当于DTS对新摘要的数字签名),形成数字时间戳,然后回传给用户。

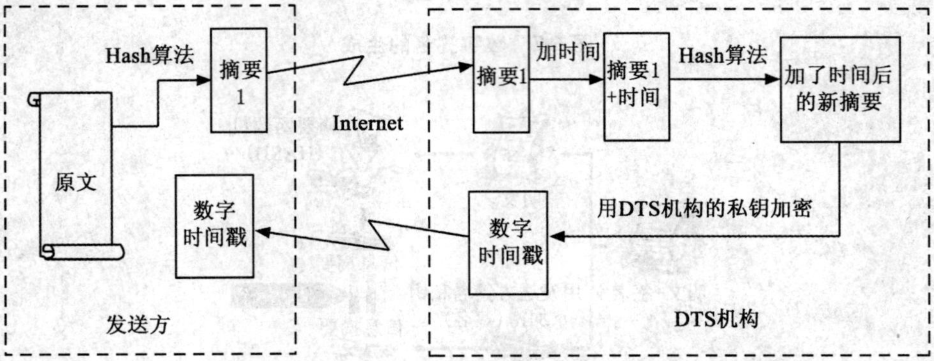

图6-9 数字时间戳的产生过程

由Bellcore创造的DTS采用如下的过程:加密时将摘要信息归并到二叉树的数据结构;再将二叉树的根值发表在报纸上,这样更有效地为文件发表时间提供了佐证。注意,书面签署文件的时间是由签署人自己写上的,而数字时间戳则不然,它是由认证单位DTS来加的,以DTS收到文件的时间为依据。因此,时间戳也可作为科学家的科学发明文献的时间认证。

二、电子商务中的认证技术

在信息安全领域,一方面是保证信息的保密性,防止通信中的机密信息被窃取和破译,防止对系统进行被动攻击;另一方面是保证信息的完整性和有效性。既要搞清楚通信双方身份的真实性,也要证实信息在传输过程中没有被篡改、伪造,并防止接收方在接收信息后发送方的抵赖行为,从而防止外界对系统的主动攻击。

认证,是指核实真实身份的过程,是防止主动攻击的重要技术,它对于保证开放环境下各种信息系统的安全性具有重要作用。根据认证对象的不同,认证主要分为两个方面:一是消息认证,主要是验证信息的完整性,即验证信息在传输或存储过程中是否被篡改、伪造或重复发送等，消息认证主要是通过数字签名来实现；二是实体认证，是对参与交易的各方的身份认证，在电子商务系统中，身份认证主要是通过数字证书技术来实现，数字证书的发放和管理则由第三方认证机构 CA (Certificate Authority，证书授权中心）通过一套完整的认证系统来完成。

（一）数字证书的原理

数字证书是一种权威性的电子文档，存有很多数字和英文，当使用数字证书进行身份认证时，它将随机生成 128 位的身份码，每份数字证书都能生成相应但每次都不可能相同的数码，从而保证数据传输的保密性，即相当于生成一个复杂的密码。数字证书提供了一种在 Internet 上验证身份的方式，俗称“网络身份证”，也称为数字凭证、公开密钥证书，其作用类似于司机的驾驶执照或日常生活中的身份证。与物理身份证不同的是，数字证书还具有安全、保密、防篡改的特性，可以对网上传输的信息进行有效的保护和安全的传递。例如，在最常用的电子政务应用中，企业网上报税越来越受到欢迎和重视，在此过程中，纳税人必须通过使用标识其身份的数字证书登录网上纳税服务系统方可安全的进行网上税收的申报，正是借助于这种企业数字证书，才能表明该企业的有效身份并证明其纳税事实。

另外，数字证书也必须具有唯一性和可靠性。为了达到这一目的，需要采用很多技术来实现。通常，数字证书采用公钥体制，即利用一对互相匹配的密钥进行加密、解密。每个用户自己设定一把特定的仅为本人所有的私有密钥（私钥），用它进行解密和签名；同时设定一把公共密钥（公钥）并由本人公开，为一组用户所共享，用于加密和验证签名。当发送一份保密文件时，发送方使用接收方的公钥对数据加密，而接收方则使用自己的私钥解密，这样信息就可以安全无误地到达目的地了。通过数字的手段保证加密过程是一个不可逆过程，即只有用私有密钥才能解密。

用户也可以采用自己的私钥对信息加以处理，由于密钥仅为本人所有，这样就产生了别人无法生成的文件，也就形成了数字签名。采用数字签名，能够确认以下两点：

(1)保证信息是由签名者自己签名发送的，签名者不能否认或难以否认；

(2)保证信息自签发后到收到为止未曾做过任何修改，签发的文件是真实文件。

（二）数字证书的内容

数字证书的国际标准是国际电信联盟(ITU-T)制定的 X.509 数字证书标准。为了提供公用网络用户目录信息服务，ITU 于 1988 年制定了 X.500 系列标准。其中 X.500 和 X.509 是安全认证系统的核心，X.500 定义了一种区别命名规则，以命名树来确保用户名称的唯一性;X.509则为X.500用户名称提供了通信实体鉴别机制,并规定了实体鉴别过程中广泛适用的证书语法和数据接口,X.509称之为证书。

一个标准的X.509数字证书包含(但不限于)以下一些内容:

(1)证书的版本信息;

(2)证书的序列号,每个证书都有一个唯一的证书序列号;

(3)证书所使用的签名算法;

(4)证书的发行机构名称,命名规则一般采用X.500格式;

(5)证书的有效期,现在通用的证书一般采用UTC时间格式,它的计时范围为1950—2049;

(6)证书所有人的名称,命名规则一般采用X.500格式;

(7)证书所有人的公开密钥;

(8)证书发行者对证书的数字签名。

目前,X.509标准在编排公共密钥格式方面已被广泛接受,并用于许多网络安全应用程序,其中包括IP安全(Ipsec)、安全套接层(SSL)、安全电子交易(SET)、安全多媒体INTERNET邮件扩展(S/MIME)等。

(三)数字证书的类型

基于数字证书的应用角度,目前的数字证书类型主要包括个人身份证书、企业或机构身份证书、支付网关证书、服务器证书、代码签名证书、安全电子邮件证书。

(1)个人身份证书。符合X.509标准的数字安全证书,证书中包含个人身份信息和个人的公钥,用于标识证书持有人的个人身份。数字安全证书和对应的私钥存储于Usb-key中,用于个人在网上进行合同签订、订单、录入审核、操作权限、支付信息等活动中标明身份。

(2)企业或机构身份证书。符合X.509标准的数字安全证书,证书中包含企业信息和企业的公钥,用于标识证书持有企业的身份。数字安全证书和对应的私钥存储于Usb-key或IC卡中,可以用于企业在电子商务方面的对外活动,如合同签订、网上证券交易、交易支付信息等方面。

(3)支付网关证书。支付网关证书是证书签发中心针对支付网关签发的数字证书,是支付网关实现数据加解密的主要工具,用于数字签名和信息加密。支付网关证书仅用于支付网关提供的服务(Internet上各种安全协议与银行现有网络数据格式的转换)。支付网关证书只能在有效状态下使用,且支付网关证书不可被申请者转让。

(4)服务器证书。符合X.509标准的数字安全证书,证书中包含服务器信息和服务器的公钥，在网络通信中用于标识和验证服务器的身份。数字安全证书和对应的私钥存储于 Usb-key 中。服务器软件利用证书机制保证与其他服务器或客户端通信时双方身份的真实性、安全性、可信任度等。

(5)代码签名证书。代码签名证书是 CA 中心签发给软件提供商或软件开发人员的数字证书，分为企业代码签名证书和个人代码签名证书，包含软件提供商的身份信息、公钥及 CA 的签名。软件提供商(或软件开发人员)使用代码签名证书对软件进行签名后放到 Internet 上，当用户在 Internet 上下载该软件时，将会得到提示，从而可以确信：软件的来源；软件自签名后到下载前，没有遭到修改或破坏。

(6)安全电子邮件证书。符合 X. 509 标准的数字安全证书，通过 IE 或 Netscape 申请，用 IE 申请的证书存储于 Windows 注册表中，用 Netscape 申请的存储于个人用户目录下的文件中。安全电子邮件证书结合数字证书和 S/MIME 技术，对普通电子邮件做加密和数字签名处理，保证电子邮件内容的安全性、机密性、发件人身份确认性和不可抵赖性。

(四)数字证书的应用

(1)通过 S/MIME 协议实现的安全电子邮件系统；

(2)通过 SSL 协议实现浏览器与 Web 服务器之间的安全通信；

(3)通过 SET 协议实现信用卡网上安全支付。

(五)证书认证机构

证书认证机构(CA)是受法律承认的第三方权威机构，主要提供交易双方的信用保障，负责发放和管理数字证书，使网上交易的各方能够相互确认身份。CA 具有权威性、公正性和可信赖性。

目前，几乎所有的认证系统均采用公钥体系结构(Public Key Infrastructure，PKI)框架来管理密钥和证书。PKI 是一种遵循既定标准的密钥管理平台，是利用公钥理论和技术建立的提供网络安全服务的基础设施，是电子交易的关键性技术。

1. CA 的职能

CA 认证中心的主要职能包括：

(1)证书的颁发。指受理电子商务中各交易实体的申请，核实情况，批准或拒绝申请，签发数字证书。

(2)证书的更新。数字证书一般均有有效期，证书持有者必须定期到 CA 中心更新证书，才能使证书不过期作废，同时减小密钥长期使用后存在被破译的危险。数字证书的更新过程与发放过程是一样的。

(3)证书的废除。证书的废除主要来源于两方面原因：一种是证书已经过了有效期或上级认证中心对下级认证中心不能信赖时，将证书作废；另一种是当客户发现自己的私钥丢失或泄露，或由于身份信息的更新或中止时，可主动申请撤销数字证书，证书机构根据用户请求确定是否将该证书作废。证书废除后，不能将作废的证书简单地丢弃，因为有时可能涉及验证以前某个交易过程中数字签名的真实性之类的问题，认证机构通过证书废除列表（Certificate Revocation List，CRL）完成上述功能。

(4)证书的验证。进行电子交易时，可通过出示由某个 CA 签发的证书来证明自己的身份，如果对方对签发证书的 CA 本身不信任，则可验证 CA 的身份，逐级进行，一直到公认的权威 CA 处，就可确信证书的合法性、有效性。

2. 知名的认证中心

(1)中国金融认证中心。中国金融认证中心（China Financial Certification Authority，CFCA）于 2000 年 6 月 29 日挂牌成立，是经中国人民银行和国家信息安全管理机构批准成立的国家级权威的安全认证机构，是重要的国家金融信息安全基础设施之一，也是《中华人民共和国电子签名法》颁布后，国内首批获得电子认证服务许可的 CA 之一。CFCA 作为权威、公正的第三方安全认证机构，采用国际主流的 PKI（Public Key Infrastructure，公钥基础设施）技术，通过发放数字证书确保网上信息传递双方身份的真实性、信息的保密性和完整性以及网上交易的不可否认性。

CFCA 提供适用于企业、个人、Web 站点、VPN、电子邮件、手机应用等在内的十多种数字证书服务和安全电子印章、时间戳、动态口令、网上银行托管、安全评估、IT 审计、安全产品测评、安全集成开发等多种信息安全服务。

(2)中国电信 CA 安全认证系统。中国电信 CA 安全认证系统（China Telecom Certification Authority，CTCA）有一套完善的证书发放体系和管理制度，采用三级管理结构：国家 CA 安全认证中心、省级 RA 中心以及地市业务受理点，为参与电子商务的不同用户提供个人证书、企业证书和服务器证书。目前，已经开发了网上安全支付系统、网上购物系统、电子银行系统、电子订票系统、网上保税系统等一系列基于 CTCA 系统的电子商务应用。

(3)中国电子邮政安全证书管理中心。中国邮政数字证书管理中心，是保证电子邮政安全的基础设施。它负责电子证书的申请、签发、制作、废止、认证和管理，提供网上客户身份认证、数字签名、电子公证、安全电子邮件等服务业务。成立中国邮政数字证书管理中心，正是中国邮政为开拓和规范电子邮政服务的关键环节之一。

(4)上海市数字证书认证中心。上海市数字证书认证中心（SHECA）成立于 1998 年，是中国第一家专业的第三方网络安全和信任服务提供商，专门从事信息安全技术认证和安全信任服务以及相关产品的研发和整合，为客户提供信息安全整体解决方案与第三方服务。

目前，国内 CA 建设仍处于起步阶段，需要逐步改进和不断完善。自 1998 年国内第一家以实体形式运营的上海 CA 中心成立以来，全国各地、各行业纷纷上马建成了几十家不同类型的 CA 认证机构。如果从 CA 中心建设的背景来分，国内的 CA 中心大致可以分为三类：行业建立的 CA，如 CFCA、CTCA 等；政府授权建立的 CA，如上海 CA、北京 CA 等；商业性 CA。

就目前的情况而言，CA 的概念已经深入到电子商务的各个层面，但就其应用而言，还远远不够，都还存在一些问题。在技术层面上，由于受到美国出口限制的影响，国内的 CA 认证技术完全靠自己研发，由于参与部门很多，导致了标准不统一，既有国际上的通行标准，又有自主研发的标准，即便是同样的标准，其核心内容也有所偏差，这必将导致交叉认证过程中出现“公说公有理，婆说婆有理”的局面。在应用层面上，一些 CA 认证机构对证书的发放和审核不够严谨。目前国内相关的 CA 中心在颁发 CA 证书前虽然也竭力进行真实身份的审核，但由于进行相关审核的人员往往是 CA 中心自己的工作人员或其委托的其他人员，从法理上讲这些审核人员不具备法律上所要求的审核证明人资格，也无法承担相应的法律责任；另一方面现在的 CA 中心本身往往也是交易或合同的一方，难免存在不公正性。在分布格局上，很多 CA 认证机构还存在明显的地域性和行业性，无法满足充当面向全社会的第三方权威认证机构的基本要求，而就互联网而言，不应该也不可能存在地域限制。

三、安全协议

电子商务的安全机制逐渐走向成熟，为保证电子交易安全进行，国际上逐渐形成了交易规范和标准，其中 SSL(Secure Sockets Layer，安全套接层协议)和 SET (Secure Electronic Transaction，安全电子交易协议)是安全交易体系中最具有代表性的两种交易规范。

(一)SSL 协议

安全套接层协议 SSL 是网景公司(Netscape)提出的基于公钥密码机制的网络安全协议，用于在客户端浏览器软件与 Web 服务器之间建立一条安全通道，实现 Internet 上信息传送的保密性。它包括服务器认证、客户认证(可选)、SSL 链路上的数据完整性和 SSL 链路上数据保密性。现在国内外一些对保密性要求较高的网上银行、电子商务和电子政务等系统大多数是以 SSL 协议为基础建立的，SSL 协议已成为 Web 安全方面的工业标准。目前广泛采用的是 SSL3.0 版。

1. SSL 协议功能

SSL 提供的面向连接的安全性作用，具有以下三个基本功能：

(1)连接是秘密的，在初始握手定义会话密钥后，用对称密码(例如用 DES)加密数据。

(2)连接是可认证的，实体的身份能够用公钥密码(例如 RSA、DSS 等)进行认证。

(3)连接是可靠的，消息传输包括利用安全 Hash 函数产生的带密钥 MAC (Message Authentication Code，报文鉴别码)。

2. SSL 协议特点

SSL 协议综合运用了对称加密、非对称加密及数字签名技术。SSL 协议独立于应用层，可加载任何高层应用协议，因此 SSL 协议适合为各类客户机/服务器产品提供安全传输服务。

SSL 协议提供一种加密的握手会话，使客户端和服务器端实现身份验证、协商加密算法和压缩算法、交换密钥信息。这种握手会话通过数字签名和数字证书来实现客户和服务器双方的身份验证，采用 DES、MD5 等加密技术实现数据的保密性和完整性。在用数字证书对双方的身份验证后，双方就可以用密钥进行安全会话。

SSL3.0 分为 SSL 记录层和 SSL 协商层，分别对应以下两个协议：

(1)SSL 记录协议。它涉及应用程序提供的信息分段、压缩、数据认证和加密。

(2)SSL 握手协议。用来交换版本号、加密算法、(相互)身份认证并交换密钥。

3. 基于 SSL 协议的会话过程

SSL 协议是一个保证计算机通信安全的协议，对通信对话过程进行安全保护。例如，一台客户机与服务商连接上后，首先是要初始化握手协议，然后就建立了一个 SSL。双方对话，直到对话结束，安全套接层协议都会对整个通信过程加密，并且检查其完整性。

(1)接通阶段。客户通过网络向服务商打招呼，服务商回应。

(2)密码交换阶段。客户与服务器之间交换双方认可的密码，一般选用 RSA 密码算法，也有的选用 Diffie-Hellmanf 和 Fortezza-KEA 密码算法。

(3)会谈密码阶段。客户与服务商间产生彼此交谈的会谈密码。

(4)检验阶段。检验服务商取得的密码。

(5)客户认证阶段。验证客户的可信度。

(6)结束阶段。客户与服务商之间相互交换信息。

当上述动作完成之后，两者间的资料传送就会加密，接收方收到资料后，再将编码资料还原。在电子商务交易过程中，由于有银行参与，按照 SSL 协议，客户的购买信息首先发往商家，商家再将信息转发银行，银行验证客户信息的合法性后，通知商家付款成功，商家再通知客户购买成功，并将商品寄送客户。

(二)SET 协议

SET 协议是美国 Visa 和 MasterCard 两大信用卡组织与技术合作伙伴 Microsoft、VeriSign、GTE、IBM 等一批跨国公司联合于 1997 年 5 月 31 日推出的用于电子商务的行业规范，其实质是一种应用在 Internet 上、以信用卡为基础的电子支付系统规范，目的是为了保证网络交易的安全。SET 妥善地解决了信用卡在电子商务交易中的交易协议、信息保密、资料完整以及身份认证等问题。SET 已获得 IETF 标准的认可，是目前公认的借记卡/信用卡进行网上交易的国际安全交易协议，是电子商务的发展方向。

1. SET 支付系统的组成

SET 支付系统主要由持卡人(CardHolder)、商家(Merchant)、发卡行(Issuing Bank)、收单行(Acquiring Bank)、支付网关(Payment Gateway)、认证中心(Certificate Authority)等六个部分组成。对应地，基于 SET 协议的网上购物系统至少包括电子钱包软件、商家软件、支付网关软件和签发证书软件。

2. 基于 SET 协议的支付流程

(1)客户通过互联网浏览商品，在线填写订单信息。

(2)与商家联系，商家做出应答，告诉客户所填订货单的货物单价、应付款数、交货方式等信息是否准确，是否有变化。

(3)客户选择在线支付方式，在进行商家身份认证后，确认订单签发付款指令。此时 SET 开始介入。

(4)在 SET 中，客户必须对订单和付款指令进行数字签名，同时利用双重签名技术保证商家看不到客户的账号信息。

(5)商家接受订单后，向客户所在银行请求支付认可。信息通过支付网关到收单银行，再到电子货币发行银行确认。批准交易后，返回确认信息给商家。

(6)商家检查支付网关发送过来的相关信息，确认无误后发送货物或提供服务给客户，并通知收单银行将钱从客户的账号转移到商家账号，或通知发卡银行请求支付。在认证操作和支付操作中间一般会有一个时间间隔，如在每天的下班前请求银行结一天的账。

(7)商家发送经过加密和签名的订单确认信息给客户。客户端软件可记录交易日志，以备将来查询。至此，本次交易与支付结束。

前两步与 SET 无关，从第三步开始 SET 起作用，在处理过程中对通信协议、请求信息的格式、数据类型的定义等，SET 都有明确的规定。在操作的每一步，客户、商家、支付网关都通过 CA（认证中心）来验证通信主体的身份，以确保通信的对方不是冒名顶替，所以也可以简单地认为 SET 规格充分发挥了认证中心的作用，以维护在任何开放网络上的电子商务参与者所提供信息的真实性和保密性。

3. SET 的优缺点

SET 与 SSL 相比主要有以下四个方面的优点：

(1)SET 对商家提供了保护自己的手段，使商家免受欺诈的困扰。

(2)对客户而言，SET 保证了商家的合法性，并且用户的信用卡号不会被窃取。

(3)银行和发卡机构以及各种信用卡组织非常喜爱 SET，因为信用卡网上支付具有更低的欺骗概率。

(4)SET 对于参与交易的各方定义了互操作接口，一个系统可以由不同厂商的产品构筑。

SET 协议的缺陷：

(1)协议没有说明收单银行给商家付款前，是否必须收到客户的货物接收证书。否则，商家提供的货物不符合质量标准，客户提出疑义后，责任承担问题没有保障。

(2)协议没有担保“非拒绝行为”，这意味着商家没有办法证明订购是否由签署证书的客户发出的。

(3)SET 规范没有提及事务处理完成后，如何安全地保存或销毁此类数据，是否应当将数据保存在客户、商家或收单银行的计算机内。

(4)SET 协议过于复杂，使用麻烦，成本高。

(5)SET 支付方式和认证结构适应于卡支付，对其他支付方式是有所限制的。

实践演练

学习任务 6-3 实践任务书

任务目标	学生通过访问 CA 认证网站，了解如何进行 CA 认证，并进行真实演练，再通过数字证书的使用，使学生真正掌握电子商务交易安全的防范技术。
环境需求	1. 互联网接入； 2. 计算机（每人 1 台）； 3. 任务考核表（教学包下载，电子方式上传）。

续

任务描述	任务一 1. 百度搜索“加密技术”，了解其原理。 2. 利用资源包加密软件进行文件加密。 3. 利用 WYWZ 控制台(资源包下载)进行文件完全删除加密解密。 任务二 学生访问如下网站，查找各类 CA 认证的申请流程和价格。 1. www.cfca.com.cn 2. www.chinapost.com.cn/ca 3. www.sheca.com 4. www.chinautrust.com 5. www.cnca.net 6. www.bjca.org.cn 7. www.ca365.com 任务三 1. 到 www.ca365.com 申请免费数字证书并安装查看。 2. 安装和使用电子邮件证书。 3. 申请支付宝数字证书。 4. 下载核新 SSL 安全代理客户端系统，SSL 核心软件安装与使用。
任务拓展	网络安全和电子商务安全是什么关系？

学习任务 6-3 考核单

姓名：　　　　　　　　学号：

序号	任务	分值	操作结果评价	成绩
1	加密文件操作	20 分		
2	个人 CA 认证流程	20 分		
3	企业 CA 认证流程	20 分		
4	邮件与支付宝数字证书安装	20 分		
5	核新 SSL 软件安装与使用	20 分		
合计				

注：请从资源包下载电子版填写并上传。

行动指南针

一、文件(夹)加密操作指南

文件加密工具软件很多,下面只提供几款供学习。

实例体验1:利用FileEnc工具加密文件。FileEnc是一个文件加密工具(资源包提供),可对任何文件进行加密。使用非常简单,只要先指定需要加密的文件,再点加密按钮,输入密码后就可以完成加密过程,解密方法也一样。友情提示:一定要记好加密密码,如果忘记了,无法恢复,操作如图6-10所示。

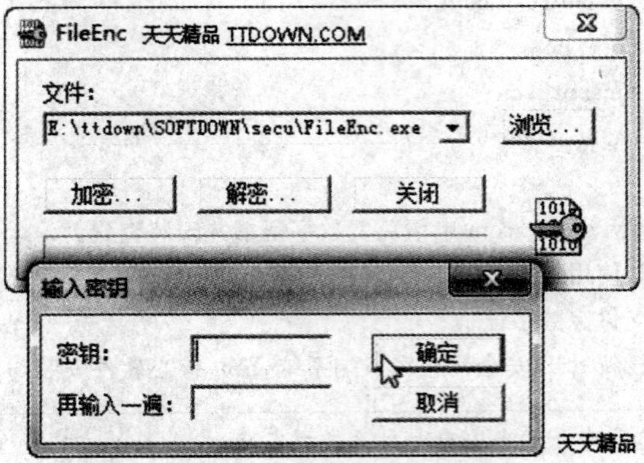

图 6-10　FileEnc 工具加密

实例体验2:甲盾文件夹加密工具。该工具可以方便地加密任意文件夹,并且支持U盘加密、移动硬盘加密。人性化设置,简单易用,即使是电脑新手,10 s就能掌握操作。加密速度极快,上百G的数据仅需1 s完成。没有大小限制。本软件为绿色免费软件,无须安装,不用时直接删除本程序即可。操作如图6-11所示。

实例体验3:wywz文件彻底删除与文件加密。wywz是一款系统维护工具,功能全面,可以完全删除文件,不可恢复,还可以对文件、文件夹、计算比较MD5等,还有一些其他功能,有兴趣的可以尝试。具体操作,下载wywz控制台.rar,打开解压缩任意磁盘下,双击文件夹下wywz.exe文件即执行。选择普通模式,选择标准,点擦除即可对擦除系统工作痕迹(图6-12)。

加密文件和文件夹如图6-13所示。

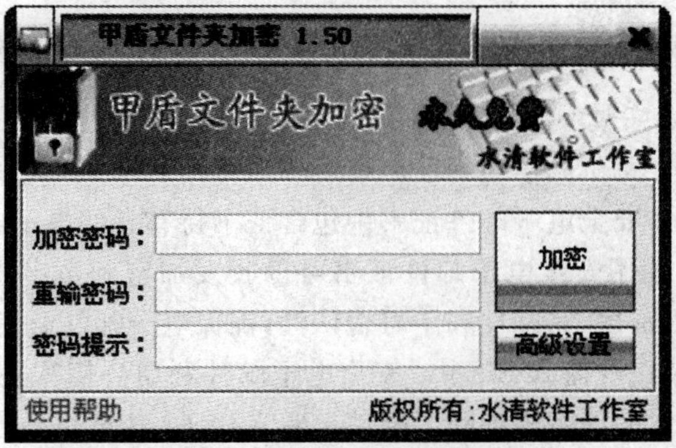

图 6-11　甲盾文件夹加密工具

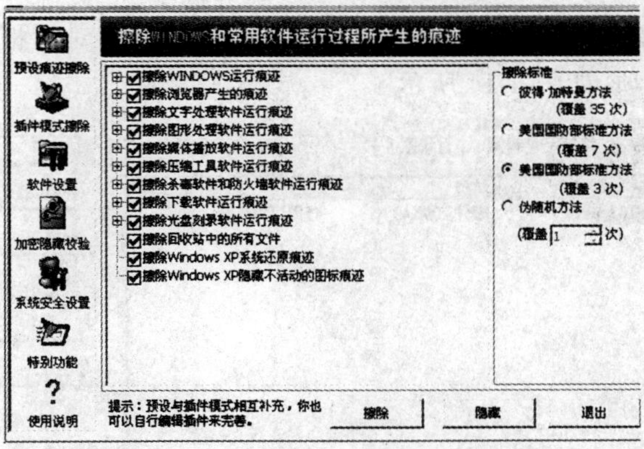

图 6-12　wywz 控制台擦除系统痕迹

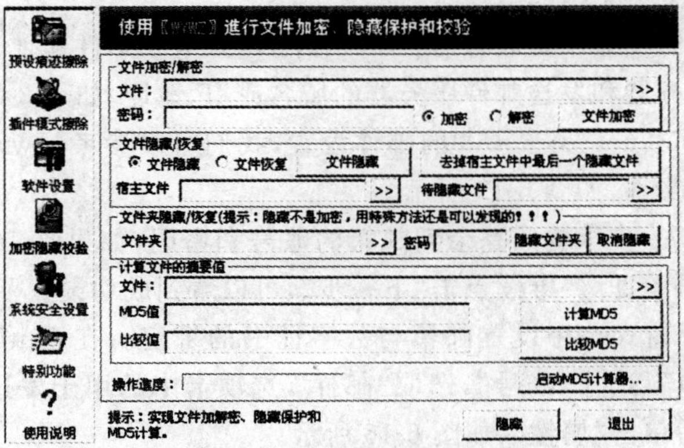

图 6-13　wywz 控制台加密工具

二、数字证书安装与使用指南(仅以邮件和支付宝为例)

1. 电子邮件数字证书安装与使用体验

(1)体验前提。每位同学至少已申请了一个可用的电子邮箱。

(2)工作程序。安全电子邮件证书中包含证书持有者的电子邮件地址、公钥及CA中心的签名。使用安全电子邮件证书可以收发加密和数字签名邮件,保证电子邮件传输中的机密性、完整性和不可否认性,确保电子邮件通信各方身份的真实性。证书可以存储在硬盘、USB中。安全电子邮件利用公钥算法保证你的签名邮件不会被篡改,而你的加密邮件除了邮件接收者以外(甚至你自己)的任何人无法阅读其中的内容。需要注意的是,证书中的邮件地址必须同绑定的邮件账号一致。

①在 Outlook Express 中设定邮件。首先,打开 Outlook Express,然后选择菜单中的“工具”菜单中的“账户”选项,出现“Internet 账户”对话框,点击 “添加”按钮,选择“邮件”选项,如图 6-14 所示。

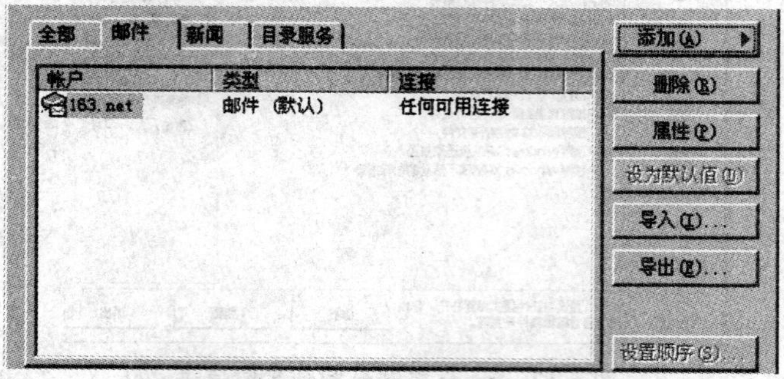

图 6-14 Outlook 中添加账户

输入用户的邮件显示姓名;点击“下一步”,输入电子邮件地址;点击“下一步”,输入接收邮件服务器和发送邮件服务器的域名或 IP 地址,如 163 的邮箱,则输入:163. net,smtp. 163. net;关于 163 的邮件设置,我们可以参考 www. 163. net 的站点邮件设置帮助文件,如图 6-15 所示。

继续点击“下一步”,输入登录到邮箱的账号和密码,如果是 163 账户,建议勾选“使用安全密码验证”。继续点击“下一步”,可以看到成功设置了一个新的账户。

②Outlook Express 中设置邮箱与数字证书的绑定。在 Outlook Express 单击菜单中的“工具”,选择“账号”,选取“邮件” 选项卡中的用于发送安全电子邮件的邮件账号,然后单击“属性”,如图 6-16 所示。

选择上面的“安全”标签,可以看到“签署证书”和“加密首选项”两栏。通过相关设置,可以进行邮件的签署和加密,如图 6-17 所示。

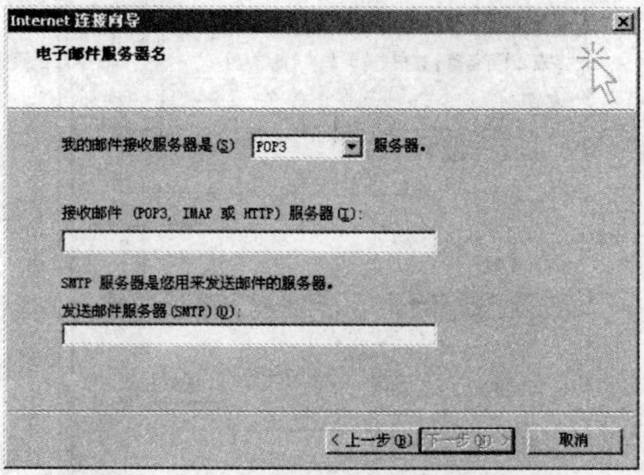

图 6-15　输入电子邮件服务器名

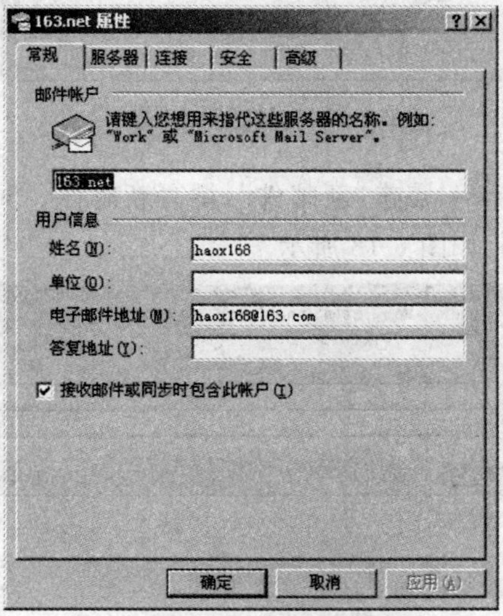

图 6-16　设置邮件属性

继续上图的设置，在“签名证书”项后，点击“选择”按钮。可以看到已申请的证书。选择用户的数字证书，点击“确定”完成邮箱与证书的绑定，用户也可以点击“查看证书”，了解自己证书的详细信息。

按照同样的方法，用户也可以在“加密首选项”中把读者自己的证书选中。点击“确定”。就可以准备发送加密电子邮件了。

③发送签名的电子邮件。发送加密邮件前必须先获得接收方的数字标识，可以先让接收方发一份签名邮件来获取对方的数字标识或者直接到电子商务安全认证中心的网站，如 http://www.cnca.net 的站点上面去查询下载来获取对方的数字标识。

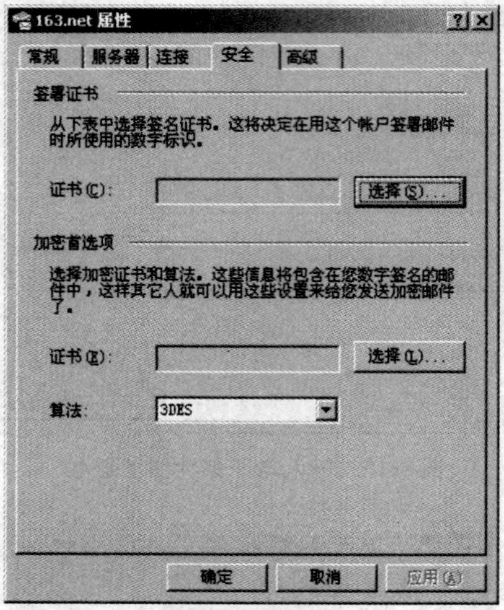

图 6-17 邮件“安全”属性

启动 Outlook Express，点击“新邮件”，撰写新邮件。同时我们选中右上方的“签名”或者“加密”选项，如图 6-18 所示。

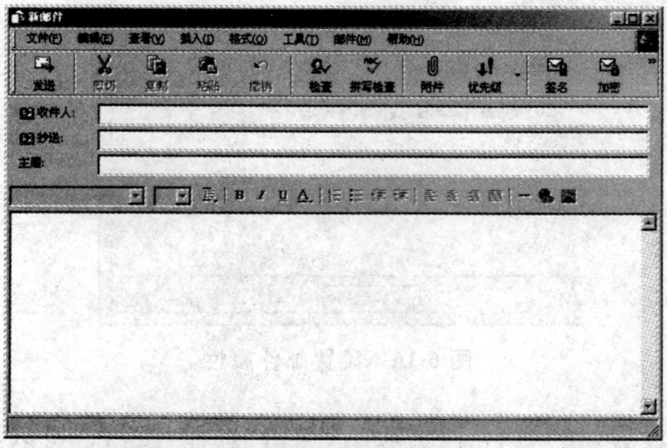

图 6-18 发送“签名”或“加密”的电子邮件

点击“发送”，签名邮件发送成功。当收件人收到并打开有数字签名的邮件时，将看到“数字签名邮件”的提示信息，按“继续”按钮后，才可阅读到该邮件的内容。

④接收签名电子邮件。若邮件在传输过程中被他人篡改或发信人的数字证书有问题，将出现“安全警告”提示。收到邮件后，用户可以看到，邮件的右边有一个

小图标，点击可以查看相关的数字证书信息。

发送加密邮件的方法与发送签名邮件的方法类似，收取电子邮件实际上就是一个解密的过程，算法已经隐藏在后台运行了。

2. 申请支付宝数字证书体验

在申请数字证书之前，如果您的账户未通过认证，请先通过实名认证；如果您的账户已通过认证，则按如下操作步骤执行支付宝数字证书的申请、下载和备份。

(1)除公司类型账户及香港、澳门会员外，个人类型会员(包括内地会员和台湾会员)申请数字证书前需要先绑定手机。输入手机上收到的短信校验码，确认即可，如图 6-19 与图 6-20 所示。

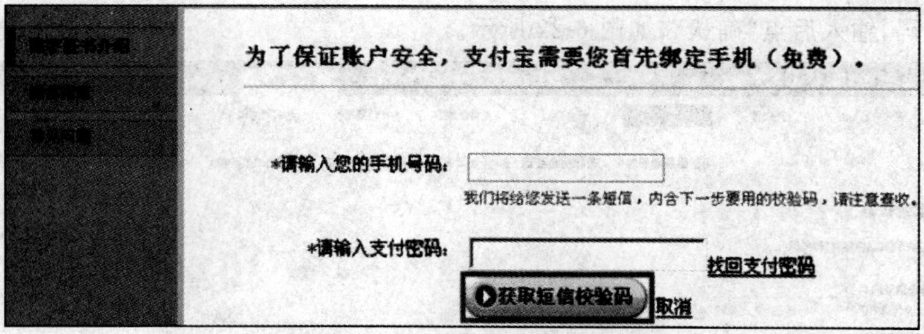

图 6-19　数字证书与手机绑定

图 6-20　输入短信验证码

(2)在绑定手机后再来申请支付宝数字证书，具体操作步骤如下：

第一步，登录支付宝网站(www.alipay.com)，进入个人支付宝账户—我的支付宝—申请证书，如图 6-21 所示。或者登录支付宝账户—安全中心—数字证书—“点此申请数字证书”。

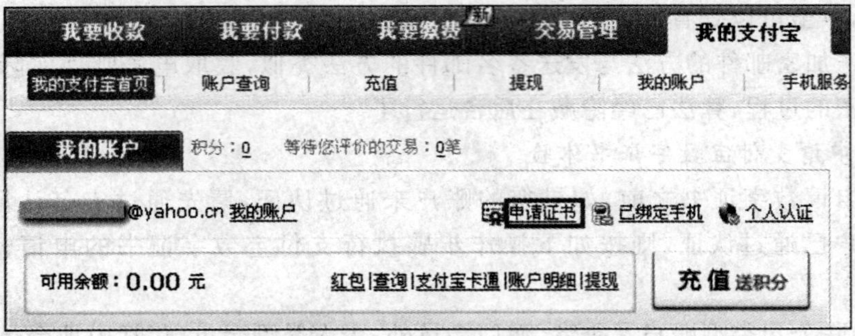

图 6-21 进入“我的支付宝”

第二步，进行安全校验，个人类型的支付宝账户请输入您认证时填写的身份证件号码，输入后点“确认”，如图 6-22 所示。

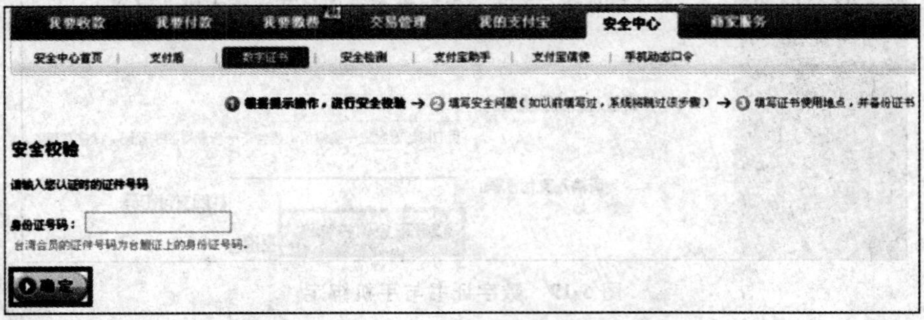

图 6-22 个人支付宝账户校验

公司类型的支付宝账户：填写营业执照的注册号码，如图 6-23 所示。

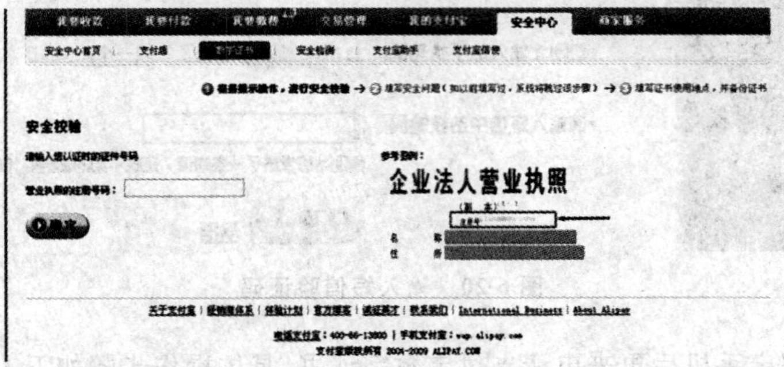

图 6-23 企业支付宝账户校验

第三步，证件号码校验成功后，请仔细阅读以下内容，并请选择相应的方式申请数字证书，如图 6-24 所示。

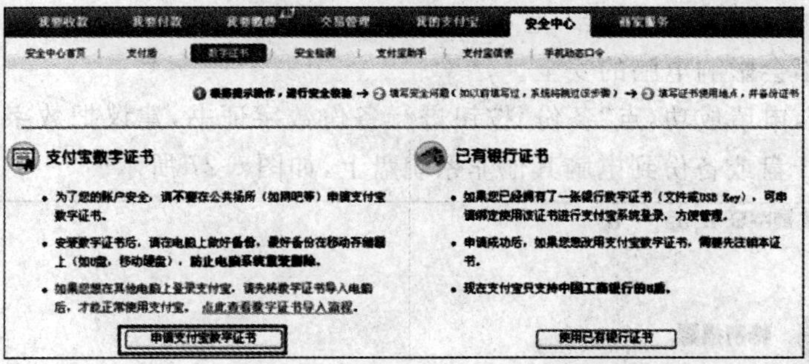

图 6-24　选择数字证书类型

第四步，如果账户还未升级安全保护问题的，页面会提示输入答案，正确后升级安全保护问题，认真设置并牢记答案，填写好内容后点“确定”，设置安全问题后会覆盖原来的密码保护问题；如果账户已设置过安全保护问题，这一步不用操作。准确填写证书的使用地点，以方便日后远程管理证书时能清楚辨别证书的使用地点，填写后点“确定”，如图 6-25 所示。

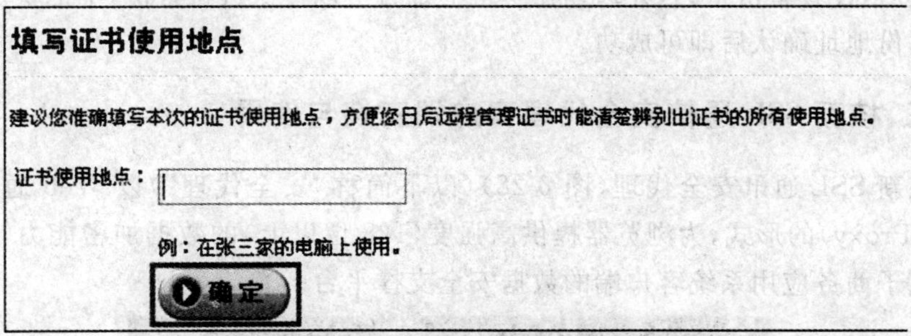

图 6-25　填写证书使用地点

第五步，查看账户信息，再点“确认”，如图 6-26 所示。

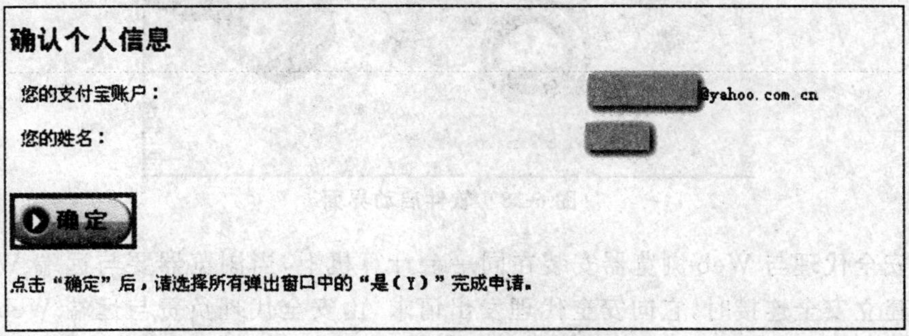

图 6-26　确认账户个人信息

第六步，跳出对话框，点“是”，同时提醒用户对所有跳出的提示对话框请点“是”即可，不会影响电脑的安全。

第七步，申请成功，点“备份”按钮进行备份数字证书，建议把数字证书保存在移动硬盘、U 盘或备份到电脑其他非系统盘上，如图 6-27 所示。

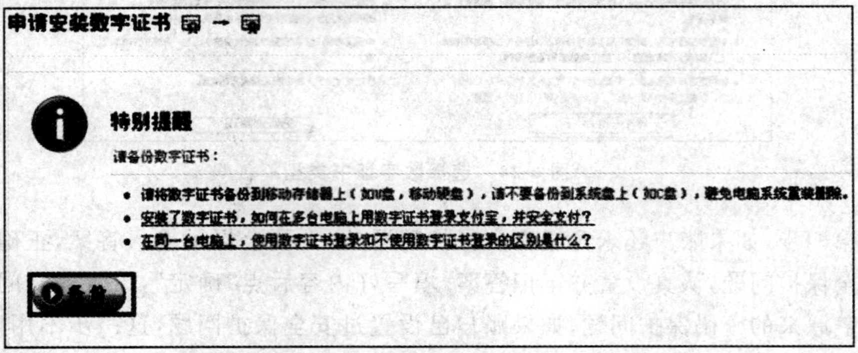

图 6-27 备份数字证书

最后，设置备份密码，并选择在本机上是否可以再次进行备份，牢记备份密码，选择备份地址确认后即可成功。

三、核新 SSL 通信安全代理客户端安装与使用

核新 SSL 通讯安全代理（图 6-28）（以下简称“安全代理”）以 Web 通信代理（Web Proxy）的形式，为浏览器提供高强度（128 位以上）的数据加密能力，可作为各种电子商务应用系统客户端的数据安全支撑平台。

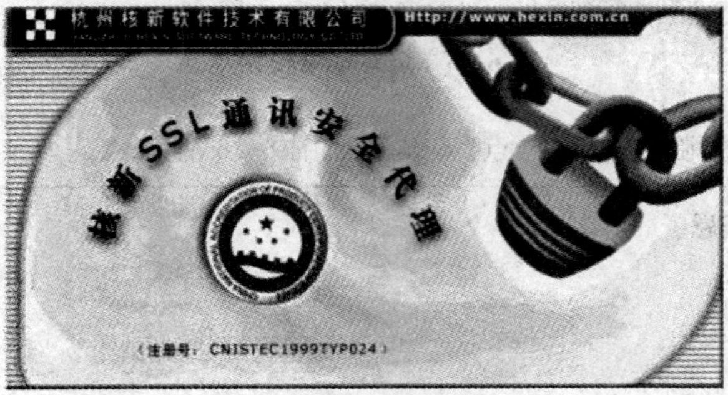

图 6-28 软件启动界面

安全代理与 Web 浏览器安装在同一台计算机上，当浏览器要与远端 Web 服务器建立安全连接时，它向安全代理发出请求，由安全代理负责与远端 Web 服务器建立连接。连接建立后，浏览器与服务器之间的数据传输是经过安全代理转发

完成的。浏览器与安全代理之间的数据传输是用浏览器本身支持的 40 位以下的弱加密算法加密的，而安全代理与远端 Web 服务器之间的数据传输则是用高强度的数据加密算法加密的，如图 6-29 所示。

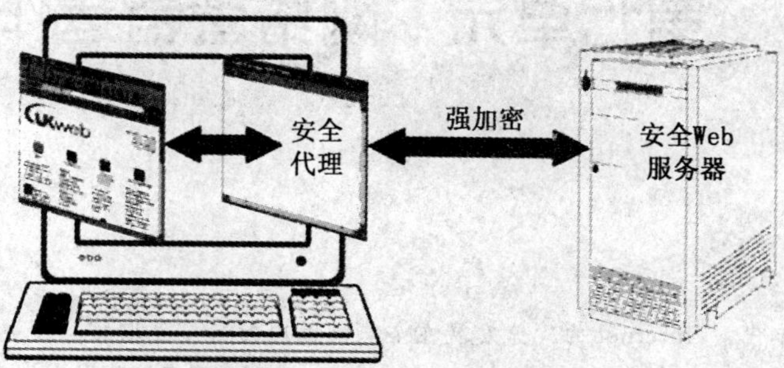

图 6-29 利用安全代理建立高强度数据加密通道

核新 SSL 通信安全代理客户端软件到资源包下载——核新 SSL 安全代理 197. exe，也可到网上正规软件下载站或官方网站下载。安装和使用详见资源包——核新安全代理客户端使用手册。

习题与课业

一、简答题

1. 阐述网络攻击常用的方法。

2. 阐述加入数字签名和验证的网络文件传输过程。

3. 到几大防病毒软件网站查看病毒资讯，了解当前流行的一些病毒特征与中毒后症状。

4. 比较实际运用中 SSL 协议与 SET 协议差异点的。

二、拓展训练

1. 利用杀毒软件、反木马和流氓软件对你的个人电脑全面查杀，并就结果写一个查杀记录或日志提交。

2. 下载 IPHacker3. 0 软件，尝试对某电子商务网站进行 DDos 攻击，并通过 IE 浏览器测试攻击是否成功。角色转换，讨论如下问题：面对如此多的黑客、病毒和蓄意破坏者的攻击，电子商务网站应采取哪些技术手段应对？

第七单元　网络营销运作

单元介绍

20 世纪 90 年代初，Internet 的飞速发展在全球范围内掀起了互联网应用热，世界各大公司纷纷利用互联网提供信息服务和拓展公司的业务范围，并且按照互联网的特点积极改组企业内部结构和探索新的营销管理方法，网络营销应运而生。

网络营销的产生有其在特定条件下的技术基础、观念基础和现实基础，是多种因素综合作用的结果。信息社会的网络市场上蕴藏着无限的商机，网络营销将帮助企业发掘出在网络市场上新的商机。

本单元主要通过网络营销初识、网上市场调研、网络营销策略、网络营销运作四个学习任务完成，学生通过理论与实践的学习，借助互联网资源和教学资源包提供的资料展开自学、模拟、实操、讨论等学习形式，使学生充分认识网络营销在电子商务应用的重要作用，学会各种网络营销方法和手段。

引导案例

网络营销量与质之争：看阿里与百度 pk 升级

2008 年 10 月 29 日，有消息称，阿里巴巴(B2B)正式向百度发出通知函，终止广告发布合同。届时，百度搜索的结果页面中"找 * * 在阿里巴巴"再也看不到了。百度立即做出强硬回应，称阿里巴巴因为"公司资金链出现严重断裂"而停止广告投放。阿里巴巴此举将"最牛电子商务"与"最牛搜索引擎"的本土 pk 推向新的高潮，尽管阿里给出的解释极为合理："百度的流量质量逐年下降，存在相当比例的不明异常的无效流量。百度所带来的点击，与中小企业的需求不符合"，但想必不少业内人士都会将之归咎到这是阿里与百度"互掐"的升级，毕竟，此前的"淘宝屏蔽百度搜索"、"百度'有啊'引发口水战"都一度成为业内关注的热点。

在有人对"两家交恶有可能导致两败俱伤"表示担忧的同时，我们广大中小企业作为旁观者无法去求证谁是谁非，但能从别人的热闹中窥见端倪。

两家这次决裂的导火线是阿里巴巴责难"百度的搜索引擎流量质量"有假冒伪劣，声称"用户群膨胀，但客户转化率低，迅速增加的流量是虚幻的人气"、"流量大部分并非商业流量"，从而将核心问题归结到中小企业从事网络营销的目的是要流量还是效果。

深入探讨“流量与效果”的辩证关系无异于争论“先有鸡还是先有蛋”一样，实际意义不大。正如有关方面提出过的搜索引擎的“发展悖论”指出的一样，中小企业网络营销的效果集中在商业流量上，“无利不起早”的商人注重的商业利益对搜索引擎的要求上也必须得到体现和满足。能为广大中小企业带去促进产品销售效率和购买欲望强烈的客户的流量，才是中小企业喜闻乐见的东西。

搜索引擎流量中有无真正的商业流量，答案是肯定的，不过搜索营销中面对的信息源是整个网页世界，互联网信息的多元化必然稀释商业流量的比例，这也是毋庸置疑的，单凭这点，阿里的理由稍显得牵强甚至苛刻。阿里巴巴之所以如此牛气地挑战百度，大概是自恃有大量的商业信息的聚集，但他们的商业信息就等同于中小企业的高质量流量，同样是个疑问。

如何吸收更多的商业流量，如何提升客户转化效率，是中小企业网络营销过程必须面对的问题并一直积极求解。

思考：你怎么看待搜索引擎的营销效果？

学习任务 7-1　网络营销初识

情景导入：小米和同学们一直开淘宝店，也做了一些推广，可是订单还不是很多，小米认为自己的产品也不错，可是为什么订单少呢？是不是自己的经营有问题？小米通过学习才知道，要做好网上在线销售，光有店铺还不行，必须还要做网络营销，只有通过网络营销推销自己的产品和店铺，才会有顾客来浏览访问，有流量才会有订单，小米如梦方醒。那么什么是网络营销呢？怎么才能做好网络营销？小米对此和同学们展开了学习。

理论学习

一、网络营销介绍

1. 网络营销的概念

网络营销是借助互联网、计算机通信和数字交互式媒体，运用新的营销理念、新的营销模式、新的营销渠道和新的营销策略，为达到一定的营销目标所进行的经营活动。从营销的角度出发，网络营销可以定义为：网络营销是企业整体营销战略的一个组成部分，是建立在互联网基础上，借助于互联网特性来实现一定营销目标的一种营销手段。

与传统营销相比，网络营销有如下不同：

(1)以互联网技术为依托，采用许多传统营销方式中所没有的技术手段，比如电子邮件营销、邮件列表、群发软件等。由于技术手段和营销方式的不同，网络营销具有广域性、实时性、交互性、低成本等特点。

(2)企业经营方式发生转变。企业要开展网络营销，就要求企业的组织机构设置、人员配备、职能分布、业务流程及经营机制不同于传统的经营方式。企业必须围绕着信息流、资金流和物流，采用现代化管理方式，进行业务的重组及组织机构与人员的调整。

(3)与传统营销理论密切相关，是传统营销理论在网络经济中的应用和发展。

(4)网络营销不是网上销售，网络营销并不是到网上去卖东西，而是将传统的营销手段应用到网络中去，减少营销成本，开拓新的市场。网络营销贯穿在企业经营的整个过程，包括市场调查、客户分析、产品开发、生产流程、销售策略、售后服务、反馈改进等环节。网络营销功能的实现可由浅人深，由简到繁，从做一个主页到经营网站，从做广告到建立客户关系管理系统，从发电子邮件到建立供应链关系系统等。

2. 网络营销的特点

网络营销是在传统营销方式的基础上发展起来的新型营销方式，当它与高科技的网络相结合以后，又产生了一些新的特点。

(1)网络市场是一个虚拟的全球性市场。计算机网络构建了一个虚拟空间，通过计算机系统可以生成各种虚拟环境，作用于人的视觉、听觉甚至嗅觉，在虚拟空间中可以方便地建立网站，组建虚拟公司、虚拟商场，用逼真的图像、声音、文字及链接展示商品及服务信息，通过网络进行商务谈判、签订电子合同、实施电子支付，其经营规模不受限制，因而网络营销突破了传统营销中的范围以及所受的消费者群体、地理位置半径的限制，打破了地区封锁。企业进入互联网就等于进入全球性的虚拟市场，它可以通过网络搜集情报信息，可以顾客身份在全球范围内采购原料以及商品，也可以经销商身份向全世界范围的企业与个人销售产品及服务。

(2)网络营销是全天候的在线营销，让用户感到操作方便节省时间。在现代社会中人们不再是日出而作，日落而息，不同类型的人群其生活规律是不一样的，所以在任何时候都可能产生购买的要求。在跨国营销中，不同国度的时差不同，给企业营销活动带来了不少麻烦，网络营销彻底地解决了这个问题。网站的服务器是24 小时不停机的，只要找到一台联网计算机，消费者可以在任何时间、任何地点进行网上购物。顾客不需出门，不需乘车赶往商场，只要通过计算机登录上网，他就进入了虚拟空间，在虚拟空间网站与顾客的距离为零，网站的地址就是一个域名

(或 IP 地址)。顾客只要在浏览器上键入网站的域名,他就登录了网站,可以随时通过网络搜集商品信息,发送订货单,实行电子支付。据中国互联网络信息中心 CNNIC 所做的调查,用户进行网络购物的主要原因是"节省时间"与"操作方便"。

(3)网络营销可以提供大量信息,其信息更新速度快。信息不对称、顾客不能获得足够的商品价格信息曾是厂商获利的一个秘诀。然而在现代信息社会,顾客希望多获得信息,进行充分的质量、性能、功能、价格的比较。由于商品的科技含量越来越高,顾客需要的信息咨询与售后技术指导也越来越多。网站可以为顾客提供海量信息,从而满足顾客的信息需求。此外,商品信息、价格信息经常会变化,需要及时更新,无论是厂商印制宣传册、制作发布广播、电视、报纸、杂志、广告,其速度都比不上网页的制作发布速度,所以顾客在网站上总能搜集到最新的信息。

(4)网络营销将许多售前、售中、售后服务单元整合在一起。营销活动往往经历多个环节,如信息搜集、价格比较、技术咨询、签订合同、发送订单、货款支付、商品配送、企业的原料采购、制订生产计划、库存管理、售后服务,其中不少环节都可以在网络上进行一体化运作。顾客可以在网上搜集商品价格信息、进行技术咨询、发送订单、实行电子支付,如果购买的是信息服务或电子商品还可以通过网络直接下载,从而方便了消费者,简化了购买过程。企业可以通过网络接受订单,根据订单制订生产计划,通过网络进行库存管理、发货及商品配送、完成售后服务。

(5)网络营销实行的是双向交流,即刻反馈。绝大多数媒介只能进行单向的信息传递,网络的互动性促成了网络营销的双向交流,同时这种交流的传输速度非常迅速,顾客可以即刻从企业得到反馈,企业也可很快了解顾客的需求,既提高了顾客的购物效率,也提高了企业的经营效率。

二、网络营销的功能

网络营销的功能不仅表明了网络营销的作用和网络营销工作的主要内容,同时也说明了网络营销所应该可以实现的效果,对网络营销功能的认识有助于全面理解网络营销的价值和网络营销的内容体系,网络营销主要可以归纳为以下八大功能:

(1)网络品牌。网络营销的重要任务之一就是在互联网上建立并推广企业的品牌,知名企业的网下品牌可以在网上得以延伸,一般企业则可以通过互联网快速树立品牌形象,并提升企业整体形象。网络品牌建设是以企业网站建设为基础,通过一系列的推广措施,达到顾客和公众对企业的认知和认可。在一定程度上说,网络品牌的价值甚至高于通过网络获得的直接收益。

(2)网址推广。这是网络营销最基本的职能之一,在几年前,甚至认为网络营销就是网址推广。相对于其他功能来说,网址推广显得更为迫切和重要,网站所有功能的发挥都要一定的访问量为基础，所以网址推广是网络营销的核心工作。

(3)信息发布。网站是一种信息载体，通过网站发布信息是网络营销的主要方法之一，同时，信息发布也是网络营销的基本职能，所以也可以这样理解，无论哪种网络营销方式，结果都是将一定的信息传递给目标人群，包括顾客/潜在顾客、媒体、合作伙伴、竞争者等。

(4)销售促进。营销的基本目的是为增加销售提供帮助，网络营销也不例外，大部分网络营销方法都与直接或间接促进销售有关，但促进销售并不限于促进网上销售。事实上，网络营销在很多情况下对于促进网下销售十分有价值。

(5)销售渠道。一个具备网上交易功能的企业网站本身就是一个网上交易场所，网上销售是企业销售渠道在网上的延伸，网上销售渠道建设也不限于网站本身，还包括建立在综合电子商务平台上的网上商店及与其他电子商务网站不同形式的合作等。

(6)顾客服务。互联网提供了更加方便的在线顾客服务手段，从形式最简单的FAQ(常见问题解答)到邮件列表，以及BBS、MSN、聊天室等各种即时信息服务，顾客服务质量对于网络营销效果具有重要影响。

(7)顾客关系。良好的顾客关系是网络营销取得成效的必要条件，通过网站的交互性、顾客参与等方式在开展顾客服务的同时，也增进了顾客关系。

(8)网上调研。通过在线调查表或者电子邮件等方式，可以完成网上市场调研，相对传统市场调研，网上调研具有高效率、低成本的特点，因此网上调研成为网络营销的主要职能之一。开展网络营销的意义就在于充分发挥各种职能，让网上经营的整体效益最大化，因此仅仅由于某些方面效果欠佳就否认网络营销的作用是不合适的。网络营销的职能是通过各种网络营销方法来实现的，网络营销的各个职能之间并非相互独立的，同一个职能可能需要多种网络营销方法的共同作用，而同一种网络营销方法也可能适用于多个网络营销职能。

知识链接 **网络营销的主要内容**

- 网上市场调查。
- 网上消费者行为分析。
- 网络营销策略的制定。
- 网上产品和服务策略。
- 网上价格和营销策略。
- 网上渠道的选择与直销。
- 网上促销与网上广告。
- 网络营销管理与控制。

三、网络营销的优势

网络营销作为一种新型营销模式具有以下一系列独特的优势：

(1)为企业打开市场开拓了新的营销空间。由于互联网打破了时空的限制，使得全球扩张不再是大型跨国公司的专利，小企业也可以在网络上展开公平竞争，打入国际市场。中国加入WTO后，众多外国公司纷纷打入中国市场，同时中国具有比较优势的产品也同样可以打入国外市场。网络营销为中小企业进入国际市场开辟了一条新的渠道。

(2)减少了中间流通环节，提高经营效率与经济效益。在传统营销模式中，在生产商和消费者之间存在着多层中间商，商品要层层批发，每通过一个流通环节就会增加流通成本与价格，层层加价致使商品的零售价上升，既损害了消费者的权益，也影响了企业的竞争力；同时过多的中间流通环节形成了产销分离，造成企业不了解市场，产品不适销对路，产品积压严重。网络营销可以省略不必要的中间环节，实行网络直销，生产企业与消费者直接联系，有利于企业了解市场；削减中间商有助于提高运营效率，减少流通成本，增高企业的效益与竞争力。有些企业在采购原材料时采用网上招标，显著地降低了采购成本。

(3)实施低库存甚至零库存生产。在减少了流通环节后，生产企业可以和顾客直接交易，使得生产企业不是根据经验来确定生产量，而是根据实际需求量进行生产，减少了生产的盲目性，降低了经营风险，从而大大减少商品的库存积压。在企业通过网络提供个性化的定制服务后，甚至能够按订单下达生产计划，实现零库存生产。

(4)显著降低经营成本。网络营销不需要处在繁华地段的店面，可以降低固定资产的投入；它不需众多营销人员，可以减少人员工资；它减少了中间流通环节，降低了流通费用；它减少了库存积压，降低了仓储费用。由于网络营销的不少过程是由计算机系统自动执行的，因而可以降低管理成本。一般来说，网络营销与传统营销相比较，成本可以降低30％～40％。

(5)有利于发挥管理优势，提高服务质量。在买方市场的激烈竞争中，企业要在竞争中取胜，不但要比产品质量，而且要比服务质量。由于互联网实时性、互动性，再加上网络数据库的支持，网络营销在提高管理效率及延伸产品的服务上具有很强的优势。网络营销不需庞大的管理组织，实现了管理组织的扁平化，企业可以通过电子邮件、自由讨论区、电子公告牌(BBS)、客户留言了解消费者对产品质量性能的评论以及对产品与服务的意见与建议。网络营销可以为顾客提供个性化的服务，使顾客变被动式消费为主动式消费。企业通过网上订购可以有目的地组织生产，保证了产品的适销对路。网络营销的所有记录都反映在网络数据库中，避免了由于营销人员跳槽而带走客户资料，客户资料是企业的一项宝贵财富，通过加强客户关系管理企业可以赢得一批忠诚的客户。

网络营销并不能完全替代传统营销，是对传统营销的扩展和延伸。企业在做营销时应把这两种营销方法结合起来，各取其长处，弥补其短处，以得到最大的效益。网络营销的根本目的是为企业节约成本，增加盈利。

实践演练

学习任务 7-1 实践任务书

学习目标	通过访问一些网络营销服务网站，了解网络营销基本内容和方法手段。
环境需求	1. 互联网接入； 2. 计算机(每人 1 台)； 3. 任务考核表(教学包下载，电子方式上传)。
任务描述	每名学生上网访问如下网站并就以下问题进行讨论：①什么是网络营销，网络营销对电子商务的发展起什么作用？②网络营销有什么特征，如何评价网络营销的效果？ 1. http://www.1mkt.net 2. http://www.chinanms.com/ 3. http://www.vecn.com/ 4. http://www.tomx.com/ 5. http://www.marketingman.net/ 6. http://www.mywlyx.cn/ 7. http://www.tomx.com 8. http://www.wm23.com 9. http://www.skyknow.cn 10. http://www.muchangqing.com/ 11. http://www.wytx8.cn 12. http://www.web578.cn 13. http://www.mywlyx.cn
任务拓展	统计自己淘宝店的访问量。

学习任务 7-1 考核单

姓名：　　　　　　　　　　　　学号：

序号	任务	分值	总结与归纳	成绩
1	网络营销内涵	20 分		
2	网络营销特点	20 分		
3	网络营销功能	20 分		
4	网络营销优势	20 分		
5	网络营销理论基础	20 分		
合计				

注：请从资源包下载电子版填写并上传。

学习任务 7-2　网上市场调研

情景导入：小米的淘宝店铺生意一直很一般，有时小米想是不是产品选择的不对路，当时小米和同学们在开淘宝店时曾经做了一些调查，不过只是了解一下当地市场，小米想，网上销售主要是针对网民，是不是当初调查不够全面，忽略了网上的市场情况，要做网上店铺，必须要了解网上市场行情包括竞争对手情况。小米想必须对自己经营的项目重新认识，重新做一次网上市场调查，那么具体怎么来做网上市场调查呢？还是和小米一起来学习吧。

理论学习

一、网上市场调研简介

1. 网上市场调研内涵

网上市场调查是指在互联网上针对特定营销环境进行简单调查设计、收集资料和初步分析的活动。市场调查有两种方式，一种是直接收集一手资料，如问卷调查、专家访谈、电话调查等；另一种是间接的收集二手资料，如报纸、杂志、电台、调查报告等现成资料。因此，利用互联网进行市场调研（不妨称为网上市场调研，简称网上调研），相应也有两种方式：一种是利用互联网直接进行问卷调查等方式收集一手资料，可称为网上直接调查；另一种方式，是利用互联网的媒体功能，从互联网收集二手资料。由于越来越多的传统报纸、杂志、电台等媒体，还有政府机构、企业等也纷纷上网,因此网上成为信息的海洋,信息蕴藏量极其丰富,关键是如何发现和挖掘有价值信息,而不再是过去苦于找不到信息,对于第二种方式一般称为网上间接调查。

2. 网上市场调研特点

网上市场调研的实施可以充分利用 Internet 作为信息沟通渠道的开放性、自由性、平等性、广泛性和直接性的特性,使得网上市场调研具有传统的一些市场调研手段和方法所不具备的一些独特的特点和优势。

(1)及时性和共享性。网上调查是开放的,任何网民都可以进行投票和查看结果,而且在投票信息经过统计分析软件初步自动处理后,可以马上查看到阶段性的调查结果。

(2)便捷性和低费用。实施网上调查节省了传统调查中耗费的大量人力和物力。

(3)交互性和充分性。网络的最大好处是交互性,因此在网上调查时,被调查对象可以及时就问卷相关问题提出自己更多看法和建议,可减少因问卷设计不合理导致调查结论偏差。

(4)可靠性和客观性。实施网上调查,被调查者是在完全自愿的原则下参与调查,调查的针对性更强,因此问卷填写信息可靠、调查结论客观。

(5)无时空、地域限制。网上市场调研是 24 h 全天候的调查,这就与受区域制约和时间制约的传统调研方式有很大不同。

(6)可检验性和可控制性。利用 Internet 进行网上调查收集信息,可以有效地对采集信息的质量实施系统的检验和控制。

二、网络市场调研的方法

网络市场调研方法根据收集数据的性质不同分为网络营销直接调研法和网络营销间接调研法两种方式。所谓网络营销直接调研法是通过利用互联网直接收集一手资料的方法,而网络营销间接调研法主要是利用互联网的媒体功能,从互联网上收集二手资料的方法。由于越来越多的传统报纸、杂志、电台等媒体以及政府机构、企业等也纷纷上网,使得网上信息量急剧增加,发现和挖掘有价值的信息,已成为网上间接调查的关键。

(一)网络营销直接调研方法

网络营销直接调研方法根据不同的分类标准有不同的分类。

1. 根据调研的方法不同可分为网上问卷调研法、网上观察法、网上试验法和专题讨论法

(1)网上问卷调研法。网上问卷调研法是将问卷在网上发布,被调查对象通过

Internet 完成问卷调查。网上问卷调查一般有两种途径：一种是将问卷放置在 www 站点上，等待访问者访问时填写问卷，这种方式的好处是填写者一般是自愿性的，但缺点是无法核对问卷填写者真实情况。为达到一定问卷数量，站点还必须进行适当宣传，以吸引大量访问者，如 CNNIC 在调查期间与国内一些著名的 ISP（网络服务提供商）/ICP（网络媒体提供商）如新浪、搜狐、网易等设置调查问卷的链接。

另一种是通过 E-mail 方式将问卷发送给被调查者，被调查者完成后将结果通过 E-mail 返回。这种方式的好处是，可以有选择性控制被调查者，缺点是容易遭到被访问者的反感，有侵犯个人隐私之嫌。因此，用该方式时首先应争取被访问者的同意，或者估计被访问者不会反感，并向被访问者提供一定补偿，如有奖问答或赠送小件礼物，以降低被访问者的敌意。

（2）网上观察法。网上观察法是一种实地研究方法，不过在网络中，实地特指一些具体的网络空间。一般是指调研人员通过电子邮件（E-mail）向互联网上的个人主页、新闻组（Newsgroups）或邮件列表（Mailing Lists）发出相关查询进行网上观察的一种调研方法。

（3）网上试验法。网上试验法则是选择多个可比的主体组，分别赋予不同的试验方案，控制外部变量，并检查所观察到的差异是否具有统计上的显著性。这种方法与传统的市场调研所采用的原理是一致的，只是手段和内容有差别。

（4）专题讨论法。专题讨论法可通过 Usenet 新闻组、电子公告牌（BBS）或邮件列表讨论组进行，从而获得资料和信息的一种调研方法。专题讨论法遵循一定的步骤，首先确定要调查的目标市场；其次识别目标市场中要加以调查的讨论组；再次确定可以讨论或准备讨论的话题；最后登录相应的讨论组，通过过滤系统发现有用的信息，或创建新的话题，让大家讨论，从而获得有用的信息。具体地说，目标市场的确定可根据 Usenet 新闻组、BBS 讨论组或邮件列表讨论组的分层话题选择，也可向讨论组的参与者查询其他相关名录。还应注意查阅讨论组上的 FAQ，以便确定能否根据名录来进行市场调研。

2. 根据网上调查采用的技术可以分为站点法、电子邮件法、随机 IP 法和视讯会议法等

（1）站点法。站点法又称主动浏览访问法，即将调查问卷放置在访问率较高的 Web 站点的页面上，由对该问题感兴趣的访问者完成并提交。站点法属于被动调查法，这是目前出现的网上调查的基本方法，也将成为近期网上调查的主要方法。

（2）电子邮件法。电子邮件法是通过给被调查者发送电子邮件的形式将调查问卷发给一些特定的网上用户，由用户填写后以电子邮件的形式再反馈给调查者

的调查方法。电子邮件法属于主动调查法，与传统邮件法相似，优点是邮件传送的时效性大大提高了。

(3)随机 IP 法。也称网络电话法，是以 IP 地址为抽样框，采用 IP 自动拨叫技术，邀请用户参与调查。比如，可将 IP 地址排序，每隔 100 个进行一次抽样，被抽中的用户会自动弹出一个小窗口，询问其是否愿意接受调查，回答"是"，则弹出调查问卷；回答"否"，则呼叫下一个 IP 地址。随机 IP 法属于主动调查法，其理论基础是随机抽样。利用该方法可以进行纯随机抽样，也可以依据一定的标准排队进行分层抽样和分段抽样。

(4)视讯会议法。又称网络会议法或焦点团体座谈法，是基于 Web 的计算机辅助访问(Computer Assisted Web Interviewing，CAWI)。通过直接在上网人士中征集与会者，并在约定时间举行网上座谈会，在主持人的引导下，对某一问题进行深入的或探索性的讨论、研究的一种网上调查方法。这种调查方法属于主动调查法，其原理与传统调查法中的专家调查法相似，不同之处是参与调查的专家不必实际地聚集在一起，而是分散在任何可以连通国际互联网的地方，如家中、办公室等，因此网上视讯调查会议的组织比传统的专家调查法简单得多。视讯会议法适合于对关键问题的定性调查研究。

除此之外，网上调查还有 OICQ 网络寻呼机或在聊天室选择网民进行调查；采取 IRC 网络实时交谈；用 Cookice 跟踪消费者；分析网页访问统计报告等方式。

(二)网络营销间接调研方法

网上间接调查主要利用互联网收集与企业经营相关的市场、竞争者、消费者以及宏观环境等信息。企业用得最多的还是网上间接调查方法，这种方法较容易收集到信息，方便快捷，能广泛地满足企业管理决策需要，而网上直接调查一般只适合于针对特定问题进行专项调查。网上间接调查渠道主要有 www、Usenet News、BBS、E-mail，其中 www 是最主要的信息来源，根据统计目前全球有 8 亿个 Web 网页，每个 Web 网页所涵盖的信息包罗万象。

1. 利用搜索引擎收集资料

目前搜索引擎一般按分类、网站和网页来进行搜索。需要注意的是按分类只能粗略查找，按网页虽然可以比较精确查找，但查找结果却比较多，因此搜索最多的还是按网站搜索。在按网站搜索时，它是将要搜索的关键字与网站名和网站的介绍进行比较，显示出比较相符的网站，例如，要查找网络调研类的网站，可以在搜索引擎的主页搜索输入栏内输入汉字"网络调研"并确认，系统将自动找出满足要求的网站。如果找不到满足要求的网站，这时可以按照网页方式查找，系统将自动找出满足要求的网页。

由于不同的搜寻引擎有一定的差异,每个搜索引擎都有其优点,也存在不足。所以在搜索所需信息时,应根据搜索要求,充分发挥各类搜索引擎的各种搜索功能。有着最庞大索引数据库的搜索引擎并不一定是最好的搜索引擎,使用搜索引擎,必须注意以下几个步骤:

(1)选择最恰当的关键词或搜索条件。选择正确的关键词是一切的开始。学会从复杂搜索意图中提炼出最具代表性和指示性的关键词对提高信息查询效率至关重要。选择搜索关键词的原则是,首先确定你所要达到的目标,在脑子里要形成一个比较清晰的概念,即我要找的到底是什么?是资料性的文档,还是某种产品或服务?然后再分析这些信息都有些什么共性,以及区别于其他同类信息的特性,最后从这些方向性的概念中提炼出此类信息最具代表性的关键词。

(2)运用搜索的基本数学规则。基本的数学规则包括使用加号+,使用减号－和使用引号“”。有时你需要确认搜索结果中包含你查询的词,而不是一部分,这时你可以使用+号。在搜索中文时想搜索含有多个关键词的内容,词与词之间可以用空格隔开。比如你想搜索马尔代夫的气候情况,光输入“马尔代夫”或者“气候”都是片面的。需要输入的关键字是“马尔代夫+气候”。你想了解北京旅游方面的信息,就输入“北京+旅游”,这样才能获取与北京旅游有关的信息。有时你可能在查询某个题材时又不希望在这个题材中包含另一个题材,这时你就可以使用减号了。“－”的作用是为了去除无关的搜索结果,提高搜索结果相关性。比如,你要找“申花”的企业信息,输入“申花”却找到一大堆申花队踢足球的新闻,在发现这些新闻的共同特征是“足球”后,输入“申花－足球”来搜索,就不会再有体育新闻来麻烦你了。而引号“”的使用则可以保证你的搜索结果非常准确。

2. 利用公告栏收集资料

公告栏也称 BBS(Bulletin Board Service,公告牌服务),它是 Internet 上的一种电子信息服务系统。它提供一块公共电子白板,每个用户都可以在上面书写,可发布信息、留言、发表意见或回答问题,也可以查看其他人的留言,好比在一个公共场所进行讨论一样,你可以随意参加也可以随意离开。像日常生活中的黑板报一样,电子公告牌按不同的主题分成很多个布告栏,布告栏设立的依据是大多数 BBS 使用者的要求和喜好,使用者可以阅读他人关于某个主题的最新看法(几秒钟前别人刚发布过的观点),也可以将自己的想法毫无保留地贴到公告栏中。同样的,别人对你的观点的回应也是很快的(有时候几秒钟后就可以看到别人对你的观点的看法)。如果需要私下交流,也可以将想说的话直接发到某个人的电子信箱中。如果想与正在使用的某个人聊天,可以启动聊天程序加入闲谈者的行列,但在公告栏上一定要遵循网络礼仪。所以公告栏的用途多种多样,既可以作为留言板,也可以作为聊天(沙龙)、讨论的场所,还可以用于商业方面,如发布工商产品的求购信息等。

目前许多ICP都提供有免费的公告栏,你只需要申请使用即可。目前公告栏软件系统有两大类:一类是基于Telnet方式的文本方式,查看阅览不是很方便,在早期用得非常多;另一类是现在居多的基于www方式,它是通过Web页加上程序(如JavaScript)实现,这种方式界面友好,很受欢迎,使用方法如同浏览www网页。

利用BBS收集资料主要是到主题相关BBS网站了解情况,如美国微软为了解其操作系统Windows的竞争产品Linux的发展情况,曾经1个月就访问了有关Linux的BBS网站达15 000次,成为访问最多的访问者。

3. 利用新闻组收集资料

在Internet提供的众多功能中,新闻讨论组是获取信息的非常直接有效的工具。在国外,它的使用频率仅次于电子邮件。新闻组(英文名Usenet News或Newsgroup),简单地说,就是一个基于网络的计算机组合,这些计算机被称为新闻服务器,不同的用户通过一些软件可连接到新闻服务器上,它是一个完全交互式的超级电子论坛,类似于一个公告板,由成千上万个致力于不同主题的新闻组组成,所有的人都可以随意发表自己的观点、阅读别人的意见、补充修改别人的观点,甚至组织一次讨论、主持一个论坛,实现观点、信息的交流。且这种交流不限于几个人之间,同时可能有成千上万的人在讨论一个大家所关心的问题。它和BBS很类似,但它比BBS具有两个方面的优势,一是可以发表带有附件的"帖子",传递各种格式的文件;二是新闻组可以离线浏览,这在BBS中是不可能的。但新闻组不提供BBS支持的即时聊天。

由于新闻组使用方便,内容广泛,并且可以精确地对使用者进行分类(按兴趣爱好及类别),且信息量大,其中包含的各种不同类别的主题已经涵盖了人类社会所能涉及的所有内容,如科学技术、人文社会、地理历史、休闲娱乐等,使得利用新闻组收集信息越来越得到重视。但需要注意的是,在利用新闻组收集资料时要遵守新闻组中的网络礼仪,必须尽可能地了解它的使用规则,避免一切可能引起别人反感的行为。

4. 利用E-mail收集资料

E-mail(电子邮件)是Internet上应用最广的服务。通过网络的电子邮件系统,用户可以用非常低廉的价格,以非常快速的方式(几秒钟之内可以发送到世界上任何你指定的目的地),与世界上任何一个角落的网络用户联络,这些电子邮件可以是文字、图像、声音等各种方式。

目前许多ICP和传统媒体，都利用E-mail发布信息，一些传统的媒体公司和企业，为保持与用户的沟通，也定期给公司用户发送E-mail，发布公司的最新动态和有关产品服务信息，让公众了解自己，同时它们也借助于E-mail收集信息。收集信息可以有两种形式，一种是收集公众给企业发送的E-mail；另一种形式是到有关网站进行注册，订阅大量免费或收费新闻、专题邮件，以后等着接收E-mail就可以了。正是由于电子邮件使用简易、投递迅速、收费低廉、易于保存、全球畅通，使得借助电子邮件收集信息也被广泛地应用。但采取这种方式时，要注意的是避免受到侵扰，因为注册后很容易收到一些垃圾信件，所以在注册前一定要注意是否可以取消订阅，是否有其他的商业要求。

三、网络市场调研的步骤

网络市场调研与传统的市场调研一样，应遵循一定的步骤，以保证调研过程的质量。网络市场调研一般包括以下几个步骤：

(一)确立调研目标

虽然网络市场调研的每一步都是重要的，但是调研问题的界定和调研目标的确定却是最重要的一步。对于网络营销研究来讲，问题和机会是同等的。只有清楚地定义了网络市场调研的问题，确立了调研目标，方可正确地设计和实施调研。

因特网是一个永不休止的信息流，当你开始搜索时，你可能无法精确地找到你所需要的重要数据，不过你肯定会沿路发现一些有价值或价值不大但很有趣的信息。这似乎验证了Internet上的信息搜索定律：在因特网上你总能找到你不需要的东西。其结果是，你可能花费了大量的时间却没有找到你想要的信息。因此，在开始网上搜索时，头脑里要有一个清晰的目标并留心去寻找，有的放矢，搜寻效率会较高。

同时，在确立调研目标的过程中可以借助于因特网搜寻二手资料，或借助于网络来获取行业专家的建议，这些手段都有助于更加准确的调研目标和问题的确定。

(二)设计调研方案

当调研问题和目标明确后，调研的第二个步骤便是制定出最为有效的调研计划，即设计调研方案。具体内容包括确定资料来源、调查方法、调查手段、抽样方案和接触方式等。

1. 资料来源

确定收集的是一手资料(原始资料)还是二手资料。一手资料是调研人员通过实地调查，直接向调研对象收集的资料，在互联网上，可以直接向被调研者发放问卷，或在网上跟踪顾客，或召开网上小组座谈会，以及利用BBS等收集一手资料。

二手资料是经过他人收集、记录、整理所积累的各种数据和资料的总称。在互联网上可以利用搜索引擎来收集二手资料。

2. 调查方法

网络营销的调查方法主要有问卷调查法、专题讨论法、网上实验法、网上观察法、网上文献法。网上问卷调查法是通过在企业网站或其他合作调查网站上设置调查表，被访者在线填写并提交到网站服务器的一种方法。可以使用E-mail(较主动)、网上刊登问卷(较被动)等形式，这是网上调查最基本的形式，广泛应用于各种内容的调查活动。专题讨论法是借用新闻组、邮件列表讨论组和网上论坛(也可称BBS，电子公告牌)的形式进行。网上实验法则是选择多个可比的主体组，分别赋予不同的实验方案，控制外部变量，并检查所观察到的差异是否具有统计上的显著性。这种方法与传统的市场调研所采用的原理是一致的，只是手段和内容有差别。网上观察法是一种实地研究方法，不过在网络中，实地特指一些具体的网络空间。

3. 调查手段

调查手段也就是调研中所用的调查工具。网络市场调研主要用的调查手段有：在线问卷，其特点是制作简单、分发迅速、回收方便；交互式电脑辅助电话访谈系统(CATI)，是中心控制电话访谈的“电脑化”形式，目前在美国十分流行，它是利用一种软件程序在电脑辅助电话访谈系统上设计问卷结构并在网上传输，Internet服务器直接与数据库连接，对收集到的被访者答案直接进行储存；网络调研软件系统，是专门为网络调研设计的问卷链接及传输软件，它包括整体问卷设计、网络服务器、数据库和数据传输程序。

4. 抽样方案

在网络调研时受很多条件的限制，不能对所有的调研对象都进行调查，所以就必然涉及抽样。抽样方案的主要内容包括：确定抽样单位、确定样本规模大小以及抽样程序。抽样单位是指在抽样过程中的某一阶段可供选择的个体，或者包含这个个体的单位。样本规模的大小，即样本量，会涉及调研结果的可靠性。抽样程序是指按照抽样方案进行抽样的过程，抽样程序中要用到抽样技术，抽样技术有概率抽样和非概率抽样两种。概率抽样主要有简单随机抽样、系统抽样、分层抽样和整群抽样；非概率抽样有便利抽样、判断抽样、配额抽样和滚雪球抽样。

网络市场调研的对象，主要有两类：

(1)企业产品的消费者。企业要想赢得市场，必须了解消费者的需求和购买欲望。所以对消费者的调研构成调研对象的很重要一部分。消费者在网上购物必然要访问企业的站点，利用企业首页所提供的分类、目录或搜索引擎工具，浏览商品的说明、功能、价格、付款方式、送货与退货条件、售后服务等方面的信息。企业市场营销调研人员可通过对访问企业站点的人数进行统计，进而分析顾客的分布范围和潜在消费市场的区域，以此制定相应的网络营销战略和决策。也可通过互联网络跟踪消费者，并记录他们的访问偏好、对企业产品的意见和建议等内容。

目标对象识别法（Target Audience Identification）是目前互联网上出现的一项人口统计技术。这种技术能在被应用的站点上跟踪调查访问者，从而有助于网络调研人员及时准确地把握访问者的人口统计情况。

（2）企业的竞争者。美国哈佛大学的著名战略学家、研究企业竞争战略理论的专家迈克尔·波特提出了行业竞争的结构模型。他指出："在任何产业里，无论是国内还是国外，无论是生产一种产品还是提供一种服务，竞争规则都寓于以下5种竞争力量之中，即新竞争者的加入、替代产品的威胁、现有企业之间的竞争、购买方的讨价还价能力以及供应方的讨价还价能力。"现有企业之间的竞争、新竞争者的加入与替代品的出现形成了主要的行业竞争力，它们之间相互影响，相互制约。通过对行业竞争力的分析可以了解本企业在行业中所处的地位、所具有的竞争优势与不足；了解竞争对手的竞争优劣势和相应策略，可以达到知己知彼，从而有针对性地制定企业战胜各种竞争力量的对策。

5. 接触方式

即以何种方式接触到被访问者。例如，企业要采用网上调研问卷的方法收集信息，调研问卷是放在企业自己的网站还是利用别人的网站，特别是借用访问率很高的ISP或是放在一些专业性的网站上。采用专题讨论法的接触方式也类似有以上几种形式。当然除此之外也可以用E-mail向被访者传输问卷进行直接调研。

（三）收集信息

当确定了调研方案后，就进入收集信息阶段。与传统的调研方法相比，网络调研收集和录入信息更方便、快捷。Internet没有时空和地域的限制，因此网上市场调研可以在全国甚至全球随时进行，收集信息时直接在网上递交或下载即可。在问卷回答中访问者经常会有意无意地漏掉一些信息，这可通过在页面中嵌入脚本或CGI程序进行实时监控。如果访问者遗漏了问卷上的一些内容，其程序会提示并拒绝递交调查表，或者验证后重发给访问者要求补填。最终，访问者会收到一份完整的问卷。在线问卷的缺点是无法保证问卷上所填信息的真实性。

（四）整理和分析信息

收集得来的信息本身并没有太大意义，只有进行整理和分析后信息才变得有用。整理和分析信息这一步非常关键，"答案不在信息中，而在调查人员的头脑中"。调查人员如何从数据中删除掉无用信息并提炼出与调查目标相关的信息，直接影响到最终的结果。这就需要使用一些数据分析技术，如交叉列表分析技术、概括技术、综合指标分析和动态分析等。目前国际上较为通用的分析软件有 SPSS、SAS、BMDP、Minitab 和电子表格软件(Excel)。

在传统的市场调研中,数据整理包括数据的编辑、编码、录入和核实。而由于网络调研的特点,这些工作很多可以省却,因为网上调研本身就是在网上直接进行,所以对网络市场调研来说,这一阶段更突出分析信息的重要性。此外,网上信息的一大特征是即时呈现,而且很多竞争者还可能从一些知名的商业网站上看到同样的信息,因此也赋予分析信息一个相当重要的地位,它可以使你在变化中把握住一些商机。

(五)撰写调研报告

撰写调研报告是整个调研活动的最后一个重要的阶段。许多经理并不一定涉足调研过程,但他们将利用调研报告制定业务决策。有效的报告是必要的,报告不能是数据和资料的简单堆砌,调研人员不能把大量的数字和复杂的统计技术扔到管理人员面前,否则就失去了调研的价值。正确的做法是把与市场营销决策有关的主要调查结果报告出来,并遵循所有有关组织结构、格式和文笔流畅的写作原则。一份正规的书面调研报告的内容应该包括:封面(可删节)、标题页、授权信、移交信/便条、目录表、插图一览表、摘要工作总结、引言、调研目标、调研方法、结果、限制条件、结论与建议和附录。

实践演练

学习任务 7-2 实践任务书

学习目标	通过网上调研实践,学会网上调研的基本程序和方法。
环境需求	1. 互联网接入; 2. 计算机(每人 1 台); 3. 原淘宝店铺小组; 4. 任务考核表(教学包下载,电子方式上传)。
任务描述	1. 网上搜索网上市场调查的方法和程序,了解具体如何进行网上市场调查。 2. 针对本小组经营单元,利用搜索引擎和访问相关同类产品网站,了解产品市场情况,包括同类产品价格、质地、服务,竞争者的优势和策略。重新写一份单元网上市场调研报告上交。 3. 利用你的 QQ 空间设计,针对店铺问题设计一个独特的在线调查问卷。
任务拓展	调查一下淘宝网店的数量和盈利状况,调查一下皇冠级以上淘宝店的地区分布情况。

学习任务 7-2 考核单

组名：

组长及职责：				
组员及职责：				
调查单元：				
序号	任务	分值	总结与归纳	成绩
1	网上调查采用的优势	20 分		
2	网上调查采用的方法	20 分		
3	本组所有成员 QQ 在线调查问卷	20 分		
4	小组调查报告	40 分	教师评价：	
合计				

注：请从资源包下载电子版填写并上传。

学习任务 7-3　网络营销策略

情景导入：小米通过网上市场调研发现自己小店销售不好有多方面原因，网上有很多做得比较成功的，自己小店不好的主要原因还是营销问题，网店推广做得不够，商品价格设置也有问题，也没有做产品促销推广。小米发现那些经营好的网店采用各种营销方式，打折啊、秒杀啊、赠品啊、免费送啊方法各式各样。小米想自己能不能也做一些这样的策略，如何做呢？

理论学习

网络营销的实施是一项系统工程，它涉及人、财、物以及技术等方面，企业实施网络营销不只是技术问题，更多的是管理和组织方面的问题，需要进行周密的电子商务策划，制订网络营销策略。

一、网络营销产品策略

1. 网络营销产品概念

在网络营销中，产品的整体概念可分为以下 5 个层次：

(1)核心利益层次。是指产品能够提供给消费者的基本效用或益处，是消费者真正想要购买的基本效用或益处。如消费者购买电脑是为了学习电脑、利用电脑作为上网工具;购买软件是为了压缩磁盘空间、播放 MP3 格式的音乐或上网冲浪等。由于网络营销是一种以顾客为中心的营销策略,企业在设计和开发产品核心利益时要从顾客的角度出发,要根据上次营销效果来制定本次产品设计开发。要注意的是网络营销的全球性,企业在提供核心利益和服务时要针对全球性市场提供,如医疗服务可以借助网络实现远程医疗。

(2)有形产品层次。是产品在市场上出现时的具体物质形态。对于物质产品来说,首先,产品的品质必须保障;其次,必须注重产品的品牌;第三,注意产品的包装;第四,在式样和特征方面要根据不同地区的文化来进行针对性加工。

(3)期望产品层次。在网络营销中,顾客处为主导地位,消费呈现出个性化的特征,不同的消费者可能对产品的要求不一样,因此产品的设计和开发必须满足顾客这种个性化的消费需求。这种顾客在购买产品前对所购产品的质量、使用方便程度、特点等方面的期望值,就是期望产品。为满足这种需求,对于物质类产品,要求企业的设计、生产和供应等环节必须实行柔性化的生产和管理。对于无形产品如服务、软件等,要求企业能根据顾客的需要来提供服务。

(4)延伸产品层次。是指由产品的生产者或经营者提供的购买者有需求,主要是帮助用户更好地使用核心利益的服务。在网络营销中,对于物质产品来说,延伸产品层次要注意提供满意的售后服务、送货、质量保证等。

(5)潜在产品层次。是在延伸产品层次之外,由企业提供能满足顾客潜在需求的产品层次,它主要是产品的一种增值服务,它与延伸产品的主要区别是顾客没有潜在产品层次仍然可以很好地使用顾客需要的产品的核心利益和服务。在高新技术发展日益迅猛时代,有许多潜在需求和利益还没有被顾客认识到,这需要企业通过引导和支持更好满足顾客的潜在需求。

2. 网络营销产品特点

一般而言,目前适合在互联网上销售的产品通常具有以下特性:

(1)产品性质。由于网上用户在初期对技术有一定要求,因此用户上网大多与网络等技术相关,因此网上销售的产品最好是与高技术或与电脑、网络有关。一些信息类产品如图书、音乐等也比较适合网上销售。还有一些无形产品,如服务也可以借助网络的作用实现远程销售,如远程医疗。

(2)产品质量。网络的虚拟性使得顾客可以突破时间和空间的限制,实现远程购物和在网上直接订购,这使得网络购买者在购买前无法尝试或只能通过网络来尝试产品。

(3)产品式样。通过互联网对全世界国家和地区进行营销的产品要符合该国家或地区的风俗习惯、宗教信仰和教育水平。同时,由于网上消费者的个性化需求，网络营销产品的式样还必须满足购买者的个性化需求。

(4)产品品牌。在网络营销中，生产商与经营商的品牌同样重要，一方面要在网络浩如烟海的信息中获得浏览者的注意，必须拥有明确、醒目的品牌；另一方面，由于网上购买者可以面对很多选择，同时网上的销售无法进行购物体验，因此购买者对品牌比较关注。

(5)产品包装。作为通过互联网经营的针对全球市场的产品，其包装必须适合网络营销的要求。

(6)目标市场。网上市场是以网络用户为主要目标的市场，在网上销售的产品要适合覆盖广大的地理范围。如果产品的目标市场比较狭窄，可以采用传统营销策略。

(7)产品价格。互联网作为信息传递工具，在发展初期是采用共享和免费策略发展而来的，网上用户比较认同网上产品价格低廉的特性；另一方面，由于通过互联网络进行销售的成本低于其他渠道的产品，在网上销售产品一般采用低价位定价。

二、网络营销定价策略

价格是市场营销组合中唯一为企业提供收益的因素，同时又是企业参与市场竞争的重要手段之一。事实表明，定价是否恰当，会直接影响甚至改变消费者的购物原则，进而影响到企业产品的销量和利润额。因此，如何制定合适的价格，已经成为许多开展网络营销活动的企业竞相关注的焦点。

(一)网络营销定价概述

1. 网络营销定价与网络营销价格的定义

网络营销定价是指给网上营销的产品和服务制定价格。

网络营销价格是指企业在网络营销过程中买卖双方成交的价格。网络营销价格的形成过程较为复杂，受到诸多因素的影响和制约，如传统营销因素和网络自身对价格的影响因素。

2. 网络营销定价特点

开放快捷的因特网使企业、消费者和中间商对产品的价格信息都有比较充分的了解，因此网络营销定价与传统营销有很大的不同。网络营销定价的特点如下：

(1)低价位化。

第一，因特网成为企业和消费者交换信息的渠道：一方面可以减少印刷费用与邮递成本，免交店面租金，节约水电费与人工成本；另一方面可以减少由于多次迂回交换造成的损耗。

第二，网络营销能使企业绕过许多中间环节和消费者直接接触，进而使企业产品开发和营销成本大大降低。

第三,消费者可以通过开放互动的因特网掌握产品的各种价格信息,并对其进行充分的比较和选择,迫使开展网络营销的企业以尽可能低的价格出售产品,增大了消费者的让渡价值。

(2)全球定价化。网络营销市场面对的是开放的和全球化的市场,世界各地的消费者可以直接通过网站进行交易,而不用考虑网站所属的国家或地区。企业的目标市场从过去受地理位置限制的局部市场,一下拓展到范围广泛的全球性市场,这使得网络营销产品定价时必须考虑目标市场范围的变化带来的影响因素。企业不能以统一市场策略来面对差异性极大的全球性市场,而是必须采用全球化和本地化相结合的原则进行。

(3)价格水平趋于一致化。因特网市场是一个开放的、透明的市场,在这个市场中,消费者可以及时获得同类产品或相关产品的价格信息,对价格及产品进行充分的比较,迫使企业努力减少因国家、地区等因素的不同而产生的价格差异,进而使价格趋于一致。

(4)弹性化。方便快捷的因特网能够使消费者及时获取各种产品的多个甚至全部厂家的价格信息,真正做到货比多家,这就决定了网上销售的价格弹性很大。因此,企业在制定网上销售价格时,应当科学、量化每个环节的价格构成,制定出较为合理的价格策略。另外,随着消费者不断趋于理性化,企业在网络营销定价时要综合考虑各种因素,如消费者的价值观、消费者的偏好等。

(5)顾客主导化。传统市场中,产品的价格是以生产成本为基准,加上一定的利润率,就成为市场价格。在因特网市场中,消费者能及时获取产品及其价格的各种信息,通过综合这些信息决定是否接受企业报价并达成交易。所以,在定价时,企业必须考虑消费者的心理特点和价格预期,以消费者为中心,根据生产成本和消费者心理意识到的产品价值综合定价,以赢得消费者的接受和认可,产生购买欲望,实现双赢。

(二)网络营销定价过程

企业要想制定合理的网络营销价格,必须做好以下几个方面:

首先,企业必须通过调研活动获取并分析消费者的需求,主要包括市场的总需求量,需求结构以及不同价格水平上人们可能购买的数量与需求价格弹性等。

其次,相关人员要对产品的成本进行评估。

第三,分析市场中同类产品与替代品的价格及其策略,为企业选择定价目标和定价方法提供参照。

第四,初步确定网络营销价格,然后将其拿到实验市场上征求消费者的意见,并最终确定产品的网络营销价格。

(三)网络营销定价策略

价格策略是企业营销的一种重要竞争手段，营销价格的形成是极其复杂的，它受到成本、供求关系以及市场竞争等因素的影响，网络营销的价格策略很多，这里简要介绍以下几种价格策略。

(1)低价定价策略。网络营销可以帮助企业降低流通成本，因而网上商品定价可以比传统营销定价要低。直接低价策略就是在定价时采用成本加少量利润、甚至是零利润来定价，所以这种定价一开始就比同类产品价格低，例如戴尔公司电脑网上定价比同性能的其他公司的产品价格低 10%～15%。由于网上的信息是公开和易于搜索的，消费者很容易获得多家公司的价格信息进行比较，从而选择购买质优价廉的商品。图 7-1 为柠檬绿茶(3 金冠)低价策略。

图 7-1 柠檬绿茶低价策略

(2)折扣定价策略。商品打折销售对消费者具有相当大的诱惑力，不少电子商城采用打折销售的方式来扩大知名度，客观上起到了广告的效应，折扣定价可对某些商品直接打折，也可按购买的数量标准给予不同的折扣，还可采取季节打折的方法，如图 7-2 和图 7-3 所示。

(3)等价定价策略。在网上销售数量不是很大的情况下，网络零售企业为了尝试网上营销的经验，可以采取等价策略，即在网上销售的商品价格与在传统商店中的商品价格相等，例如西单商场的网上购物服务就采取了等价策略。

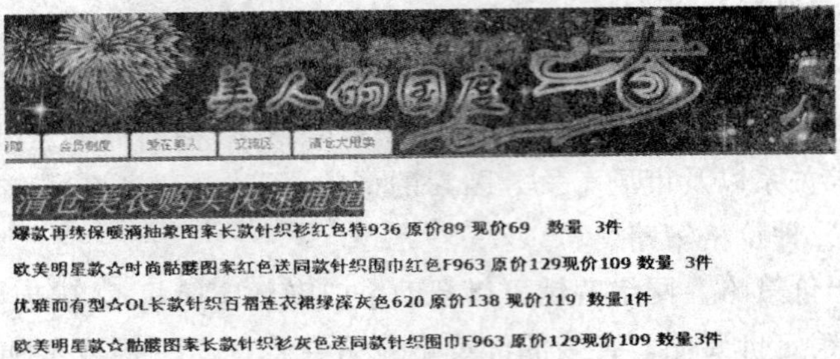

图 7-2 美人的国度淘宝店折扣定价策略

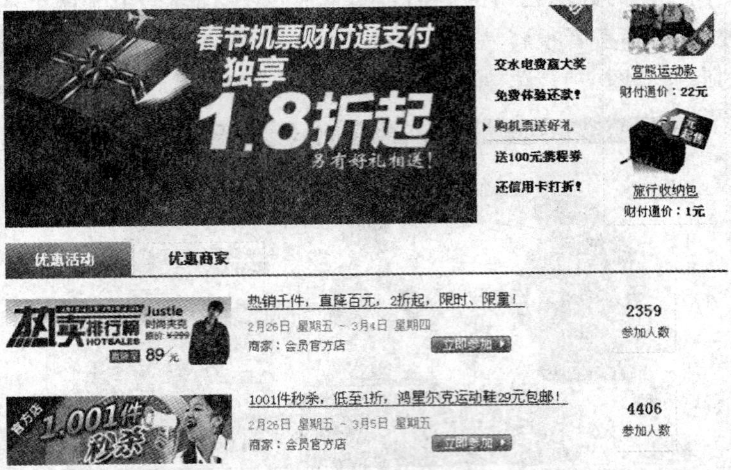

图 7-3 打折策略

(4)智能型定价策略。网络零售企业可以通过网络与顾客直接在网上协商价格。如一些网站可设置洽谈室让买卖双方在网上讨价还价,另有一些拍卖网站则通过网上定价系统来确定价格。

(5)个性化商品定价策略。网络营销的互动性使得企业可以为顾客提供个性化的定制服务,即消费者对产品的外观、颜色、附件提出个性化的需求,企业按订单进行生产。这时企业提供了高附加值的服务,可实行较高价格的个性化商品定价策略。

(6)免费价格策略。免费价格策略就是将企业的产品和服务以免费形式供顾客使用,如图 7-4 所示的免费送包。免费价格形式有以下几类:第一类是产品和服务完全免费,如免费的新闻信息报道、免费的软件下载、免费的电子邮件信箱、个人主页空间、贺卡等。第二类是对产品或服务实行限次免费,即产品或服务可以被消费者有限次地免费使用,例如,许多免费试用软件,当超过一定期限或者使用次数后,这种产品或服务就不能继续使用。第三类是对产品或服务的部分功能实行免费，让消费者试用，但要使用其全部功能则必须付款购买。第四类是对产品和服务实行捆绑式免费，即购买某种商品或服务时赠送其他产品与服务。

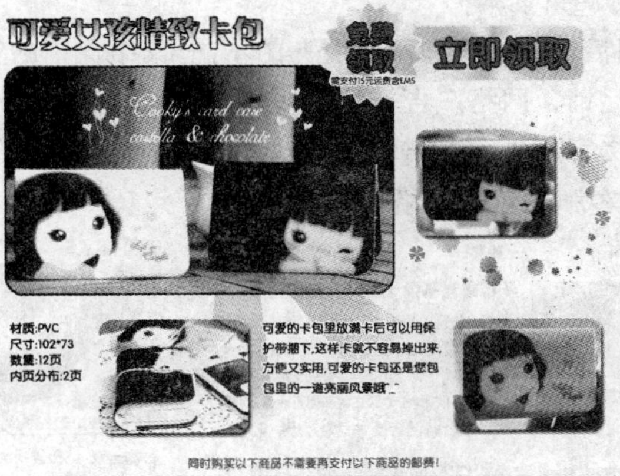

图 7-4　免费赠送策略

三、网络营销促销策略

网络促销是指利用现代化的网络技术向虚拟市场传递有关产品和服务的信息，以激发消费者的需求欲望，刺激消费者购买产品和服务，促进市场营销的各种活动。

1. 网络营销促销作用

(1)告知功能。网络促销能够把企业的产品、服务、价格等信息传递给目标公众，引起他们的注意。

(2)说服功能。网络促销的目的在于通过各种有效的方式，解除目标公众对产品或服务的疑虑，说服目标公众坚定购买决心。例如，在同类产品中，许多产品往往只有细致的差别，用户难以察觉。企业通过网络促销活动，宣传自己产品的特点，使用户认识到本企业的产品可能给他们带来的特殊效用和利益，进而乐于购买本企业的产品。

(3)反馈功能。网络促销能够通过电子邮件及时地收集和汇总顾客的需求和意见，迅速反馈给企业管理层。由于网络促销所获得的信息基本上都是文字资料，信息准确，可靠性强，对企业经营决策具有较大的参考价值。

(4)创造需求。运作良好的网络促销活动，不仅可以诱导需求，而且可以创造需求，发掘潜在的顾客，扩大销售量。

(5)稳定销售。由于某种原因，一个企业的产品销售量可能时高时低，波动很大。这是产品市场地位不稳的反映。企业通过适当的网络促销活动，树立良好的产品形象和企业形象，往往有可能改变用户对本企业产品的认识，使更多的用户形成对本企业产品的偏爱，达到稳定销售的目的。

2. 网络营销的促销策略

根据网络营销活动的特征和产品服务的不同，网络促销的策略主要有：

（1）网络广告促销。网络广告类型很多，根据形式不同可分为横幅广告（旗帜广告）、图标广告、文字广告、电子邮件广告、新闻组广告、电子杂志广告、公告栏广告等。图 7-5 为凡客和梦芭莎网络广告。

图 7-5　凡客诚品与梦芭莎在网易首页的广告

（2）利用搜索引擎促销。在著名搜索引擎上用关键词注册，方便消费者利用搜索引擎查询网站地址。图 7-6 为凡客和梦芭莎百度推广。

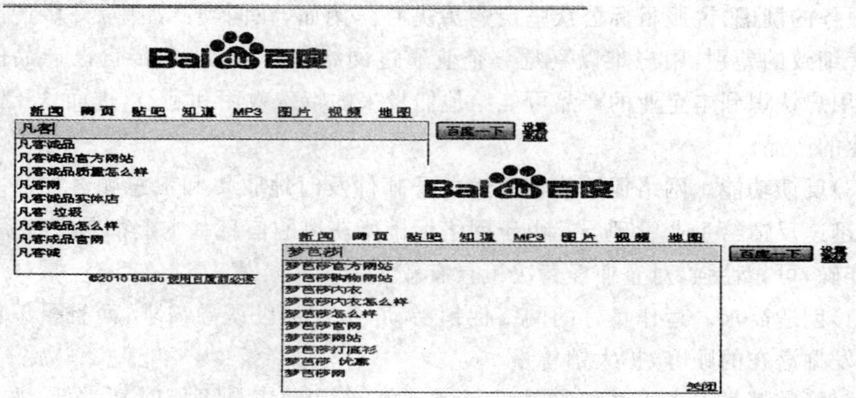

图 7-6　凡客诚品与梦芭莎百度推广

(3)提供免费资源与服务促销。通过免费资源与服务促销是互联网上最有效的法宝，通过这种促销方式取得成功的站点很多，有的提供免费信息服务，有的提供免费贺卡、音乐、软件下载，从而扩大站点的吸引力。

(4)有奖促销。许多顾客喜欢得奖，如果在网上进行抽奖可以产生非同寻常的访问流量。

(5)网上赠品促销。在新产品推出试用、产品更新、对抗竞争品牌、开辟新市场等情况下利用赠品促销可以达到较好的促销效果。图 7-7 为梦露时尚赠品策略。

图 7-7 梦露时尚买一赠二策略

(6)积分促销。积分促销在网络上应用起来比传统营销方式要简单和容易操作。网上积分活动很容易通过编程和数据库等来实现。积分促销一般设置价值较高的奖品，消费者通过多次购买或多次参加活动来增加积分以获得奖品。图 7-8 为巧思购物促销策略，图 7-9 为柠檬绿茶促销策略。

图 7-8 巧思家庭购物积分促销

图 7-9 柠檬绿茶满就送

(7)发行虚拟货币来促销。当顾客申请成为会员或参加某种活动时可以获得网站发给的虚拟货币,用来购买本网站的商品,如酷必得的“酷币”等,实际上是给会员购买者相应的优惠。图 7-10 为梦露发放红包。

图 7-10 梦露时尚免费红包

(8)网上打折促销。通过打折降价销售来吸引顾客是不少网站常用的促销方式,如当当书店等。图 7-11 为皮具打折,图 7-12 为低价秒杀。

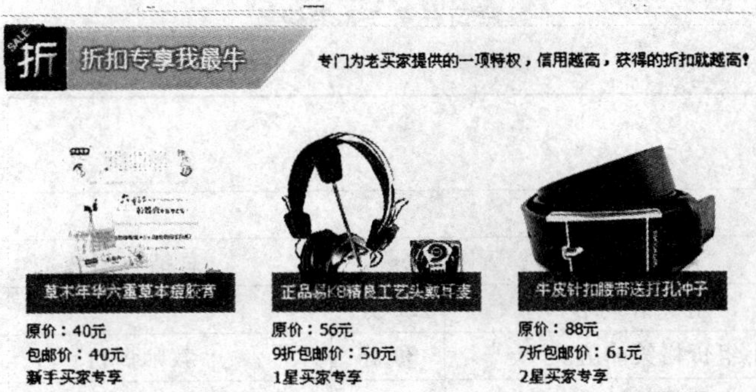

图 7-11 打折策略

图 7-12 价格秒杀策略

实践演练

学习任务 7-3 实践任务书

学习目标	通过访问互联网了解网络促销方法与策略。
环境需求	1. 互联网接入； 2. 计算机(每人 1 台)； 3. 原淘宝店铺小组； 4. 任务考核表(教学包下载,电子方式上传)。
任务描述	1. 网上搜索网络营销的价格策略,了解目前网络营销都有哪些价格策略,针对自己的小店商品,小组讨论拟采用的价格策略方案并实施。 2. 网上搜索网络营销的促销策略,了解目前网络营销都有哪些网上促销策略,针对自己小组经营项目,讨论拟采用的促销策略方案并实施。
任务拓展	访问淘宝皇冠级以上店铺,了解其营销策略。

学习任务 7-3 考核单

组名：

组长及职责： 组员及职责：				
调查单元：				
序号	任务	分值	总结与归纳	成绩
1	常用价格策略	20 分		
2	小组价格策略方案	30 分	教师评价：	
3	常用促销策略	20 分		
4	小组促销策略方案	30 分	教师评价：	
合计				

注：请从资源包下载电子版填写并上传。

学习任务 7-4　网络营销运作

情景导入：小米通过网上市场调研发现自己小店销售不好有多方面原因，网上有很多做得比较成功的，通过比较小米认为自己小店不好的主要原因还是营销问题，商品价格设置有问题，也没有做产品促销推广。同时，更关键的是自己没有做网店推广，淘宝网上店铺上千万家，自己的店铺如“沧海一粟”，不做促销又有谁知道呢？看来网络营销运作势在必行，如何做呢？还是和小米一起研究吧！

理论学习

一、网络营销方法体系

网络营销方法，是对网络营销资源和网络营销工具的合理利用，是网络营销各项职能得以实现的基本手段，在网络营销体系中处于重要位置。根据企业是否建立网站，可将网络营销方法分为无站点网络营销和基于企业网站的网络营销。两种情形分别有不同的网络营销方法，也有一些通用网络营销方法无论是否已经建立企业网站都是适用的。因此，根据企业是否已经建立网站，将网络营销方法体系归纳为图 7-13。

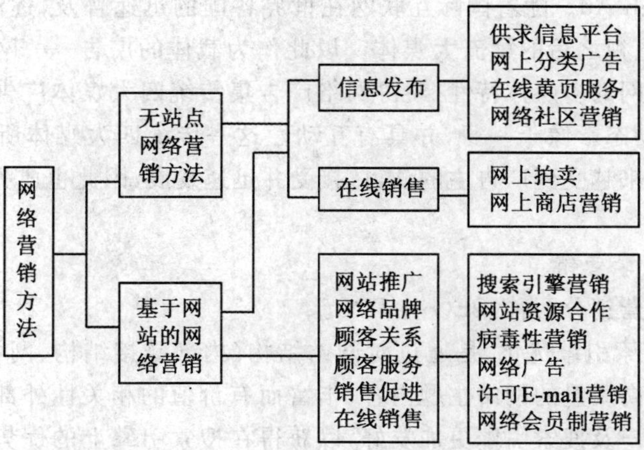

图 7-13　网络营销方法体系

从图 7-13 中可以看到，凡是未建立企业网站即可采用的网络营销方法，对于已经建立网站的企业同样可以采用，并且由于拥有企业网站这个综合性网络营销工具，营销效果会更好，这也就意味着，基于企业网站的网络营销方法包含了无站点网络营销方法。这样分类还有一个好处在于，可以消除对网络营销的一些误解，例如，以为只有建立企业网站才能开展网络营销，或者将建设网站本身就理解为网络营销的全部内容等。同时，通过这种对比也可以发现，在拥有企业网站的情况下，不仅可以采用的网络营销方法更多，而且营销效果也更好，由此也可以说明企业网站在网络营销中的重要地位。

二、网络营销常见方法概述

网络营销是借助一切被目标用户认可的网络应用服务平台开展的引导用户关注的行为或活动，目的是促进产品在线销售及扩大品牌影响力。在互联网 Web1.0 时代，常用的网络营销方法有搜索引擎营销、电子邮件营销、即时通讯营销、论坛营销、病毒式营销；但随着互联网发展至 Web2.0 时代，网络应用服务不断增多，网络营销方式也越来越丰富起来，包括博客营销、播客营销、RSS 营销、SNS 营销、创意广告营销、口碑营销、体验营销、趣味营销、知识营销、整合营销、事件营销。

我们需要深刻理解众多的网络营销策略，并结合自身资源广泛应用到产品推广和品牌建设中去。

1. 网络广告营销

网络广告的英文名称是 Internet Advertising 或 Web Advertising，简称 Internet Ad.或 Web Ad。随着国际互联网在世界各国的迅速普及,逐渐成为继报纸、杂志、广播和电视之后的第五大媒体。以此作为载体的广告——网络广告应运而生。由于互联网的多媒体特性,使得网络广告集传统四大媒体广告特点,即文字、图像、声音和动态影像于一身,并具有互动性这一传统四大媒体所缺乏的突出特点。因而它越来越受到广告主的认可、接受并迅速发展,因此也成为网络营销重要手段之一。

2. 搜索引擎营销

搜索引擎营销分两种:SEO 与 PPC。

SEO 即搜索引擎优化,是通过对网站结构(内部链接结构、网站物理结构、网站逻辑结构)、高质量的网站主题内容、丰富而有价值的相关性外部链接进行优化而使网站为用户及搜索引擎更加友好,以获得在搜索引擎上的优势排名为网站引入流量。

PPC 是指购买搜索结果页上的广告位来实现营销目的,各大搜索引擎都推出了自己的广告体系,相互之间只是形式不同而已。搜索引擎广告的优势是相关性,由于广告只出现在相关搜索结果或相关主题网页中,因此搜索引擎广告比传统广告更加有效,客户转化率更高。

3. 电子邮件营销

电子邮件营销是以订阅的方式将行业及产品信息通过电子邮件的方式提供给所需要的用户,以此建立与用户之间的信任与信赖关系。大多数公司及网站都已经利用电子邮件营销方式。毕竟邮件已经是互联网基础应用服务之一。互联网企业认为,获得了用户的邮件,如同获得了可以向用户宣传的"通道"。使用邮件营销最为厉害的要数国内一些著名的网络巨头,每天都给你发来邮件,让你烦不胜烦。E-mail 营销方式值得注意的是,给用户发送的界面和内容要极富创意,容易吸引邮件用户进一步的兴趣,才会达到较佳的效果。

4. 即时通信营销

顾名思义,即利用互联网即时聊天工具进行推广宣传的营销方式。对于企业来说,即时通信的最大价值在于实时沟通的形式。这种沟通的现场性,使得用户在标准的客户服务之外,可以根据兴趣的需要实现即时的问与答。

比如,一位消费者在某电子商务网站上选择了一件毛线衫,但网站上没有有关这件衣服质地的信息,于是她会尝试查询。当消费者通过在线查询得不到答案时,她通常有 3 种选择寻求帮助。

第一种是传统的电话咨询。电话中心和服务声讯系统乏味的菜单选择,再加上一些电话产品广告,如遇到系统忙,消费者还要等待一段时间,这都会令消费者很沮丧。

第二种是电子邮件。作为一个快速的消费者互动媒体，电子邮件在这方面的表现甚至更糟，因为它本身就是一种存储-转发技术，根本不能完成即时通信功能。

第三种是即时通信。它为商家提供了一种现场回答在线购物用户提问的方式。它的一个最大优势就是消费者提问时仍然在线。当消费者的注意力脱离购物环境后，商家就很可能会失去这名客户。另一个优势在于即时通信自然地生成了一个有关消费者与服务代理之间交流的书面抄本。这可以加强服务质量控制，因为这些抄本比起电话对话的声音记录来说更容易存档和搜索。

因为即时通信比语音查询更简洁，因而客户服务代理就有可能同时处理多个信息。同时，客户服务代理还可以通过保存常见问题的答案来节约时间，从而提高服务效率。

5. 病毒式营销

病毒式营销是指发起人发出产品的最初信息到用户，再依靠用户自发的口碑宣传，是网络营销中的一种常见而又非常有效的方法。它描述的是一种信息传递战略，经济学上称之为病毒式营销，因为这种战略像病毒一样，利用快速复制的方式将信息传向数以千计、数以百万计的受众。也就是说，通过提供有价值的产品或服务，“让大家告诉大家”，通过别人为你宣传，实现“营销杠杆”的作用。例如，我们每个店铺的留言板和友情链，我为别人宣传，别人也为我宣传。病毒式营销将令您的网络客户、邮件订阅者成为您在线生意的传话筒，使您在线业务量呈指数式爆炸成长。

病毒式营销必然含有两个重要的功能：①人们在获得利益的同时不知不觉地、不断缠绕式地宣传了商家的在线生意、信息传播者，往往是信息受益者。②商家生意信息的传播是通过第三者“传染”给他人而非商家自己，而通常人们更愿意相信他人介绍而非商家自己。

我们经常看到的免费邮箱、免费空间、免费域名、ICQ 网上即时交流软件等，都采取了病毒式营销方式。盗版微软视窗亦如此。比尔·盖茨撇开小利，其操作系统病毒式地占领了中国操作系统市场，而占领市场份额比当前的获利要重要得多。

6. 论坛营销

论坛是互联网诞生之初就存在的形式，论坛作为一种网络平台，不仅没有消失，反而越来越焕发出它巨大的活力。

利用论坛的超高人气，可以有效为企业提供营销传播服务。而由于论坛话题的开放性，几乎企业所有的营销诉求都可以通过论坛传播得到有效的实现。

总的来说，论坛营销就是企业利用论坛这种网络交流的平台，通过文字、图片、视频等方式发布企业的产品和服务的信息，从而让目标客户更加深刻地了解企业的产品和服务。最终达到企业宣传企业的品牌、加深市场认知度的目的，这种网络营销活动就是论坛营销。

7. 博客营销

博客营销是建立企业博客，用于企业与用户之间的互动交流以及企业文化的体现，一般以诸如行业评论、工作感想、心情随笔和专业技术等作为企业博客内容，使用户更加信赖企业深化品牌影响力。

博客营销可以是企业自建博客或者通过第三方 BSP 来实现，企业通过博客来进行交流沟通，达到增进客户关系，改善商业活动的效果。

企业博客营销相对于广告是一种间接的营销，企业通过博客与消费者沟通、发布企业新闻、收集反馈和意见、实现企业公关等，这些虽然没有直接宣传产品，但是让用户接近、倾听、交流的过程本身就是最好的营销手段。企业博客与企业网站的作用类似，但是博客更大众随意一些。另一种，也是最有效而且可行的是利用博客(人)进行营销，这是博客界始终非常热门的话题，老徐与新浪博客的利益之急，KESO 的博客广告，和讯的博客广告联盟，最近瑞星的博客测评活动等，这其实才是博客营销的主流和方向。博客营销有低成本、分众、贴近大众、新鲜等特点，博客营销往往会形成众人的谈论，达到很好的二次传播效果，这个在外国有很多成功的案例，但在国内还比较少。

8. 播客营销

播客营销是在广泛传播的个性视频中植入广告或在播客网站进行创意广告征集等方式来进行品牌宣传与推广，例如前段时间“百事我创，网事我创”的广告创意征集活动，国外目前最流行的视频播客网站(世界网民的视频狂欢)，知名公司通过发布创意视频广告延伸品牌概念，使品牌效应不断被深化。

9. RSS 营销

RSS 营销是一种相对不成熟的营销方式，即使在美国这样的发达国家仍然有大量用户对此一无所知。使用 RSS 的以互联网业内人士居多，以订阅日志及资讯为主，而能够让用户来订阅广告信息的可能性更微乎其微。

10. SNS 营销

SNS(Social Networking Services，社会性网络服务)，是互联网 Web2.0 的一个特制之一。SNS 营销是基于圈子、人脉、六度空间这样的概念而产生的，即主题明确的圈子、俱乐部等进行自我扩充的营销策略，一般以成员推荐机制为主要形式，为精准营销提供了可能，而且实际销售的转化率偏好。例如，Googlegmail 邮箱即采用推荐机制，只有别人发给你邀请，你才有机会体验 gmail。同时，当你拥有了 gmail 又可以给其他人发邀请，用户通过邀请机制扩展了其社交网络，同时 Goodlegmail 通过人的不断传递与相互关联实现了品牌的传递。这也可以说是病毒式营销的升华，这对于用户认可产品的品牌起到很强的作用，开心网采用正是这种模式获得了成功。

11. 知识型营销

知识型营销就像百度的“知道”，通过用户之间提问与解答的方式来提升用户粘性，你扩展了用户的知识层面，用户就会感谢你，试想企业不妨建立一个在线疑难解答这样的互动频道，让用户体验企业的专业技术水平和高质服务，或是不妨设置一块区域，专门向用户普及相关知识，每天定时更新等。

12. 事件营销

事件营销可以说是炒作，可以是有价值的新闻点或突发事件在平台内或平台外进行炒作的方式来提高影响力。例如，芙蓉姐姐北大演讲、凤姐征婚，在最短时间内写出一篇文章简单介绍事件，并发给了几个经常活动的 QQ 群及论坛上。当然，如果能根据该事件写出一篇深度报道会更好，会使更多人注意到你的博客。

13. 口碑营销

“好酒不怕巷子深。”的确如此，好的产品，对顾客有用有价值的产品，自然也会得到用户的口口相传。与其说它是一种营销方法，还不如说它是一种“效果见证”。要想达到此种效果，则需要开发出来的产品对用户非常有价值才行，且让用户使用一次之后，再也离不开。进而能介绍他们的朋友也来使用。不知不觉中，产品就被推广出去了。

14. 友情链接

交换友情链接，要与大型网站、知名网站做友情链接，才会获得到更多的关注，赢得更多的点击数量。此外，友情链接还应当找 Google－PR 值较高的网站做。PR 值高的网站，较容易受得到搜索引擎的青睐，更容易让网站的各个页面被搜索引擎所收录。收录多了，从搜索引擎过来的流量也才会变得更多。

15. 其他方法

此外，还有病毒木马传播、空间互动营销等。

三、常用网络营销方法

(一)网络广告制作与发布

做广告的目的是树立公司形象、销售公司产品。采用广告宣传可以使广大消费者和客户对企业的产品、商标、服务和构想有所认识并产生好感，其特点是可以在推销人员到达前或到达不了的地方宣传企业和产品，传递信息。网络的兴起为公司提供了一个受众广泛、费用低廉的理想媒介。网络广告由于具有传统媒体无法比拟的优势而显示出旺盛的生命力，甚至成为一些“.com”公司最主要的收入来源。

1. 网络广告的特点

(1)传播范围广。网络广告的传播不受时间和空间的限制，只要具备上网条件，任何人，在任何地点、任何时间都可以阅读。这是传统媒体无法达到的。

(2)交互性强。交互性是互联网络媒体的最大优势，它不同于传统媒体的信息单向传播，而是信息互动传播，用户可以获取他们认为有用的信息，厂商也可以随时得到宝贵的用户反馈信息。

(3)受众数量可准确统计。利用传统媒体做广告很难准确地知道有多少人接收到广告信息，而在 Internet 上可通过权威公正的访客流量统计系统，精确统计出每个客户的广告被多少个用户看过，以及这些用户查阅的时间分布和地域分布，从而有助于客户正确评估广告效果，审定广告投放策略。

(4)实时、灵活、成本低。在传统媒体上做广告，发布后很难更改，即使可以改动往往也需要付出很大的经济代价。而在 Internet 上做广告，能按照需要及时变更广告内容，这样经营决策的变化也能及时实施和推广。

2. 网络广告的形式

网络广告的形式多种多样，目前通过 Internet 播发广告的类型根据载体的不同可以分为网页广告、电子邮件广告、软件广告等几类。

(1)网页广告。所谓网页广告，是指以网页或网站作为基本载体的一种广告形式。常见形式主要有：

①旗帜型广告(Banner)(图 7-14)。又叫横幅式广告。旗帜型广告通常是以 gif、jpg 格式建立的图像文件，近来 swf 格式的文件也开始被较多地运用。最常见的广告尺寸是 486×60 像素或 486×80 像素，因其像一面旗帜，故称为旗帜广告。旗帜广告通常位于网页页面的顶部。由于旗帜型广告尺寸较大，允许客户用简练的语言、图片、动态影像等较为丰富的表现手段介绍企业的产品或树立企业形象，容易引起网络浏览者的注意，因而它是目前最常见的网络广告形式之一。旗帜型广告又分为非链接型和链接型两种。非链接型旗帜广告不与广告主的主页或网站相链接；链接型旗帜广告与广告主的主页或网站相链接，浏览者可以点选(click me)，进而看到广告主想要传递的更详细信息。

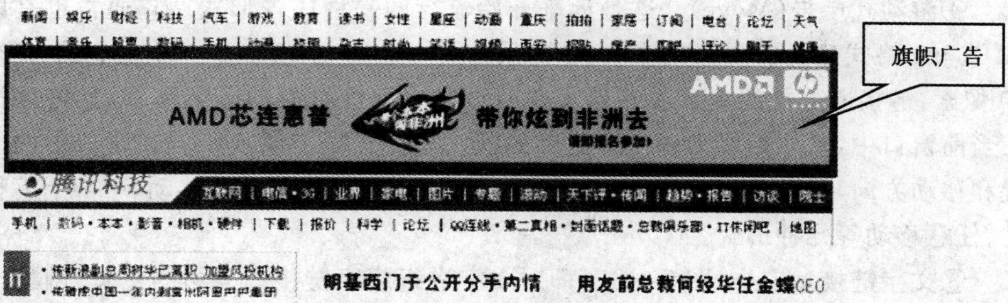

图 7-14　旗帜型广告

②按钮型广告(Button)(图 7-15)。这是网络广告最早的和常见的形式之一。按钮广告通常是以 gif、jpg 格式建立的图像文件,通常链接着广告主的主页或站点。常见的尺寸有 125×125 像素、120×90 像素、120×60 像素和 88×31 像素等几种。由于其尺寸较小,因而表现手段较单调,但却能够分布在网页页面的不同位置,这样广告主可以选择页面中不同的栏目和位置放置按钮广告。

图 7-15　按钮型广告

③微型网站广告(Messaging Plus Units)。微型网站广告又叫大尺寸网络广告。它由 cnet. com 于 2001 年 2 月新开发推出。与传统网络广告形式相比,最大不同之处在于其尺寸比多数传统网络广告大,大多数采用了 360×300 像素的 flash 文件,约占 800×600 像素的 15 英寸电脑显示器上总面积的 22.5%,几乎是标准旗帜型广告的 4 倍,此外,还有 300×250、250×250、180×150 等尺寸。微型网站广告不同于过去网络广告在点击后进入新网页的做法,新广告本身就像大网页中的一个微型网站,网络浏览者在浏览时不用跳出当前网页,进入新网页。目前国内推出大尺寸广告的有新浪、网易、chinabyte 等网站。由于它们比旗帜型广告能容纳更多的数据,故能为广告主与受众提供更多的互动空间。

④游动式广告(Move)。这是近来开始流行的一种广告形式。它通常也是以gif或jpg格式建立的图像文件,一般的尺寸是80×80像素、80×50像素或80×60像素,链接着公司的主页或站点。在网页中它随着页面的上下移动,始终保持在当前窗口中,从而始终出现在浏览者的视线里。根据游动式广告在窗口中的位置和移动方向,可以分为上方横向移动、右侧上下移动、左侧上下移动、中部上下移动、任意移动等几种形式。

⑤文字链接型广告(图7-16)。即对文字进行超级链接到公司的主页、网站或公司其他相关页面。文字链接广告虽然简单,但在页面中的放置位置更为灵活多样。通常分为语句广告和关键字广告。关键字广告有4种形式:

a. 公司名称或产品商标关键字,直接链接到公司相关的主页或网站。

b. 公众感兴趣的关键字,直接链接到公司相关主页或网站。公众感兴趣的关键字目前主要以影视明星、体育明星、歌星、社会名流等公众人物,也包括高频率出现的名词术语如基因、克隆等。这一广告形式目前正在美国雅虎与阿迪达斯之间进行谈判。阿迪达斯准备将在雅虎网站中出现的美国著名篮球明星乔丹的名字链接到与阿迪达斯相关的网页或网站上。

c. 关键字搜索结果页面上方的广告横幅,可以由客户买断。

d. 在关键字搜索结果的网站中,客户根据需要购买相应的排名,以便提高自己网站被搜索者点击的概率。

图 7-16 文字链接型广告

⑥对联广告(图7-17)。就是在页面两侧空白位置,呈现出“对联广告形式”(有的会随着网页拉动而跟着动,也有些是固定在顶上)。

对联广告页面得以充分伸展,同时不干涉使用者浏览,注目焦点集中,所以算是具备比较强的品牌渗透力。

⑦视频广告(图7-18)。使用网上视频系统,提供视频直播、产品介绍等。完成后的视频节目,将插入网站的新闻页面中,让网民点播,比电视广告费用低得多,传播效果却会更好。

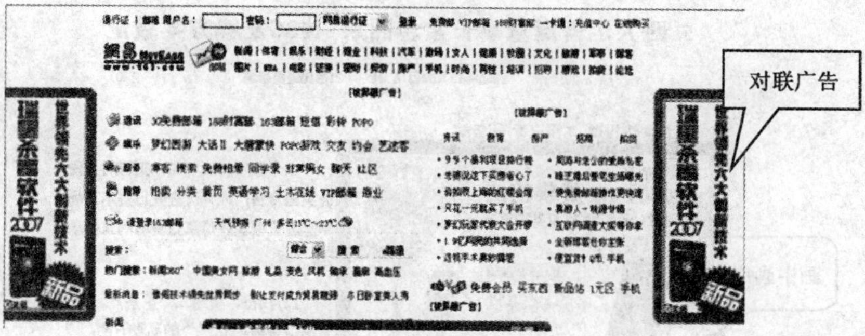

图 7-17　对联广告

图 7-18　视频广告

⑧全屏广告。网民打开网页时，以全屏方式出现 3～5 s，然后逐渐缩成通栏尺寸，网民再进入正常阅读页面。这种广告视觉冲击力强，一般能给人留下比较深刻的印象。

投放文件格式为 gif 或 jpg，必须是静态图。

⑨画中画广告(图 7-19)。它的特点是广告篇幅较大，信息蕴含量丰富；广告干扰度低，信息传达面广；广告记忆度明显，视觉冲击范围大。

(2)电子邮件广告。电子邮件广告是指以电子邮件(E-mail)作为载体的一种广告。常见形式如下：

①邮件列表广告(Direct Marketing)。又叫“直邮广告”。它是利用网站电子刊物服务中的电子邮件列表，将广告加在读者所订阅的刊物中定期发放给相应的邮箱所属人。广告形式多样化，例如 Banner、Buttons、文字等。

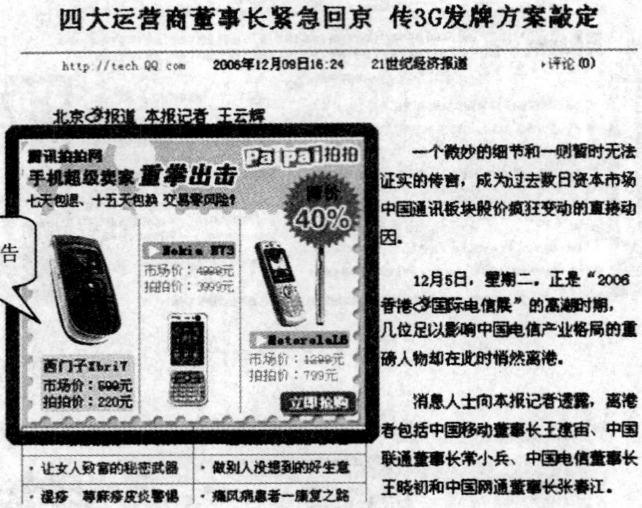

图 7-19 画中画广告

②电子邮件式广告(E-mail)(图 7-20)。利用免费电子信箱，定期或不定期地将广告主的有关信息以电子邮件的形式发送到免费信箱所属人。

图 7-20 电子邮件广告

(3)软件广告。软件广告主要是指以网络工具类免费软件作为广告载体传递广告主产品及服务信息，或者本身就是广告。常见形式如下：

①软件搭载广告(图 7-21)。这是在软件应用界面适当位置中划出一块区域，在其中嵌入一张或多张不断翻动的与广告主和网页或网站链接的广告图片。这些软件通常都是用户群非常庞大的免费网络应用软件，如国产的“迅雷”下载软件、

QQ、阿里旺旺等聊天软件、网络浏览软件、影音播放软件等。

图 7-21　软件搭载的旺旺广告和 QQ 广告

②墙纸式广告(Wall Paper)。即把广告主所要表现的广告内容体现在墙纸上,并安排放在具有墙纸内容的网站上,供感兴趣的人进行下载,也可随应用软件,在用户安装该应用软件时自由选择安装。

③屏幕保护程序广告。即将广告做成电脑屏幕保护程序,放在提供这类程序的网站上,供感兴趣的人自由下载,或随应用软件一起供用户安装软件时自由选择安装。

(4)其他常见形式。除以上类型外,常见的还有以下形式:

①按照网络广告表现手段的丰富程度及互动程度的不同,将网络广告分为富媒体及单一媒体广告。富媒体广告同时"具有动画、影像、声音及互动性";而单一媒体广告常常是图像、文字的组合。通常富媒体广告的制作花钱耗时,但能够增强广告效果,创造网络浏览者的使用经验;单一媒体广告的制作则相对省时省钱。

②按照广告主和广告商所建立关系的实质内容不同,将网络广告分为网络信用广告和赞助式广告等。网络信用广告就是在交易双方彼此信任的基础上共同达成的一种广告投放协议。在交易时,广告客户不需要在广告投放前预付广告费,只需提前签订一份合作协议,即可实现广告的投放;在广告投放的过程中广告客户有权提出中途中断双方协作,而不承担任何责任。广告投放完毕后,广告客户可根据网站的广告投放报告支付广告费;若广告客户对网站的投放效果特别不满意,其可以拒绝付款。赞助式广告主要是广告主对自己所感兴趣的网站内容、网站节目或在特定的节日进行赞助。显而易见的是信用广告投放的资金风险很小,但对信用要求较高;赞助式广告的时效性较强。

③按网络浏览者参与程度的不同，将网络广告分为互动式、游戏互动式、游戏互动竞赛式等几种。这几种形式的广告的最大特点就是互动性、参与性及竞赛性。其中较为突出的是 contests2win. com. cn 网站，这是一家提供在线游戏的网站，它与联众游戏网站不一样。contests2win 的游戏不是我们常见的八十分、四国大战之类，而是一些既有趣又好玩的 flash 益智小游戏，你可以通过玩游戏参加抽奖和积分，当积分满一定数量后就可以拿分数来兑换奖品。当然，要拿奖品就要看广告。其实，contests2win 的每一个游戏都是一个广告，它把游戏和产品信息巧妙地结合起来，使你在玩游戏的同时接收广告。

小资料　常用网络广告名词解释

● 点击次数(Clicks)：访问者通过点击横幅广告而访问厂商的网页，称点击一次，点击这个广告，即表示他对广告感兴趣，希望得到更详细的信息。

● 广告被点击的次数与广告收视次数的比率(Click Rate)即 click/impression。如果这个页面出现了 1 万次，而网页上的广告的点击次数为 500 次，那么点击率即为 5%。目前，亚太区的点击率平均为 0.5%。点击率可以精确地反映广告效果，也是网络广告吸引力的一个标志。

● 千人成本 CPM (Cost Per Thousand Impression)：即广告主购买 1 000 个广告收视次数的费用或者是广告被 1 000 人次看到所需的费用。比如说一个广告 Banner 的单价是 $1/CPM 的话，意味着每 1 000 人次看到这个 Banner 的话就收 $1，依此类推，10 000 人次访问的主页就是 $10。

● 综合浏览量(Pageview)：网站各网页被浏览的总次数，一个访客有可能创造十几个甚至更多的 Pageviews。是目前判断网站访问流量最常用的计算方式，也是反映一个网站受欢迎程度的重要指标之一。

● First View：它是我们访问一个页面时，所看到的第一屏，这是投放广告的最佳位置，所以我们的广告条一般都设在这个位置。

3. 网络广告策划

网络媒体的特点决定了网络广告策划的特定要求。如网络的高度互动性使网络广告不再只是单纯的创意表现与信息发布，广告主对广告回应度的要求会更高。网络的时效性非常重要，网络广告的制作时间短，上线时间快，受众的回应也是立即的，广告效果的评估与广告策略的调整也都必须是即时的。因此网络广告策划过程具体如下：

(1)确定网络广告的目标。广告目标的作用是通过信息沟通使消费者产生对品牌的认识、情感、态度和行为的变化，从而实现企业的营销目标。在公司的不同发展时期有不同的广告目标，比如说是形象广告还是产品广告。对于产品广告，在产品的不同发展阶段广告的目标可分为提供信息、说服购买和提醒使用等。AIDA 法则是网络广告在确定广告目标过程中的规律：

①第一个字母 A 是“注意”(Attention)。在网络广告中意味着消费者在电脑屏幕上通过对广告的阅读，逐渐对广告主的产品或品牌产生认识和了解。

②第二个字母 I 是“兴趣”(Interest)。网络广告受众注意到广告主所传达的信息之后，对产品或品牌产生了兴趣，想要进一步了解广告信息，他可以点击广告，进入广告主放置在网上的营销站点或网页中。

③第三个字母 D 是“欲望”(Desire)。感兴趣的广告浏览者对广告主通过商品或服务提供的利益产生“占为己有”的企图，他们必定会仔细阅读广告主的网页内容，这时就会在广告主的服务器上留下网页阅读的记录。

④第四个字母 A 是“行动”(Action)。最后，广告受众把浏览网页的动作转换为符合广告目标的行动，可能是在线注册、填写问卷参加抽奖或者是在线购买等。

(2)确定网络广告的目标群体。简单来说就是确定网络广告希望让哪些人来看，确定他们是哪个群体、哪个阶层、哪个区域。只有让合适的用户来参与广告信息活动，才能使广告有效地实现其目标。

(3)进行网络广告创意及策略选择。

①要有明确有力的标题。广告标题是一句吸引消费者的带有概括性、观念性和主导性的语言，要求明确有力。

②简洁的广告信息。

③互动性。如在网络广告上增加游戏功能，提高访问者对广告的兴趣。

④合理安排网络广告发布的时间。网络广告的时间策划是其策略决策的重要方面。它包括对网络广告时限、频率、时序及发布时间的考虑。时限是广告从开始到结束的时间长度，即企业的广告打算持续多久，这是广告稳定性和新颖性的综合反映。频率即在一定时间内广告的播放次数，网络广告的频率主要用在 E-mail 广告形式上。时序是指各种广告形式在投放顺序上的安排。发布时间是指广告发布是在产品投放市场之前还是之后。

⑤正确确定网络广告费用预算。公司首先要确定整体促销预算，再确定用于网络广告的预算。整体促销预算可以运用量力而行法、销售百分比法、竞争对等法或目标任务法来确定。而用于网络广告的预算则可依据目标群体情况及企业所要达到的广告目标来确定，既要有足够的力度，也要以够用为度。

(4)选择网络广告发布渠道及方式。总体上，在线广告推广可以分为付费和免费两大类。尽管免费、交换、链接是网络空间的特色，但为了实现网络推广的目标，如在一定时间内要达到可观的访问量，那么采取付费的旗帜广告方式是必要的。可以选择几个合适的网站进行广告发布，费用通常由该网站的知名度及访问量决定。国内知名网站的旗帜广告平均价格为 240 元(CPM，即每千人访问成本)。图

7-22 为新浪首页广告。

图 7-22 新浪网首页广告

①申请付费广告形式。采取付费的广告形式主要涉及网站的选择。如果你的网站主要是为了吸引本地的读者，那么不妨选择在 Internet 服务提供商(ISP)的网站上做广告。一般来到 ISP 的读者，都是那家 ISP 的用户。如果你的网站主要是为了吸引外地、国际性的读者，ISP 提供的宣传作用就十分有限。

另外，还可以选择在热门网站的网页发布广告。此时，要注意如下四点：

a. 看该网页的人是否只局限在某一地区？类别是否与你的产品服务相匹配？

b. 你的网页广告是否会被放在该网页的显眼处？

c. 一般热门网站有许多广告轮流出现，你的广告会出现多少次？

d. 该网站能否提供关于该广告的统计数据？

②申请免费广告、交换免费广告。交换是指各网站间以互惠为目的相互免费交换网络广告，实现在线推广的策略。免费广告交换的方式有两大类：一是以旗帜广告出现，有时被人称为免费图标交换；二是文本形式的广告交换。免费广告交换可以在各网站间自由协商来运作，也可以由专门化的广告交换组织来运作。

目前，Internet 上的广告交换组织有很多，如 Linkex-change(http://www.linkexchange.com)，123banners(http://www.123banners.com)等等。Linkex-change 的网络成员在 1997 年就已突破 20 万个，这只是在公司开始提供该项业务的两年时间内实现的。目前约有 10%的站点都成了该站点的会员。这种广告交换网的基本原理是在你的网站上放置该组织的一个旗帜广告，你网站的广告就能按你网站调用该旗帜广告次数的一定比率在该组织的其他会员网站上出现。对于一些小型站点，往往得到的是基于 2∶1 的免费的广告交换，即如果一个成员站点在它的站点上每提供两个广告，就能在其他成员站点获得促销自己的广告链接，因而能使提供广告链接服务的公司把多余的广告链接销售给其他非成员站点，因而能获得可观的广告收入。

广告交换网的优势是那种选择有限的一些知名站点刊登广告的做法所无法比拟的。可以想象一下，一个将目标对准足球运动员和对足球游戏感兴趣的球迷的广告客户，在决定选择广告的目标站点之前，它会首先想到 SportsLine 以及其他顶尖的体育类站点。而对 Linkexchange 站点来说，除了这些站点，它还拥有近万个体育站点，这些站点上都放置了相关的广告链接。免费广告链接的申请一般采用会员制，当你申请加入后，你的网页广告将出现在其他成员的网页上；同时，其他成员的网页图标也会出现在你的网页上。加入交换网的条件很简单，只需拥有自己的网站。所以，企业在做网络营销时，千万不要错过这种低成本、大范围的在线网站推广方法。

4. 网络广告制作的一般流程

(1)图片和文字的输入。

(2)图形绘制和图像处理。通过电脑绘制的矢量图形一般要转为标准图像格式用于网页设计，Photoshop 以其强大的图像处理功能见长，且具有很强的兼容性，支持多种图像格式，最新版弥补了网页设计的不足。

(3)网页动画的制作。网络广告表现形式的发展速度令人吃惊，而且潜力无限，两三年前网上还充斥着静态的网幅广告，如今的网幅广告却以动态的居多了，网页动画技术的引进，使网络广告变得异常生动。

制作动画网页的 GIF 动画，最简单的办法可以用 Photoshop 生成一个包含全部动画元素的文件，对于每一个独立的帧，先隐含不必要的对象再分别导出成单个的 GIF 文件，最后用 GIF Animator 这类网页动画软件将各帧组合成动画文件，也可以安装 Photoshop 的动画插件，直接在 Photoshop 文件上生成动画。当然，如果用 Adobe Image Ready 和 Fireworks、Flash 这样专门为网页图像设计的软件可以直接制作动画 GIF。

随着多媒体技术在 Internet 领域的发展，在 Web 上出现了很多新的多媒体技术，比如视频非线编辑软件 Adobe Premiere 通过自身的发展以及和一些第三方厂商的合作，在 Web 开发上也成为一个首选的素材制作工具。“动画流”技术，也称为下载即播技术，这是为了让上网的用户不用等到多媒体文件完全下载完就开始播放的一种技术，可使用户免受等待的煎熬，经常用到的有 Realvideo、Streamworks 等。现在最流行的是 Realvideo，Realnetworks 为 Adobe Premiere 开发了一个叫作 Real Publisher Premiere Plugin 的插件，可用 Premiere 来制作 Realvideo，Adobe 也为自己开发了制作 GIF 动画的 Plugin，使用户直接可生成 GIF 动画。

(4)影像及声音的输入和编辑。数字影像输入的最好办法是用数字摄像机，然后直接存入电脑的硬盘备用，声音需通过声卡输入。当然，一些传统的影音资料部可以通过专门的硬件设备进行格式转换输入电脑。

为了增加影像在可接受的速度下运行的机会，设计时一般采用小画面模式，如采用 320×240 像素点显示，或者干脆采用 160×120 像素点显示，最后制作一般采用了一种或更多的文件压缩方法，但是即便这样，在网上播放影像文件至少也需稳定的高传输速率。

(5)完成各广告要素及不同文件、页面间的链接。最后的步骤就是完成各广告要素及不同文件和页面间的链接，为 www 提供 HTML 文档，HTML 允许文档创建者在文档中嵌套指向其他任何文件的链接指令。当用户点击鼠标激活这些嵌套的链接时，就可以直接跳转到该链接所指的文件，无论该文件存储在本地还是远程计算机里，都可以利用 HTTP（Hype Text Transfer Protocol，超文本传输协议）跨空间在网上的不同 Web 页面间自由切换。

大多数通用文本编辑器及文字处理软件部能编辑 HTML 文档，只要该编辑器或文字处理软件能把文档以纯文本方式储存即可，一些专门的网页制作软件和多媒体制作软件也具备强大的链接编辑功能，常用的有 Frontpage、Dreamweaver、Fireworks 等。

(二)搜索引擎营销

1. 搜索引擎与 SEO

搜索引擎是 Internet 上进行信息资源搜索和定位的基本工具，是为了帮助用户从成千上万个网站中快速有效地查询，找到想要得到的信息而出现的。如果说 Internet 上的信息浩如烟海，那么搜索引擎就是海洋中的导航灯。只有通过搜索引擎的查询结果，用户才会知道信息所处的网上地点，然后再去该地点获得相关的详细资料。对浏览者而言，是如何掌握搜索引擎的使用方法去找到自己想要的信息；而对营销的企业而言，却是如何利用搜索引擎，让更多的浏览者找到自己。

搜索引擎优化 SEO(Search Engine Optimisation)是通过研究各类搜索引擎如何抓取互联网页面和文件及研究搜索引擎进行排序的规则，来对网页进行相关的优化，使其有更多的内容被搜索引擎收录，并针对不同的关键字获得搜索引擎的左边更高的排名，从而提高网站访问量，最终提升网站的销售能力及宣传效果。

SEO 不是技术手段，是网站推广的一部分，是主推被动式营销。SEO 是针对网络的传播模式，把目标内容（广告、产品、品牌）传递给目标授众的最有效的途径。

2. 为什么要做 SEO

做 SEO，早期的目的让搜索引擎更容易对你的站点进行识别和收录，同时相应的关键字排位靠前，让你的客户更容易找到你的网站和你的产品，增加你的产品和公司的曝光率，是适应搜索经济发展的必经之路。完整的 SEO 还是对用户心理需求分析，适应浏览者需求的过程。

小资料 **Spider**

Spider 是搜索引擎用来访问 Internet 上网页的自动程序。Spiders 根据 Html 的语法和格式，对读取的页面进行代码过滤，收入相关的文字内容。目前搜索引擎无法像人那样去读相应的图片、Flash、影片里面的内容。图片中的文字对 Spider 来说毫无意义。对于 Javascript 里面的内容，现在已经有部分网站开始收录。

3. SEO 实操

第一步：网站优化

请按以下规则来策划或者规划你的网站：

尽可能多把重要的页面的链接和栏目放置到首页；尽可能把第二、第三层的栏目标题抽取到首页，而不是没有意义堆砌，如图 7-23 所示。

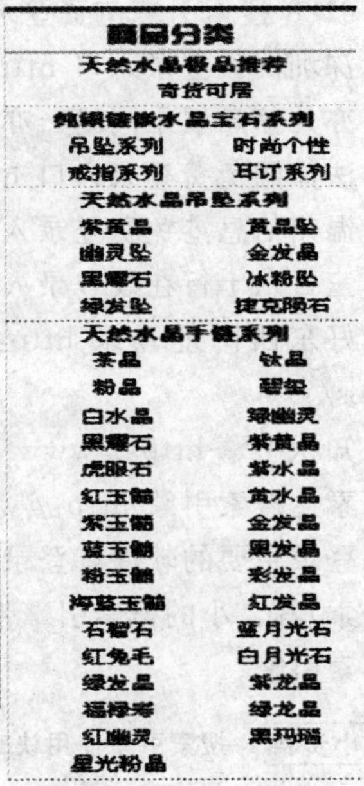

图 7-23 页面结构

尽可能采用静态页面，搜索引擎可以把您的页面全部收录，但使用 asp/jsp/php/cgi 程序您可以很方便调用您的数据库里面的数据，但这不是搜索引擎友好的方式，解决此类问题的方法是您可以使用 Sitemap 直接向搜索引擎提交所有的数据，如果可能，请把友情链接放在首页，但不要包含在 Javascript 程序里面。Javascript 程序可以为页面带来很多动态的效果，但不是所有的搜索引擎都能访问 Javascript 里面的数据。

如果您的网站有很多层目录，请把深层次的目录变成浅层次。

第二步：外连接

必须登录的搜索引擎：

Google http://www.google.com/intl/zh-CN/add_url.html

Baidu http://www.baidu.com/search/url_submit.html

Yahoo http://cn.yahoo.com/docs/info/suggest.html

搜狐(搜狗)：http://db.sohu.com/regurl/regselect.asp? step=REG

中搜 http://d.zhongsou.com/NetSearch/pageurlrecord/frontpageurl.jsp

以下的如果有时间可以加入进去，可以提高外部连接的广度：

搜豹免费登录入口 http://search. sobao. com/Computers_and_Internet/Personal/

协通免费登录入口 http://www. net2asp. com. cn/search/regform. htm

银河免费登录入口 http://search. inhe. net/navigate. asp

中国假日免费登录入口 http://www. china-holiday. com/newterms/hall/it/sort. asp? sortid=259

山西互联网免费登录入口 http://www. shanxi. net. cn/sxhulian/addcate. asp

网络奇兵登录入口 http://www. net7b. com/net7b_site/denglu/index. asp

6128 搜索引擎免费登录入口 http://www. 6128. cn/add. htm

深圳网狐登录入口 http://www. szfox. com/search/

亦凡信息娱乐网络一亦凡搜索 http://www. gotofind. com/opendir/

法律网免费登录入口 http://www. law-lib. com/lawseek/wzdl. asp

温州信息港免费登录入口 http://www. wzonline. com. cn/

三百六十行在线登录入口 http://www. 360hang. com/

好东西网址登录 http://dir. haodx. com/computer/internet/search/search_egines/

知识引擎 http://www. kmcenter. org/web/User. asp

泰达搜索引擎 http://www. tedanet. com/search/index. asp

登录主要的软件有登录奇兵、网站推广专家、名扬四海网站登录系统(可去网上搜索)等。小的搜索引擎带来的流量并不会如您预期的高,主要的流量集中在大的搜索引擎。

小资料 **搜索引擎使用诀窍**

(1)Intitle,表示后接的词限制在网页标题范围内。

例 要在标题是物流的网页中找论文:

关键词 摘要 intitle:物流

市场 消费 需求 intitle:调查报告

(2)site,表示把搜索范围局限在这些网站内,以提高搜索效率。

例 在 skycn. com 里面找有关网络快车的网页:

网际快车 site:skycn. com

(3)inurl,表示返回的网页链接中包含第一个关键字,后面的关键字则出现在链接中或者网页文档中。

例 查找微软网站上关于 windows2000 的安全课题资料:

inurl:security windows2000 site:microsoft. com

(4)filetype，表示对搜索对象做限制，冒号后是文档格式，如PDF、DOC、XLS等。

例 查找网络营销的PPT文档：

网络营销 filetype：ppt。

(三)电子邮件(E-mail)营销

E-mail也是最为常见的网络推广手段之一，它的主要原理是通过电子邮件传递信息，以直接或间接地实现网络推广目的。

1. 在发送电子邮件信息的过程之中需要注意的几点问题

(1)目标要明确。许可E-mail营销和垃圾广告邮件最大的区别就在于是否经过邮件接收者的允许，但是这里的“允许”是一个比较复杂的概念，需要详细解释一下。对于客户直接提交的电子邮件地址，在站点向其说明了权利义务的前提下，这些地址可默认为已经获得了客户的允许，然而对于那些购买或交换来的地址又应该如何看待呢？

比较规范的处理方法有两种：一是事前通知，即在客户第一次向原站点提交电子邮件地址以前就由该站点声明其用途，客户自由选择是否接收来自其他站点的信件；二是事后通知，即由原站点向客户发送邀请或通知，客户自己选择是否接收另一站点的电子邮件。在通常情况下，第一种做法较为常见，然而对于事后通知的情况，有时也可以采用不经过原站点而直接向客户发信的方法，但这种方式无疑是不礼貌的，而且很有垃圾邮件的嫌疑。在获得许可的前提下，企业还应该对电子邮件地址进行分类，以明确不同类型的潜在客户对信息的不同需求。譬如一个销售图书的站点就应该以潜在客户的教育背景、兴趣等对电子邮件地址进行分类，而一个生产服装的企业就应该以潜在客户的性别、年龄等对电子邮件地址进行分类。分类的目的是为了进一步确定不同信息的发送目标，如果给客户寄送了不适当的信息，就仍有发布垃圾邮件的嫌疑。

(2)主题要清晰。主题要清晰是指电子邮件的主题栏应当能够概括邮件的基本内容或最突出的信息，而且应当实事求是，绝无夸大。这就对主题词的写作提出了几点要求：首先是概括性。主题词应当使邮件的接收者能够很快明白信件的基本内容，以便对方迅速做出阅读与否的决策。这一要求是出于对潜在客户的尊重，同时也是为了塑造站点的良好形象，因为大部分的垃圾邮件制造者根本就不会考虑到这些，而且进一步地，就算邮件的接收者打开了信件，如果他们发现其内容毫无参考价值，同样也会立即删除，甚至将发件人列入拒收的名单。其次是吸引力。主题词的写作应当突出信件中潜在客户可能最感兴趣的内容，譬如商品打折的邮件往往以“低至5折”、“百元封顶”、“多买多送”等作为主题的构成部分，而提供中介服务的站点则通常在主题中宣称其服务“费用低廉”、“即时办理”、“诚信可靠”

等。最后是准确性。这一点也是经许可的电子邮件和垃圾广告邮件的重要区别，因为除了吸引邮件接收者打开信件以外，后者撰写主题词并非出于长远的考虑，他们可以为邮件任意起名，类似“无条件送现金”、“今晚有个约会”等。这样的做法极不可取，因为大部分接收者不会第二次受骗上当，以后此种类型的信件将被直接过滤掉，无缘再和接收者见面。

(3)内容要简洁。除非确定为接收者非常感兴趣的信息，否则最好不要超过一屏。此外，很多站点常常会将商品的图片随同信件寄发，有时甚至制作弹出窗口强迫收信人浏览，这些做法很不可取，尤其是后者，因为这样做会耗用大多数宽带用户的资源，极不尊重对方。

(4)完善的邮件功能。就是需要有 HTML 格式的邮件，而不是简单的文本邮件带上一个链接地址而已，如图 7-24 所示。最基本的体现至少需要包含符合网站风格的底色、图片、文字，并且需要完成基本的功能“退订”。退订的好处在于，让潜在用户知道，他不是被强制的接收这一封邮件，他也有主导权可以不再接收。而不至于说，客户接收了好几次邮件，无法退订，最终不爽到打电话到 ISP 投诉，最终可能您的域名被禁，这一定不是大家希望的结果。

图 7-24　卓越亚马逊邮件广告

(5)回复要及时。对于客户咨询信息和索取详细资料的信件一定要及时回复，否则就会给客户留下不被重视或者缺乏效率的印象。回复的期限应尽量为 1～2 天，当然如果能够在数小时内甚至是即时加以回复，则会给客户留下极好的印象。目前国内的大多数企业站点在这方面做得不够好，有的甚至公开声明由于信件众多而无法迅速处理和回复。其实解决这个问题的方法有很多，比方说如果确实无法加派专门人员处理信件，最简单的办法就是设置自动回复功能，将常见的问题集中归类做成用户手册等形式直接回复给对方，并在回信中注明其他资料的索取办法。

2. 邮件列表

邮件列表是网站推广中最重要的手段之一，在企业的网站推广方面能起到低成本、高效率的特点。邮件列表的起源可以追溯到1975年，是互联网上最早的社区形式之一，也是Internet上的一种重要工具，用于各种群体之间的信息交流和信息发布。早期的邮件列表是一个小组成员通过电子邮件讨论某一特定的话题，一般通称为讨论组，由于早期联网的计算机数量较少，讨论组的参与者也较少，现在互联网上有数以十万计的讨论组。讨论组很快就发展演变出另一种形式，即有管理者管理、管制的讨论组，也就是所说的邮件列表，或者叫狭义的邮件列表。

邮件列表和讨论组都是在一组人之间对某一话题通过电子邮件共享信息，但二者之间有一个根本的区别，讨论组中的每个成员都可以向其他成员同时发送邮件，而对于现在通常的邮件列表来说，是由管理者发送信息，一般用户只能接收信息。所以，邮件列表可以分为两种类型：

①公告型邮件列表。通常由一个管理者向所有成员发送信息，如电子杂志或新闻邮件，并对整个组的成员进行管理的形式。

②讨论型邮件列表。所有的成员都可以向组内的其他成员发送信息，其操作过程简单来说，就是发一个邮件到小组的公共电子邮箱，通过处理后，将这些邮件分发给组内的其他成员。新闻组和邮件列表的区别表现在形式上的不同。作为邮件列表的成员信息直接以邮件的形式发送到每个成员的邮箱内；而要加入新闻组，必须先登录到提供该服务的网站上，并从各种信息中挑选自己感兴趣的内容，下载阅读或者是发帖上传。

邮件列表在网站推广中的作用：

①邮件列表有很高的针对性。论坛邮件列表是围绕特定的兴趣产生的，而且如果他们有一个调节员的话，就会始终围绕着这些兴趣展开。

②邮件列表是免费的。几乎所有的论坛邮件列表都是免费预订的，而事实上，如果他们想实现订阅程序的自动化，也就很难收费。有些讨论邮件列表和多数广播时事通信列表的经济来源主要是靠做一些小广告，而不是靠收取预订费用。

③邮件列表是一个个社团。论坛邮件列表充满着人与人之间的相互帮助，它给人们提供关于去哪里可找到狗的领养人、最新热门科幻小说，或者如何解决软件问题等信息，无论是好是坏，这些正式的列表成员变得像邻居一样。如果你能给公众带来价值，那么你和你的事业都将成为公众的好“邻居”。

(四)博客营销

“博客”一词是从英文单词 Blog 翻译而来。Blog 是 Weblog 的简称,而 Weblog 则是由 Web 和 Log 两个英文单词组合而成。Weblog 就是在网络上发布和阅读的流水记录,通常称为“网络日志”,简称为“网志”。

Blogger 即指撰写 Blog 的人。Blogger 在很多时候也被翻译成为“博客”一词,而撰写 Blog 这种行为,有时候也被翻译成“博客”。因而,中文“博客”一词,既可作为名词,分别指代两种意思 Blog(网志)和 Blogger(撰写网志的人);也可作为动词,意思为撰写网志这种行为,只是在不同的场合分别表示不同的意思罢了。

博客,广义上讲,就是记录自己生活、工作、见闻、想法的一种网络笔记本。博客始于 1997 年,到目前已经有了 11 年的历史。Blog 用途广泛。目前用 Blog 的站点已经数千万了,有的名人博客访问量都快 2 亿了,利用博客做网站推广一直是大家比较喜欢的推广方式,用博客带外链,以博养站都是不错的选择,那么如何利用博客进行营销呢?

第一步:选择域名

创建自己的博客,为了长期的推广要起个有创意的名字,可以是自己名字的全拼、缩写、小名、乳名等,就像树立自己的品牌,要有意义、内涵、响亮、易记等,尽可能的要简短,便于访客的记忆与口碑宣传。

第二步:博客空间

要开通博客,一定要选择稳定的服务器空间,要选择稳定的、安全性高、网速流畅、信誉好、有实力的服务器商,虽然价格上可能与传统的服务器价格上有点差距,但为了博客的访客人群与以后搜索引擎的抓取信息,还是值得去做的。

小资料　博客地址前 10 名

1. 博客网 http://www.bokee.com
2. 新浪博客 http://blog.sina.com.cn
3. 搜狐博客 http://blog.sohu.com
4. Live Spaces http://spaces.live.com
5. 天涯博客 http://blog.tianya.cn
6. 中国博客网 http://www.blogcn.com
7. 网易博客 http://blog.163.com
8. QZONE http://qzone.qq.com
9. 网商博客 http://blog.china.alibaba.com
10. 百度空间 http://hi.baidu.com

更多地址到资源包下载“500 个博客地址”。

第三步:选择程序

目前博客系统网上有很多开源的,省去了开发代码的麻烦,主流的博客系统程序有 Z-blog 与 WordPress,Z-blog 是国内开发的,全站生成静态,设计标准,有很多网站插件,还有不少免费的模板提供免费下载,深受国内 Bloger 的喜欢。

第四步:博客定位

你是用博客记录你的生活还是工作,确定下来,这点很重要,这点区别于以后访问你博客的人群是哪些,写好你的博客,树立你自己的品牌形象。定位的准确与否直接会影响到博客将来的发展空间与访问人群,即要明白你的文章主要是给谁看的,所以这点要三思而后行。

第五步:内容为主

经过了上述的步骤,你的博客算正式安家了,下面就开始完善你的博客,添加内容。有质量的内容是留住访客的法宝,内容是要写得生动、还是专业、还是内涵、还是有深度等,就取决于你的水平了,有质量的内容,是牵引访客的关键(图7-25),如果你写得好,写得精,酒香不怕巷子深,慢慢地会网聚很多人气,吸引很多眼球,想成为博客中的精英还是草根,就取决于你自己了,当精英还是草根,那还是写了算。谁的文章写得够好,够专业,够吸引人,经常更新,这才是致胜的关键。

图 7-25 经典博客

第六步:博客推广

博客总算投入运营,剩下的就差宣传推广了,下面谈谈博客网站推广的几种方法:

(1)提交你的博客收录

百度博客提交:http://utility.baidu.com/blogsearch/submit.php

Souyo 博客搜索:http://www.souyo.com/guide/addblog.htm

中文 Blog 目录集:http://www.cnblog.org/rings/submit.asp

周博通:http://www.potu.com/index

Google:http://www.google.com/intl/zh-CN/add_url.html

雅虎中国:http://search.help.cn.yahoo.com/h4_4.html

FeedSky 提交博客:http://www.feedsky.com

搜狗(SoGou):http://www.sogou.com/feedback/blogfeedback.php

有道(YoDao):http://tellbot.yodao.com/

Live Search:http://search.msn.com/docs/submit.aspx

(2)访问别人的网站。多去别人的博客踩踩,留下你对别人日志的评价,留下联系方式网址,别人有时也会回访,看看你写的怎么样,正所谓人人为我,我为人人,你关注别人的,别人同样也会对你投来关注的目光。

(3)友情链接推广。交换友情链接,就相当于把网站的访问的人群资源共享,别人在访问他人网站的同时,有可能进入你的网站,有点像广告性质一样,在别人网站上相互交换广告,这种链接互换,还是 SEO 网络推广的一种方法之一。

(4)发送垃圾邮件、写软文、搞信息群发宣传你的博客,这点短时间可能能拉些流量,不过对你网站的形象有损影响,不建议使用。

(5)多和别人交流。平时养成习惯,多留言,多参与讨论,不忘在留言后面加上自己 Blog 的地址宣传一下,欢迎别人来访问。

当然做好宣传最根本的是要做好自己的 Blog,更新经常一点,内容好看一点,这样下去后你也会看到自己的访问量节节高升。

小提示 **博客营销要点**

- 主题要明确,这样有利于客户和搜索引擎优化。
- 博客内容要原创和经常更新(这点是最关键的)。
- Blog 日志注意选择分类,这样客户才容易选择想要的,搜索引擎也好分类。
- 发布日志时,标题尽量突出你的关键词。
- 更改 QQ 签名和更新心情宣传网店。
- 更换自己的头像和 QQ 相册照片吸引好友驻足你的空间,在空间醒目地方加入你的网店介绍,以此达到营销目的。注意一定要弄一些漂亮图片呦,“爱美之心人皆有之”。

(五)论坛营销

目前一些论坛人气很旺,拥有大量的会员和浏览者,可以通过论坛发帖或回复热门帖吸引浏览者的目光，链接产品或地址来达到营销目的，特别是在一些专业论坛上发帖，收集与客户站相关的论坛（比如，自闭症这个客户可以去找医疗类论坛、心理论坛等）。浏览者大都对这一领域感兴趣，发帖宣传具有很好的针对性。但是论坛有严格的约束，很多广告帖会被删除或禁止，那么如何不被删除达到良好效果呢？这需要一定的技巧。

1. 选择好的宣传素材

如果能找到特别好的素材为卖点，你后面的工作做起来就轻松了很多，所以在论坛宣传的步骤中选择好的素材是特别重要的。

（1）找出当前最流行的元素。首先你要去了解现在的网友们最喜欢看的是什么，现在最流行的是什么。比如现在芙蓉姐很受关注，凤姐征婚又掀起新的热议，2009 年春晚赵本山与小沈阳，这时候你可以找一些相关的视频帖子，或者自己做些评论去各大论坛宣传。一发出去，马上就会吸引大多数网民的眼球，自然带来了不错的流量效果。如果无法判断什么是现在是最火的，最简单的办法就是去参照百度、雅虎、搜狗的关键词排行榜，什么最流行，在那上面都能找到答案。

（2）选用最受人关注的素材。找一些比较受人关注的事件或图片（如李刚门事件、明星写真等）发出去。不管在什么时期，都会有很多人关注。只是这样的帖子，很容易被论坛版主认为是病毒，被栓帖的几率很大，这个就更讲究发帖的技巧了。版区的选择也很关键，尽量选择比较综合的版区去宣传，这样被栓帖的几率会小很多，也会有不错的效果。

2. 选择最好的宣传地点

实践中，好的宣传地点是论坛宣传过程中，这是最重要的一点。如果去宣传的地方人气很低，一个版区没几个在线，甚至一天都没几个新帖，尽管你的素材再好，再熟练的发帖回帖技巧，都没有用。

（1）要有个好的流量统计软件能够统计一天的流量是从哪些论坛来的，哪里来的流量比较多，哪里的流量比较少。统计软件是做网站宣传的必需工具。个人推荐 51LA（统计功能强大，可去网上下载代码）。

（2）多找点大论坛做实验，搜索和自己产品有关的论坛并注册，每个论坛都选择相关的版区进行发帖宣传。经过几天的观察发现，利用流量统计软件从中选择出带来流量最大的论坛作为主发论坛进行营销。

3. 发帖和顶帖技巧

发帖和顶帖也是一门学问，有了好的素材，好的宣传地点，熟练掌握发帖和顶帖的技巧，就是为了让你的宣传素材达到最理想的流量效果。

(1)发帖技巧。你去一个新的论坛，不要进去就忙着发帖，首先要注意这个版区有没有什么特别的发帖格式，比如在标题前加不加什么符号。很多版区，因为没有按照它要求的发帖格式，就算不是宣传帖子，也会被栓。同一个论坛，各个版区的发帖格式要求也会不同，比如百度帖吧就是这样。另外怎么把一个普通的标题弄得更吸引人，可以在原标题上加些辅助的修饰语，比如独家最新超清晰禁播等。没格式要求的版区，你可以自己加些比较醒目的符号，让大家注意到你的帖子，比如一个普通的韩国手机广告视频发布的标题是“韩国禁播的性感美女手机广告”，这样肯定效果就好了很多吧。

(2)顶帖技巧。顶帖的两个作用，一是把自己被沉下去的帖子顶到首页，让更多网民看见。一是自己跟自己对话，在网友面前唱独家戏。这样会起到一些独特的效果。

顶帖比发帖更讲究经验和实践了。大家不要以为顶帖就是把简单的帖子顶起来就完事，要讲究怎么有效率地顶帖。首先你要知道那些版区刷屏的时间段是多少(就是首页的帖子全部更新一次)。不同刷屏时间段的版区的帖子，去顶帖的次数也不同。一般热门版区的帖子一天顶 3～5 次，普通版区的一天顶 1～2 次就够了。

有些朋友都知道，很多网民怕发的帖子是病毒而不敢去点，很多帖子也因此被斑竹栓了。所以一般发了新的宣传帖，就会用另外的马甲去 2 楼回复。说这个帖子里面宣传的素材是可以看的，很精彩啊，谢谢楼主等话。这样其他网民再进来看时，看到已经有人看过了，而且评价还这么好，大多数人就会放心地点击了。这样就大大地提高了点击的成功率。

小提示 **发帖后如果 ID、IP 域名被封了怎么办？**

● ID 被封了怎么办？

在论坛推广中，最经常遇到的问题就是 ID 被封，其实怎么办大多数朋友都知道了，也是封了再注册就 OK 了，为了应对经常封 ID，可以去推广的论坛多注册几十个甚至上百个 ID 号以做备用，封了这个，就登录另外一个。但是有些论坛有 IP 时间注册限制，也就是一个 IP 一天只能注册一个 ID，也有可能记录了电脑的 Cookies，同台电脑 24 小时内只能注册一个 ID。所以当有些朋友想在当天再注册第 2 个 ID 的时候，就会遇到点困难，一般遇到这样限制注册的情况，有三个解决的办法：①登录代理 IP 再注册；②清除浏览器 Cookies；③让 QQ 好友帮忙注册。

● 如果IP被封了怎么办?

如果出现IP被封的情况,无法访问该论坛,那就只有使用代理IP了,一是大家可以去网上找免费的代理IP列表,新人朋友可以直接百度一下"免费代理IP"和"如何使用代理IP",看后大家就知道怎么用了。

四、网络营销服务

(一)网络营销服务层次与顾客满意

服务是企业围绕顾客需求提供的功效和礼仪,网络营销服务的本质也就是让顾客满意,顾客是否满意是网络营销服务质量的唯一标准。要让顾客满意就是要满足顾客的需求,顾客的需求一般是有层次性的,如果企业能够提供满足顾客更高层次需求的服务,顾客的满意程度越高。网络营销服务利用互联网的特性可以更好地满足顾客不同层次的需求。

1. 产品信息了解

网络时代,顾客需求呈现出个性化和差异化特征,顾客为满足自己个性化的需求,需要全面、详细了解产品和服务信息,寻求出最能满足自己个性化需求的产品和服务。

2. 解决问题

顾客在购买产品或服务后,可能面临许多问题,需要企业提供服务解决这些问题。顾客面临的问题主要是产品安装、调试、试用和故障排除,以及有关产品的系统知识等。在企业网络营销站点上,许多企业的站点提供技术支持和产品服务,以及常见的问题释疑(FAQ)。有的还建有顾客虚拟社区,顾客可以通过互联网向其他顾客寻求帮助,自己学习解决。

3. 接触公司人员

对于有些比较难以解决的问题,或者顾客难以通过网络营销站点获得解决方法的问题,顾客也希望公司能提供直接支援和服务。这时,顾客需要与公司人员进行直接接触,向公司人员寻求意见,得到直接答复或者反馈顾客的意见。与顾客进行接触的公司人员,在解决顾客问题时,可以通过互联网获取公司对技术和产品服务的支持。

4. 了解全过程

顾客为满足个性化需求,不仅仅是通过掌握信息来进行选择产品和服务,还要求直接参与产品的设计、制造、运送整个过程。个性化服务是一种双向互动的企业与顾客之间密切关系。企业要实现个性化服务，就需要改造企业的业务流程，将企业业务流程改造成按照顾客需求来进行产品的设计、制造、改进、销售、配送和服务。顾客了解和参与整个过程意味着企业与顾客需要建立一种"一对一"的关系。互联网可以帮助企业更好地改造业务流程以适应对顾客的"一对一"营销服务。

上述几个层次的需求之间是一种相互促进的作用。只有低层次需求满足后才可能促进更高层次的需求，顾客的需求越得到满足，企业与顾客的关系也越密切。

(二)网络营销服务的特点

服务区别于有形产品的主要特点是不可触摸性、不可分离性、可变性和易消失性。同样，网络营销服务也具有上述特点，但其内涵却发生了很大变化，具体体现在下面几个方面：

(1)增强顾客对服务的感性认识。服务的最大局限性在于服务的无形和不可触摸性，因此在进行服务营销时，经常需要对服务进行有形化，通过一些有形方式表现出来，以增强顾客的体验和感受。

(2)突破时空不可分离性。服务的最大特点是生产和消费的同时性，因此服务往往受到时间和空间的限制。顾客为寻求服务，往往需要花费大量时间去等待和奔波，基于互联网的远程服务则可以突破服务的时空限制。如现在的远程医疗、远程教育、远程培训、远程订票等，这些服务通过互联网都可以实现消费方和供给方的空间分离。

(3)提供更高层次的服务。传统服务的不可分离性使得顾客寻求服务受到限制，互联网出现突破传统服务的限制。顾客可以通过互联网得到更高层次的服务，顾客不仅可以了解信息，还可以直接参与整个过程，最大限度满足顾客的个人需求。

(4)顾客寻求服务的主动性增强。顾客通过互联网可以直接向企业提出要求，企业必须针对顾客的要求提供特定的一对一服务。而且企业也可以借助互联网低成本来满足顾客的一对一服务的需求，当然企业必须改变业务流程和管理方式，实现柔性化服务。

(5)服务成本效益提高。一方面，企业通过互联网实现远程服务，扩大服务市场范围，创造了新的市场机会；另一方面，企业通过互联网提供服务，可以增强企业与顾客之间的关系，培养顾客忠诚度，减少企业的营销成本费用。因此，许多企业将网络营销服务作为企业在市场竞争中的重要手段。

(三)网上产品服务

1. 网上售前服务

市场营销从原来的交易营销演变为关系营销,市场营销目标转变为在达成交易的同时还要维系与顾客的关系,更好地为顾客提供全方位的服务。根据顾客与企业发生关系的阶段,可以分为销售前、销售中和销售后三个阶段。网络营销产品服务相应也划分为网上售前服务、网上售中服务和网上售后服务。

从交易双方的需求可以看出,企业网络营销售前服务主要是提供信息服务。企业提供售前服务的方式主要有两种,一种是通过自己的网站宣传和介绍产品信息,这种方式要求企业的网站必须有一定的知名度,否则很难吸引顾客注意;另一种方式通过网上虚拟市场提供商品信息。企业可以免费在上面发布产品信息广告,提供产品样品。除了提供产品信息外,还应该提供产品相关信息,包括产品性能介绍和同类产品比较信息。为方便顾客准备购买,还应该介绍产品如何购买的信息,产品包含哪些服务,产品使用说明等。总之,提供的信息要让准备购买的顾客"胸有成竹",顾客在购买后可以放心使用。

2. 网上售中服务

网上售中服务主要是指销售过程中的服务。这类服务是指产品的买卖关系已经确定,等待产品送到指定地点的过程中的服务,如了解订单执行情况、产品运输情况等。在传统营销部门中,有30%~40%的资源是用于应对顾客对销售执行情况的查询和询问,这些服务不但浪费时间,而且非常琐碎难以给用户满意的回答。特别是一些跨地区的销售,顾客要求服务的比例更高,而网上销售的一个特点是突破传统市场对地理位置的依赖和分割,因此网上销售的售中服务非常重要。在设计网上销售网站时,在提供网上订货功能的同时,还要提供订单执行查询功能,方便顾客及时了解订单执行情况,同时减少因网上直销带来的顾客对售中服务人员的需求。

如美国的联邦快递(http://www.FedEx.com),它通过其高效的邮件快递系统将邮件在递送中的中间环节信息都输送到计算机的数据库,客户可以直接通过互联网从网上查找邮件的最新动态。客户可以在两天内去网上查看其包裹到了哪一站,在什么时间采取什么步骤,投递不成的原因,在什么时间会采取下一步措施,直至收件人安全地收到包裹为止。客户不用打电话去问任何人,上述服务信息都可在网上获得,既让客户免于为查邮件而奔波查询,同时公司又大大减少了邮件查询方面的开支,实现企业与顾客的共同增值。

3. 网上售后服务

网上售后服务就是借助互联网的直接沟通的优势,以便捷方式满足客户对产品帮助、技术支持、使用维护的客户服务方式。网上售后服务有两类,一类是基本的网上产品支持和技术服务;另一类是企业为满足顾客的附加需求提供的增值服务。

由于分工的日益专业化,使得一个产品的生产需要多个企业配合,因此产品的支持和技术也相对比较复杂。提供网上产品支持和技术服务,可以方便客户通过网站直接找到相应的企业或者专家寻求帮助,减少不必要的中间环节。如美国的波音公司通过其网站公布其零件供应商的联系方式,同时将有关技术资料放到网站,方便各地飞机维修人员及时索取最新资料和寻求技术帮助。为提升企业的竞争能力,许多企业在提供基本售后服务的同时,还提供一些增值性服务。

网上售后服务的特点:

(1)便捷性。网上的服务是24小时开放的,用户可以随时随地上网寻求支持和服务,而且不用等待。

(2)灵活性。由于网上的服务是综合了许多技术人员知识、经验和以往客户出现问题的解决办法,因此用户可以根据自己需要从网上需求相应帮助,同时可以学习其他人的解决办法。

(3)低廉性。网上售后服务的自动化和开放性,使得企业可以减少售后服务和技术支持人员,大大减少不必要的管理费用和服务费用。

(4)直接性。客户通过上网可以直接寻求服务,避免通过传统方式经过多个中间环节才能得以处理。

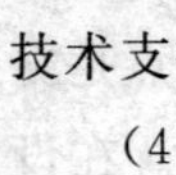

小提示 **网络营销在线服务要与传统服务相结合。**

虽然目前的在线服务很多,并且随着技术还在不断发展,但在强调在线顾客服务的同时,还是不要忽视传统工具的应用,如对一些重要客户,人员上门服务一定是少不了的。

实践演练

学习任务 7-4 实践任务书

学习目标	通过实践让学生了解网络营销众多方法，掌握几种常用网络营销方法和手段。
环境需求	1. 互联网接入； 2. 计算机(每人 1 台)； 3. 淘宝店小组； 4. 任务考核表(教学包下载，电子方式上传)。
任务描述	任务一 访问网易、腾讯、新浪等门户网站，查看都有哪些商家在做广告，有哪些广告形式，访问淘宝、拍拍、易趣网查看广告形式。以淘宝店小组为单位，设计本店铺的几种网络广告，上传并在本店铺发布(资源包提供一款简单的制作工具 Flashtext 可选择和使用)。利用小组间广告互换和友情链接进行推广。 任务二 1. 把自己的淘宝店网址提交到百度等搜索引擎。学习资源包——SEO 实操手册，登录搜索引擎免费收录网址，填写信息，完成收录，并用搜索引擎进行搜索测试。 2. 针对本店促销方案设计一封邮件，收集邮件地址并进行群发。网上搜索下载邮件收集与群发软件，或到资源包下载，进行邮件收集，各组将所收集邮件地址打包上传，教师将所有组邮件地址整合，再发给各组，各组自己设计邮件内容与格式，进行邮件群发。 3. 练习写一篇博客，通过博客推广自己的淘宝店。小组每人博文需上交。 任务三 1. 搜索并注册一些相关论坛、社区，通过发表一些主题和回复对本组店铺经营产品进行推广。 2. 利用 QQ、阿里旺旺群发进行店铺网络推广。小组成员每人除自己 QQ 号码外再注册 2 个以上 QQ 号码，添加和本组网站经营商品相关的客户群号码(如 16～22 岁，女性，根据产品的使用人群特征)，每人分配不同的地区，将 QQ 好友加满为止。创建 1～2 个群，加入 10 个以上相关群。资源包下载 QQ 群发软件，设置群发信息进行 QQ 群发。 3. 设计利用 QQ 或旺旺进行客户服务时客服员咨询与解答方案，假定几个客户问题，进行标准化解答。
任务拓展	利用课余时间为本组淘宝店或拍拍店做网络推广。

学习任务 7-4 考核单

组名：

组长及职责： 组员及职责：				
口号：				
序号	任务	分值	教师评价	成绩
1	广告设计、发布与友情链接	20 分		
2	搜索引擎	10 分		
3	个人博客	20 分		
4	邮件设计	15 分		
5	论坛地址	15 分		
6	加入的 QQ 群号和名称	20 分		
合计				

注：请从资源包下载电子版填写并上传。

行动指南针

一、网络广告设计工具使用指南

目前网络广告设计所使用的工具很多，比如 Photoshop、Flash、GIF 制作工具、网页制作工具 Dreamweaver、Java 等，这里介绍一款简单的 SWF 广告制作工具——SWF Text(到资源包下载或网上搜索最新版)，通过它用户只要稍做选择，即可轻松制作出专业效果的文字特效，SWF Text 内置 200 种不同的文字效果和 40 多种背景效果，可以完全自定义文字属性，包括字体、大小、颜色等。制作完成的动画，不仅能保存为 GIF 文件，也可以是 Flash 或 AVI 文件。

使用说明：SWF Text 启动之后，可看到两大界面：预览界面和参数设置。任何设置参数的改动，预览界面都将予以实时显示，用户可在第一时间了解到实际效果如何。当你需要制作特效时，依次就如下参数做选择，即可产生专业的文字特效动画。

(1)影片剪辑。主要用于设定文字特效的尺寸大小和帧率，以及是否保护 Flash，是否可以实用右键菜单等参数。

(2)背景和背景效果。背景可以使用的内容包括纯色、渐变色、图像，或者是透明。SWF Text 提供了 40 种背景效果(图 7-26)，每种效果都可以设置透明度、颜色等。

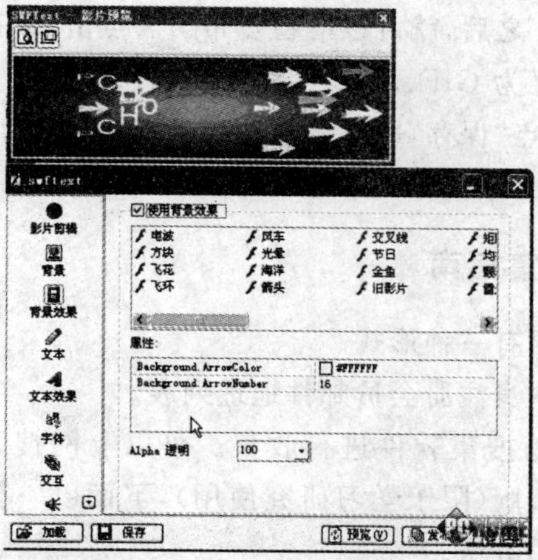

图 7-26　背景效果

(3)文字。直接点击“添加”按钮,随后输入在动画中你所要显示的文字信息即可。对于已经输入的文字,可以点击“编辑”来进行修改。可以添加多条文字,动画显示时将会自动予以切换。

(4)文字效果(图 7-27)。现在就可以为文字设定特效了,目前软件内置了近300 种特效,相信这么多内容一定有你所喜欢的,直接按照个人喜好来选择吧!对于每种特效,软件都提供了四项参数的设置:字符延迟、页面延迟、同步行显示、反转字符显示。如果有需要,用户可以自行设定。

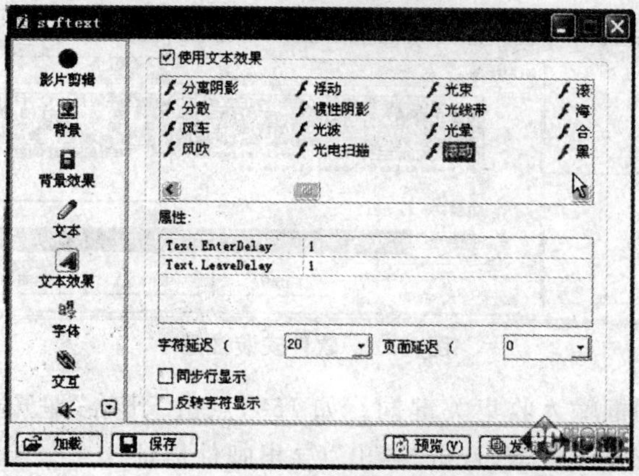

图 7-27　设置文字特效

(5)字体。除了设定文字字体之外,还可以调整显示布局,如水平对齐、字符间距、字符宽度、行间距等。

以上参数一切 OK 之后，就可以准备发布了。点击“发布”按钮之后，你可以根据自己的需要选择保存为 GIF、AVI、SWF 这三种的任意一种。如果你暂时不想保存为最终文件，直接点“保存”即可将当前的配置内容保存下来，以便下次再度调用(点加载即可)。

二、邮件地址收集指南

邮件地址收集主要有三种形式。

第一种就是网站本身注册会员邮件地址列表。

第二种是利用邮箱搜集软件进行收集。可以上网搜索关键词“邮箱搜索软件”，寻找免费版或破解版(限于学习研究使用)，下面以一款软件——亿虎 E-mail 搜索大师为例介绍使用方法。

(1)安装“亿虎 E-mail 搜索大师”。选择 setup. exe，一路“下一步”，完成安装，点击开始菜单—所有程序—亿虎 E-mail 搜索大师，运行程序，之后选择“注册”，打开注册界面，复制机器码，打开安装源文件夹下亿虎软件注册机，运行，输入机器码，生成注册码，再将注册码一个一个复制到注册界面下注册码框内，选择“确定”完成，就可以使用了，如图 7-28 所示(注：本软件来自互联网，只限于学习研究，学习后删除，请支持和使用正版)。

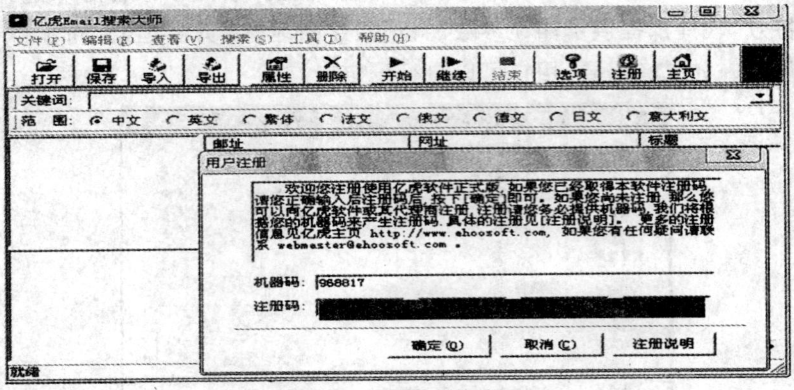

图 7-28 软件安装注册

(2)在关键词框输入收集关键词。如 163，点击“开始”即开始搜索，如图 7-29 所示，点击“结束”完成搜索，点击“导出” 导出邮件地址。

第三种是直接购买邮件地址(慎用)。现在很多营销网站都卖邮件地址动辄几亿个地址，一般价格在 200～1 000 元不等，购买的邮件地址缺点就是邮件的针对性不强，有很多失效的邮箱存在。资源包提供 1.2 亿个邮件地址，可做测试。

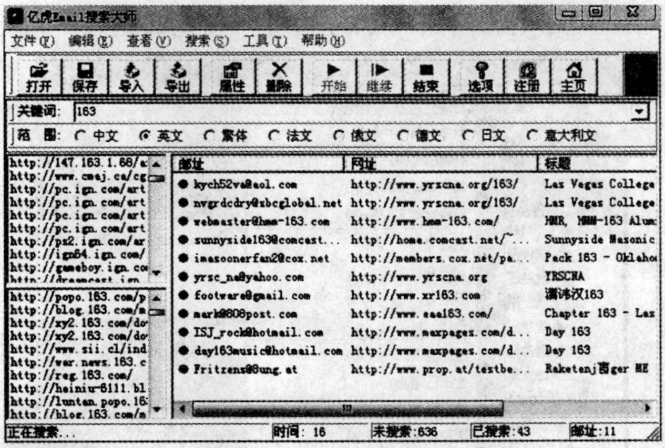

图 7-29　邮件搜索

三、邮件群发指南

邮件群发方法也有三种。

第一种，利用网站本身邮件群发功能进行群发，限于本网站会员，针对性强。

第二种，利用邮箱客户端软件，如 Foxmail、Outlook Express、网易闪邮等，以 Foxmail 为例。

操作步骤：

下载 Foxmail 最新版（http://fox. foxmail. com. cn）或到资源包下载 Foxmail6. 5 进行安装，如图 7-30 所示。

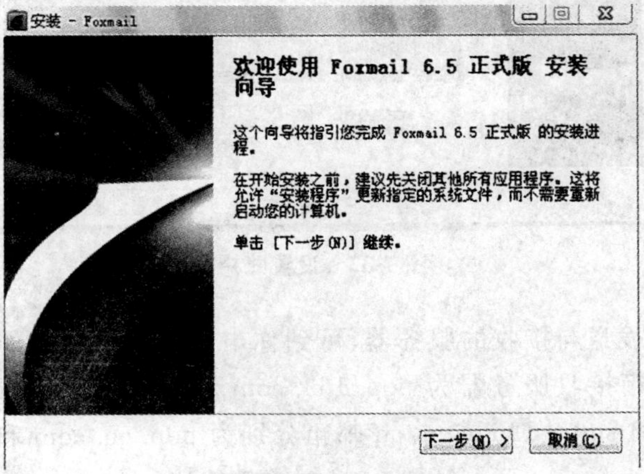

图 7-30　Foxmail 安装

安装完毕，设置自己的邮箱账号，点击邮箱→新建邮箱账户，如图 7-31 所示。

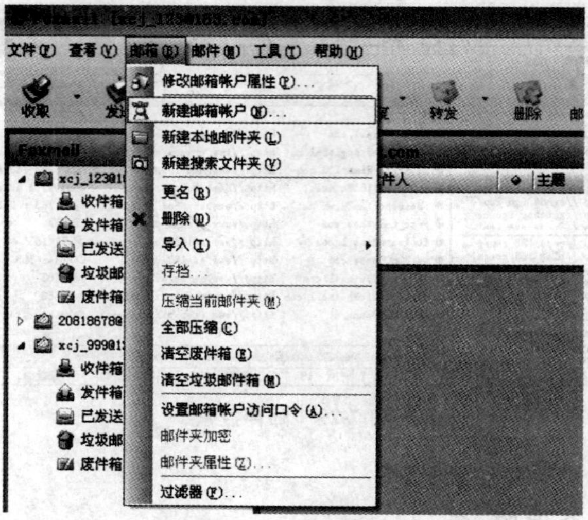

图 7-31 新建邮箱账户

输入你自己的邮箱账号与密码以及账户显示名称，如图 7-32 所示。

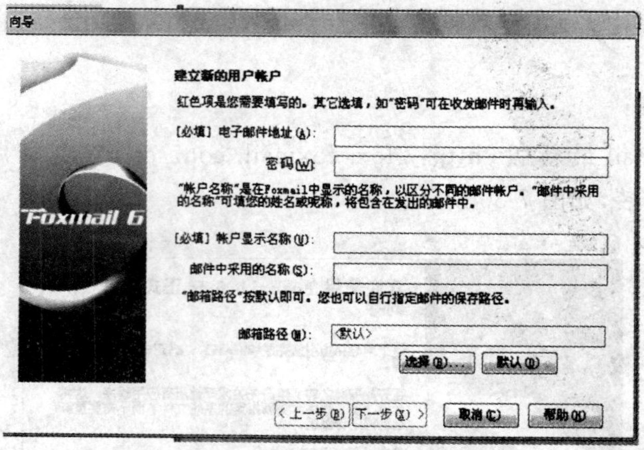

图 7-32 设置账户

设置好邮件发送与接收的服务器，可到你申请的免费邮箱的网站查看，一般 163 和 126 的邮箱接收服务器为 pop.163.com 和 pop.126.com，发送服务器为 smtp.163.com 和 smtp.126.com，qq 邮箱分别为 pop.qq.com 和 smtp.qq.com，如图 7-33 所示。

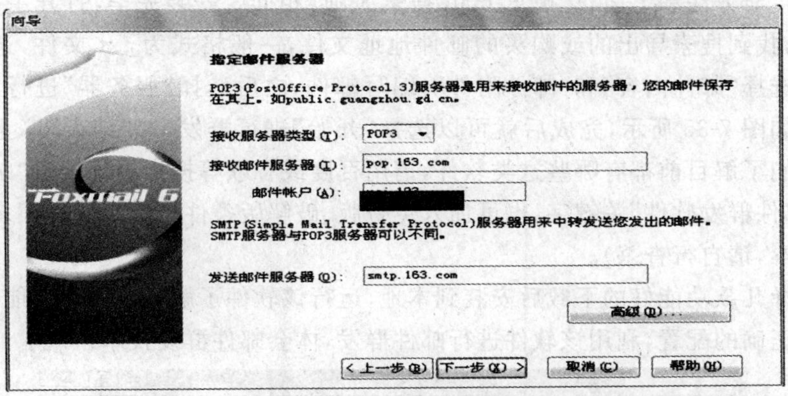

图 7-33　邮件服务器设置

一路“下一步”直到完成设置。Foxmail 还有很多特殊功能，比如邮件自动收取、自动回复，邮件提醒等，可以自己尝试进行个性化设置。

进入主界面选择主菜单“撰写”进入邮件编辑状态，在收件人和抄送栏内导入邮件地址，主题栏填写好主题，主题一定要“诱人”噢！之后编写邮件内容，邮件内容要图文并茂，并直接链接地址，如图 7-34 所示。

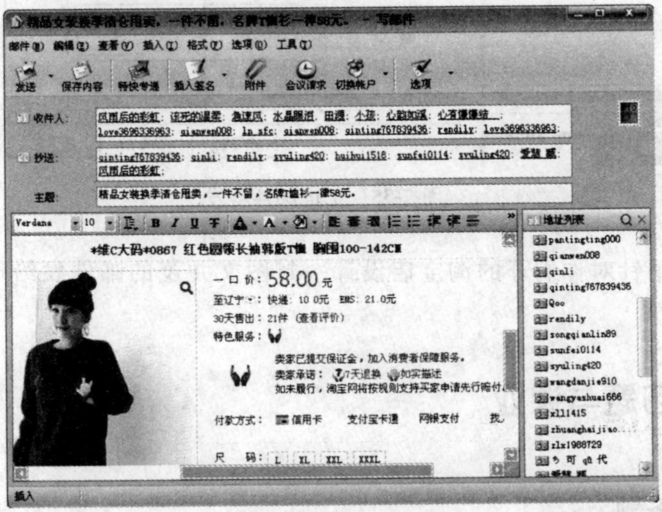

图 7-34　邮件编辑

第三种，利用邮箱群发软件进行群发。

这里以“亿虎 E-mail 群发大师”为例，当然这类软件非常多，一搜索上千条。

安装与注册方法和上面“亿虎 E-mail 搜索大师”相同。安装完毕，打开主程序，选择增加，找到搜索导出的或购买的邮件地址文件，一般格式为 txt 文件，选择。主菜单下选择“邮件内容”和“邮件附件”，编写邮件；之后选择“服务器”进行设置(很关键)，如图 7-35 所示，完成后就可以选择“开始”进行群发，选“结束”停止。这里请同学们了解目前都有哪些这类软件，请用百度或谷歌等搜索引擎搜索“邮件群发机”、“邮件群发软件”关键字，也可加入免费版、破解版条件搜索(提醒：很多破解版含有病毒，请自行查杀)。

选择几款功能好的下载后安装到本地，运行该软件了解其界面和功能，对该软件进行正确的配置，利用该软件进行邮件群发，体会邮件群发技术。

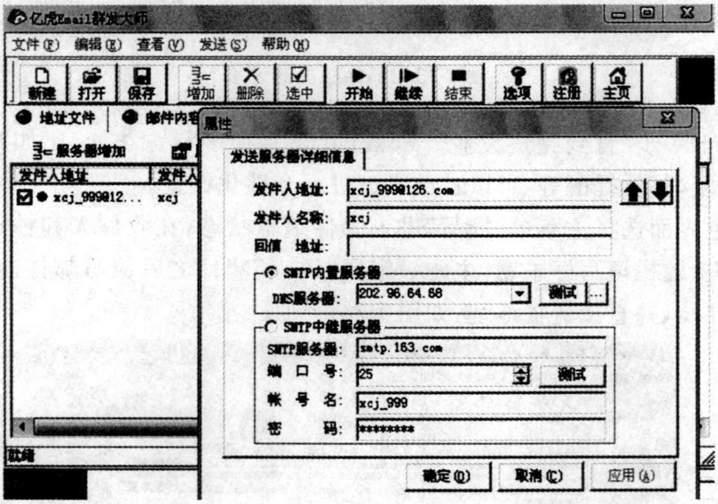

图 7-35 亿虎邮件群发

同学们请针对你们开的淘宝店设计一封图文并茂的邮件发给你的同学和好友吧！

习题与课业

一、简答题

1. 什么是网络营销？如何理解网络营销的内涵？
2. 如何理解传统营销与网络营销的关系？
3. 网上市场调研常用的方法有哪些？如何有效地进行网上调查？

4. 在产品策略中主要哪些产品适合在网上销售？为什么？

5. 你了解的网络营销方法有哪些？举例说明你比较喜欢的有效的网络营销方法与策略。

二、论述题

假设你开设一家网络商店，谈谈你如何选择合适的网络产品销售，并如何采取合理的网络营销策略与方法推广自己的网络商店。请详细写出开网店与经营网店和推广网店的策划方案。

三、拓展训练

利用QQ博客进行自己淘宝网店营销。

1. 请同学们针对自己网店产品，写一篇相关方面的如穿着技巧、养生之道等方面的博文。博文里链接网店地址或产品说明。

2. 通过转发一些热点博客文章，链接自己网店地址进行营销。

3. 更改QQ签名和更新心情宣传网店。

4. 更换自己的头像和QQ相册照片吸引好友驻足你的空间，在空间醒目地方加入你的网店介绍。以此达到营销目的。注意一定要弄一些漂亮图片哟，“爱美之心人皆有之”。

附录　中文网站

1. 网店货源与推广类网站

进宝网 http://www.jinbao.com/

网店114 http://www.wangdian114.com/html/index.html

中国网店 http://www.cnshop8.com/

好店铺 http://www.haodp.com/

货源吧 http://www.huoyuanba.com/

社区动力 http://www.haohuoyuan.com/

53货源网 http://www.53shop.com/

店小二网站货源网 http://www.dianxiao22.com/

我要代销批发网 http://www.51dxpf.com/

网店代销，网店进货 http://www.7shop8.com/

中国店长网 http://www.cndian.cn/user_4523.html

网店代理货源网 http://www.jinbao.com/

网店货源信息发布中心 http://www.hao5d.com/

开网店 http://www.topqu.com/

51货源网 http://www.51huoyuan.com/

网店代理货源信息网 http://www.wddaili.cn/

网店货源导航 http://wz.17daili.com/

网店联盟 http://www.by35.com/

1000k货源大全 http://www.1000k.cn/

老搜网店推广 http://www.laoso.com/

百万网店自助推广 http://www.netstores.com.cn/

网店推广网 http://wdtg.lingd.net/

小掌柜网店联盟 http://www.xiaozhanggui.com/

2. 购物导航网站

互联网购物站点导航 http://www.shop1001.com/

淘一淘购物导航 http://www.taoyitao.com/

易虎网 http://www.easyhu.com/

好买吧购物网址导航 http://www.haomaiba.com/

找网店导航 http://www.zhaoshop.cn/

易购网址大全 http://www.ego321.com/

114 啦 http://shop.114la.com/

3. 购物比较网站

特价王 http://www.tejiawang.com/

4. 商贸平台网站

综合网站

阿里巴巴 http://www.alibaba.com

中国制造网 http://www.made-in-china.com

慧聪网 http://www.hc360.com

环球资源 http://www.globalsources.com.cn

北欧贸易网 http://www.EasyBizChina.com

万国商业网 http://www.busytrade.com

机械行业

中国机械网 http://www.jx.cn

中华机械网 http://www.china.machine365.com

机电在线 http://www.jdol.com.cn

国际机械信息网 http://www.machineryinfo.net

中国塑料模具网 http://cn.plasticmould.net

中国机电企业网 http://www.eecce.com

五金工具

华人螺丝网 http://www.luosi.com

全球五金网 http://www.wiw.cn

中华五金网 http://www.chb2b.com

农林行业

农博网 http://aweb.com.cn

金农网 http://www.jinnong.cn

中国蔬菜市场网 http://www.china-vm.com

中国园林网 http://www.yuanlin.com

服装皮具

中国服装网 http://www.efu.com.cn

环球鞋网 http://www.shoes.net.cn

中华服装网 http://www.51fashion.com.cn

中国皮具网 http://www.piju.com.cn

中国饰品网 http://www.jewelchina.com

中国·国际鞋贸网 http://www.jujoe.com

医疗医药

中国药网 http://www.chinapharm.com.cn

医疗商务网 http://www.ylsw.net

医药招商在线 http://www.medic360.com

食品行业

中国食品商务网 http://www.21food.cn

糖酒快讯 http://www.tjkx.com

中国食品产业网 http://www.foodqs.com

中国糖酒网 http://www.tangjiu.com

电子家电

21IC 中国电子网 http://www.21ic.com

华强电子世界网 http://www.hqew.com

纺织化纤

中华纺织网 http://www.texindex.com.cn

全球纺织网 http://www.tnc.com.cn

纺织资源网 http://www.texs.cn

礼品玩具

中国玩具网 http://www.sinotoys.net

安防行业

中国安防产品网 http://www.secu.com.cn

建筑材料

中国建材网 http://www.bmlink.com

中国建材第一网 http://www.jc001.cn

中国水泥网 http://www.ccement.com

文化收藏

中华收藏网 http://www.sc001.com.cn

工控行业

中国工控网 http://www.gongkong.com

仪器仪表

仪器信息网 http://www.instrument.com.cn

再生资源

中废网 http://www.recycle366.com

日化美容

中国化妆品网 http://www.c2cc.cn

眼镜行业

温州眼镜网 http://www.wenzhouglasses.com

物流行业

锦程物流网 http://www.jctrans.com

能源电力

中国太阳能网 http://www.cn-solar.net

5. 生活服务信息网

雅虎口碑网 http://guangzhou.koubei.com/

赶集网 http://www.ganji.com/

列表网 http://www.cnlist.org/

6. 博客网

博客网 http://www.bokee.com

新浪博客 http://blog.sina.com.cn

搜狐博客 http://blog.sohu.com

天涯博客 http://blog.tianya.cn

中国博客网 http://www.blogcn.com

网易博客 http://blog.163.com

网商博客 http://blog.china.alibaba.com

百度空间 http://hi.baidu.com

迅雷博客 http://blog.xunlei.com

和讯博客 http://blog.hexun.com

美女博客 http://www.mmboke.com

CSDN Blog http://blog.csdn.net

博客园 http://www.cnblogs.com
蓝月博客 http://blog.lanyue.com
精英博客 http://blog.daqi.com
博客天下 http://www.blog.com.cn
博客动力 http://www.blogdriver.com
博客大巴 http://www.blogbus.com
CCTV Blog http://www.cctv.com/blog
新华博客 http://www.xinhuanet.com/space/blog
TOM 博客 http://blog.tom.com
世界经理人博客 http://blog.icxo.com
强国博客 http://blog.people.com.cn
天极博客 http://blog.yesky.com
猫扑博客 http://blog.mop.com
中华网 BLOG http://blog.china.com
Flickr http://www.flickr.com
腾讯博客 http://blog.qq.com
企业博客网 http://www.bokee.net
博客中国人 http://www.blogchinese.com
ZOL 博客 http://blog.zol.com.cn
亿友博客 http://blog.yeeyoo.com
丫客 http://www.yeskee.com
奇虎博客 http://blog.qihoo.com
商人博客 http://blog.hc360.com
赛我网 http://www.cyworld.com.cn
商务博客 http://blog.mofcom.gov.cn
专家博客 http://blog.china.com.cn

7. 电子商务学习研究网站

电子商务加油站 http://www.echere.com
电子商务研究 http://www.dzsw.org
电子商务发展研究网 http://www.b2bc2c.com
电子商务解决方案 http://www.marketingbetter.com
电子商务直通车 http://www.ectook.com
电子商务指南 http://www.web136.net

参考文献

[1] 宋文官. 电子商务实用教程. 3 版. 北京:高等教育出版社,2007
[2] 宋文官,马笑蓉. 电子商务实训. 北京:高等教育出版社,2004
[3] 中国就业培训技术指导中心. 电子商务师——国家职业资格培训教程(助理电子商务师. 国家职业资格三级). 北京:中央广播电视大学出版社,2006
[4] 阿里初级认证教程. 北京:清华大学出版社,2008
[5] 安淑芝. 电子商务应用基础与实训 . 北京:清华大学出版社,2010. 6
[6] 孙参运. 新编电子商务. 开封:河南大学出版社,2008
[7] 罗明,等. 电子商务基础教程. 上海:上海交通大学出版社,2007
[8] 汪治,等. 电子商务应用. 大连:东北财经大学出版社,2006
[9] 杨坚争. 电子商务实验教程. 2 版. 北京:中国人民大学出版社, 2006
[10] 宋文官,等. 电子商务与网络营销. 大连:东北财经大学出版,2003
[11] 黄敏学,等. 电子商务概论. 北京:高等教育出版社,2008
[12] 周建国,等. 电子商务的营利模式. 北京:中国国际广播出版社,2001
[13] 周树清,等. 电子商务情景案例. 北京:中国国际广播出版社,2001
[14] 陈德人. 网络零售. 北京:清华大学出版社,2011
[15] 洪涛. 电子商务盈利模式案例. 北京:经济管理出版社,2011
[16] http://www. cnnic. com. cn 中国互联网信息中心
[17] http://www. juns. com. cn/ 君思电子商务世界
[18] http://www. chinaeb. com. cn/ 中国电子商务网
[19] http://www. ecw. com. cn/ 电子商务世界
[20] http://www. chinaeclaw. com/ 中国电子商务法律法规
[21] http://www. ec. org. cn/ 中国电子商务协会
[22] http://www. tech. net. cn/ 中国高职高专教育
[23] www. chinact. org. cn/ 中国职业培训网
[24] http://www. ebworld. com. cn/ 电子商务世界网

中国电子商务法律网 http://www.chinaeclaw.com
中华电子商务研究网 http://www.ebusiness-in-china.com
电子商务管理网 http://www.ili.cn